대전환의 시대 국가인재경영

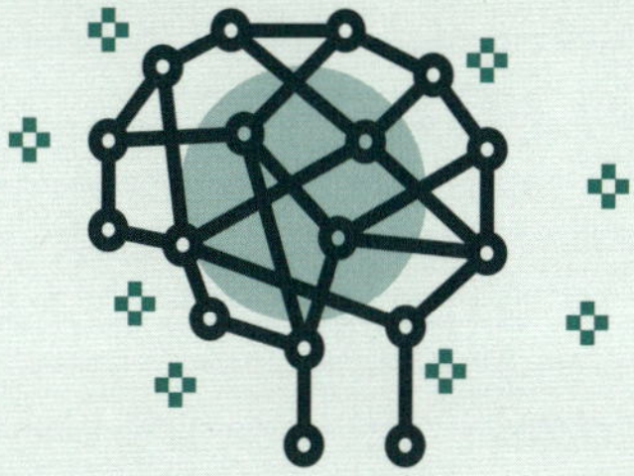

디지털 전환과 포스트 코로나 시대 인재경영

머릿말

디지털 전환과 코로나 시대의 인재경영

시대적 변화의 이해

오늘 우리는 매우 빠르고 큰 변혁과 문명사적 대전환의 시대를 살고 있다. 긴 역사의 흐름에서 지금 우리 인류는 어디에 서 있고, 어디로 가는 것일까? 2020년에 접어들면서 갑자기 코로나19 팬데믹 위기에 빠져든 인류는, 전례없는 코로나 대역병을 겪고 난 이후에 정치, 사회, 경제적 후유증으로 세계에 새로운 패러다임적 변화를 가져올 것이라 예상된다. 그간 경험하지 못했던 새로운 세계, 뉴노멀의 시대가 우리를 기다리고 있을 것이라는 전망이 우세하다.

갑자기 전 세계를 마비시키며 인류를 공포와 불안, 고통 가운데 몰고 있는 코로나19는 인간의 무분별한 자연 훼손, 오염 등에 의한 자연 생태계 질서의 파괴에 기인한다는 평가다. 사실 그동안 기후변화, 환경, 재난, 인구, 각종 질병, 식량, 물 등 지구촌 인류 모두가 함께 풀어가야 할 과제들이 빠르게 쌓여왔다. 이는 '앞으로 인류가 어떻게 자연과 공존하며 안전하고 건강한 세상에서 살아가도록 할 것인가'라는 지구촌 차원에서의 근본적인 과제를 던지고 있다.

또한 우리는 불과 몇 년 전부터 4차 산업혁명, 디지털 전환, 인더스트리4.0 등으로 불리는 대전환의 흐름이 인간으로 하여금 또 다른 지능인 AI와 빅 데이터, 사물인터넷, 로봇 등과 함께 살아가야 하는 새로운 환경으로 몰아왔다. 이는 앞으로 인류가 어떻게 인간의 정체성을 지키며 기계와 더불어 살아갈 수 있을까라는 또 하나의 큰 과제를 던져주었다.

그러면 대한민국의 차원에서 우리 국민의 삶의 질은 어떻게 될 것인가? 어떻게 해야 우리가 지금까지 누렸던 대한민국의 일상과 번영을 계속 누릴 수 있는가? 특히 다음 세대에게 어떠한 나라와 사회 그리고 자연환경을 후손들에게 넘겨주도록 할 것인가?

저출산·고령화, 일자리, 양극화, 그리고 여러 갈등을 비롯한 사회 병리현상은 국가의 생산성과 경쟁력을 갈수록 약화시키고 있다. 특히 우리 사회 자체가 정치화, 이념화되며 하나의 협업적 공동체를 이루기보다는, 개인 또는 특정집단 중심의 사회를 만드는 각자도생의 길을 걷고 있다. 남북 및 주변 열강들과의 관계도 더욱 어려워지는 상황이다.

이러한 지구촌 생태계의 대전환의 변곡점을 이루는 흐름과 상황에서 우리는 무엇을 생각해야 할 것인가? 코로나19는 오랫동안 경제 중심의 개발, 성장, 생산성, 효율성, 이를 위한 세계화로 인간만을 위한 획득에 가치를 두었던 것이 근본원인이라는 점에서 인류는 이제 새로운 가치로의 전환을 우선적으로 고민해야 한다.

또한 노동과 일자리의 개념, 비대면 업무의 확산 등 일하고, 살아가는 방법과 환경이 새롭게 진화될 것이라는 4차 산업혁명, 팬데믹 시대에 인류는 자연과 기계와 지혜롭게 공존하도록 노력하며, 코로나19와 같은 새로운 위기가 갑자기 닥쳤을 때, 이에 여유 있게 대응할 수 있는 안전하고 건강한 사회를 만드는 일에 지혜를 모아야 할 것이다.

그런데 이러한 사회를 만드는 일에서 가장 중요한 것은 사람이다. 모든 일은 결국 사람에 의해 이루어지며, 이들의 생각, 태도, 능력 그리고 서로 간의 관계 형성에 달렸다. 21세기의 혁신, 경쟁력, 성장 등 핵심요소를 우리가 인재로 인식해왔던 이유다. 특히 최근 노동과 인재의 개념과 역할이 변화하면서, 인재에게 요구되는 능력과 역량, 태도 등도 생애 주기적 관점에서 새롭게 정의되고 있다. 다양성과 맞춤형 기반으로 어떠한 인재를 어떻게 양성하고 어떻게협업하도록 하여 모두가 행복하게 살아가게 할 것이냐의 문제로 집약된다.

인재의 양성과 활용

그런데 인재의 양성과 활용에 대한 오늘의 우리 환경은 어떠한가? 매우 파편적이고 혼란스러운 상황이다. 국가 차원에서 보면, 모든 인재들이 각 영역에서 서로 역할 분담, 협업하며 생산적인 생태계를 이루어 치열한 글로벌 경쟁을 헤쳐 나가야 하는데, 과연 어떠한가?

유·초중고교는 결국 좋은 대학 입학을 위한 점수 중심의 획일적인 교육에 매몰되어있고, 대학은 신입생 정원 채우기와 취업률에만 초점을 두고 있고, 기업은 제대로 준비된 인재를 찾기 어렵다고 한다. 이러한 환경은 결국 서로를 신뢰하지 못하는 사회를 만들어 많은 일들을 어렵게 만들기도 한다. 2019년 9월의 한 조사에 의하면, 우리나라를 이끌어가는 인재들을 '신뢰할 수 있다'는 비율이 정치인 8%, 기업가 12%, 공무원 14%, 판사 15%, 등으로 나타난다.

우리 교육 환경을 보면, 한 생명이 태어나 자연스러운 성장과정을 거치며 생각하는 힘을 키우며 각자의 특성과 소양을 살리도록 해야 하는데, 어려서부터 점수와 석차 중심의 획일화된 틀에 집어넣고 있다. 우리 사회를 지탱, 발전시켜야 하는 대학, 정부, 기업 등의 기관들도 자신들이 필요로 하는 인재의 모습, 즉 인재상 자체도 제대로 정립하고 있지 않다. 인재상을 이야기한다고 해도 각 대학, 부처 및 기관, 기업

단위별로 국소적으로 이루어졌으며, 어떤 방향도 없이 필요에 따라 수시로 바꾸기도 한다.

사실 문제는 지금까지 국가 차원에서 기대하는 미래에 대한 그림이나, 이를 이루어갈 인재에 대한 큰 방향을 제대로 찾아본 것 같지 않다. 갈수록 복합적인 사회로 얽혀가는 상황은 다양한 인재의 양성을 요구하고 있으며, 그리고 국가와 조직의 경쟁력을 위해서는 이들 사이의 협업적 생태계를 필요로 한다. 그러나 이러한 과제를 풀어가야 할 정부, 국회, 대학, 기업 및 산업계 사이에는 소통과 협력이라는 기본적인 요건조차 제대로 형성되어 있지 않다. 그렇기 때문에 이제라도 우리는 인재에 대한 국가 차원에서의 통합적 접근의 중요성을 인식하고, 이를 위해 관련 당사자, 기관들이 함께 모여 체계적인 노력을 기울여나가야 한다.

인재 경영

'미래는 예측하는 것이 아니라, 창조하는 것이다'라는 말이 있다. 급변하는 환경에서 예측하기조차 어려운 미래를 제대로 대비하기 위해서는, 먼저 우리 국민이 함께 가야 할 미래의 모습이 어떠해야 할지를 그려야 한다. 그리고 이를 현실화해나가야 할 인재상을 설정해야 하며, 이를 보다 효율적, 효과적으로 양성해 나가야 한다. 이를 위해서는 개인 또는 개별 기관의 차원을 넘어 국가 통합적 관점에서 논의가 이루어져야 한다. 국가 차원에서 어떤 다양한 인재를 어떻게 양성 확보하고, 어떻게 협력적으로 활용할 지에 대한 생태계적인 큰 그림이 필요하다.

이는 미래사회에 요구되는 인재상을 그리고, 이러한 인재로 키워나갈 수 있는 교육, 학습의 환경을 만들고, 이들이 적재적소에서 능력을 발휘할 수 있는 시스템을 만드는 일이며, 우리 사회의 오늘과 미래

생태계와 그 안의 사람들이 어떻게 상호 연계되어 작동하게 할지를 생각하는 일이다. 여기서 또한 중요한 것은 사람들이 어떠한 태도와 정신으로 살아가느냐이다.

우리는 인재양성 과정을 통해 모든 인류와 모든 다른 종을 하나의 공동 생물권 안에서 공존해야 한다는 의식을 키우도록 해야 한다. 또한 학습과 추론이 가능한 또 다른 지능인 AI를 이해하고, 이와의 협업 능력을 키우는 일은 새로운 지식과 가치의 효과적인 창출에 크게 기여할 것이다. 이는 앞으로는 인간이 어떻게 자연과 기계와 공존하며 안전하고 건강한 세상에서 살아가는 길이다.

정리하면, 우리나라를 어떠한 나라, 어떠한 가치를 추구하는 사회로 만들어 갈 것인지, 우리 국민이 어떠한 역량과 소양을 갖추도록 할 것인지를 찾는 일이다. 그리고 이를 위해, 교육기관, 정부, 기업 등 우리 사회 생태계를 구성하는 주요 영역의 사람들이 모여 협업하며, 미래의 모습과 인재와 관련하여 집단지성의 힘을 형성해나가는 일이 중요하다. 우리는 이러한 일련의 과업의 흐름을 인재경영으로 인식하고 이에 대한 구체적인 방향과 방안들을 제시하고자 하는 것이다.

국가인재경영의 비전과 전략

오늘 우리에게 먼저 필요한 것은 바람직한 미래로 인도하는 큰 방향이다. 이제 대한민국은 새로운 시대에 글로벌 커뮤니티로 나가 지구촌에 대한 책임을 당당히 나누고 더욱 크게 기여하는 글로벌 리더로서의 위치에 서는 일에 초점을 맞춰야 한다. 우리 자체의 생존과 번영 뿐만 아니라 인류에 기여하겠다는 소명의식을 갖는 일이다. 요즈음 축적된 생명공학 기술과 투명성과 신뢰 기반의 K-방역에서 보여준 것처럼, 다른 나라들과 동반자로서 상호 협력하며 지구촌과 그의 미래를 책임지겠다는 선진의식, 일류의식이 필요하다. 국가인재경영연구원이 인재경영에 대한 비전을 'G3를 향한 대한민국'으로 세우게 된 이유다.

우리는 이를 뒷받침하기 위해 기본 전략으로 '인재육성과 일자리 창출을 통한 국가 경쟁력 강화'에 초점을 맞춘다. 여기에서의 국가 경쟁력은 우리 자체와 함께 지구촌을 포용하는 역량을 의미하고자 한다. 이러한 기본 전략을 위해 우리는 세부적인 5대 전략 4차 산업혁명에 대비한 인재개발, 전 국민 인생 다모작 생태계 조성, 공공행정 인재거버넌스 혁신, 인재개발 인프라 구축, 국내외 휴먼네트워크 구축을 기반으로 구체적인 추진방향과 방안을 제시하고자 한다.

이러한 5대 세부 전략에 담겨져 있는 내용은 아래와 같다.

첫째, '4차 산업혁명에 대비한 인재개발'은 시대 변화에 비추어 대한민국의 미래 모습은 어떠해야 하며, 이를 위한 인재개발, 활용에 대하여 국가 통합적 관점에서 정책의 방향과 목표를 세우는 것이다.

둘째, '전 국민 인생 다모작 생태계 조성'은 100세 시대라는 환경에서 인재의 개념을 전 생애주기적인 관점에서 이해하고, 한 사람의 인생 후반부에서의 기본적인 능력, 역량, 태도 등의 모습은 바로 어려서부터 쌓아지는 것이라는 점에서 인생 다모작의 생태계를 먼저 생각해보고, 이에 대한 대비책을 찾는다.

한 개인이 초·중·고교를 마치고 대학에 입학하거나, 기업에 취업하면 산업계에서 근무하거나, 공무원이나 공공기관에서 봉사하거나, 교육, 연구기관의 교사, 교수, 연구자라는 일자리를 갖게 된다. 이러한 각자의 위치에 속한 인재들은 동시대에 살면서 우리 사회에서 역할 분담하며 사회 환경과 국가발전을 위해 협업을 하는 사람들이며, 그리고 정년이 되면 그 일터를 떠나 모두가 은퇴 후의 길을 걷게 된다.

셋째, '공공행정 인재 거버넌스 혁신'은 공무원 공공기관 등 공공부문 중심의 미래 비전 및 정책 목표와 추진 전략을 세우는 일이다. 새로운 미래 시대에 요구되는 공무원상을 비롯해 채용, 교육, 활용 관련 사항과 이들이 활동하는 생태계를 논하는 일이다.

넷째, '인재개발 인프라 구축'은 두 번째 범주인 기업, 산업계의 근로자, 그리고 세 번째 범주인 교육, 연구기관의 교사, 교수, 연구자 양성 및 활용에 대한 미래 비전 및 정책 목표와 추진 전략을 세우는 일이다. 특히 유·초·중등교육과 고등교육, 평생교육 체제와 연계하며 민간기관의 인재경영 정책의 방향과 추진 방안들을 논하고자 한다.

다섯째, '국내외 휴먼네트워크 구축'은 인재경영에 대한 국가 비전 및 추진전략의 실현을 위해 국내외 관련 기관들과 네트워크를 가지며 협업을 통해 실질적인 변화와 혁신의 힘을 만들어가기 위한 일이다.

본 도서 출간의 의미

국가인재경영연구원에서는 2019년부터 앞에서 소개한 대전환 시대의 인력양성, 전 국민 인생다모작 생태계 조성, 공공행정 인재 거버넌스 혁신, 인재개발 인프라 구축이라는 4개 필라를 중심으로, 정기적 전문가 집단 세미나를 가졌다. 이번에 책으로 발간하는 「대전환의 시대, 국가인재경영」은 그동안 세미나에서 살펴본 새로운 시대에 적합한 인재를 개발, 육성, 활용하기 위한 방안, 그리고 이를 실행시키기 위한 정책대안을 국가 인재경영 관점에서 제시하고자 한 것이었다. 본 저서는 국가인재경영연구원이 추구하는 철학과 비전을 담는 일종의 총론으로 이해할 수 있다.

제1부 '대전환의 시대 인력양성'에서는 4차 산업혁명에 따른 디지털 전환과 코로나 시대를 맞이하여 일자리 형태, 노동시장 및 구조의 급변에 따른 효과적인 미래 인력 양성을 위해 다양성, 맞춤형 기반 기초교육, 융합교육 강화 등을 비롯한 국가 차원의 정책 방향의 전환을 제안한다.

제2부 '대학과 사회의 과제' 에서는 우리의 교육 현장이 4차 산업혁명과 팬데믹 시대에 맞게 제대로 변화해야 하는데, 먼저 '한국 고등교육 생태계의 혁신'을 요구한다. 대학에서의 입학 정책, 교육과 연구 생태계가 자율성을 기반으로 다양성, 맞춤형 혁신이 일어나야하는데, 이는 근본적으로 고등교육 현장 주변의 생태계가 바로 서야 함을 강조한다. 100세 시대가 된 오늘의 우리 사회에서는 '인생 다모작을 위한 평생 직업능력개발'이 더욱 중요해졌다. 이는 모두를 생애 전환기에 맞춰 노동시장에 진입할 수 있도록 해야 하는 일인데, 특히 디지털 기술, 데이터 활용방법 등에 대한 교육훈련 기회 확대 및 훈련 방식의 전환을 강조한다.

제3부 '4차 산업혁명 해외사례'에서는 '디지털 전환과 코로나 시대

의 독일의 인재경영', '일본의 제4차 산업혁명 대응과 인재육성'에 대한 변화를 소개하며, 디지털 전환에 앞서가는 독일과 일본의 인재 경영 정책의 흐름을 분석하며 교훈을 찾는다.

제4부 '정부와 사회의 역할'에서는 먼저 '미래를 대비하는 정부 인적자원관리 전략'을 논하며, AI에 영향을 받을 미래 정부에서는 공공행정의 발상의 전환이 절실하며, 공무원의 창의성, 상상력은 개인 보다는 집단의 역량으로 인식하고, 유능한 인력 확보에 주안점을 둘 것을 강조한다. 더 나아가 '10만불 시대로 가는 길: 미래국가경쟁력 강화를 위한 제언'을 통해 급변하는 4차 산업혁명과 코로나 이후에 대한 정부 운영방식의 혁신에 대해 구체적인 방안들을 제시한다.

제5부 '대전환 시대 미래과제'에서는 본 저서의 내용들을 통합적으로 정리하며, 디지털 전환, 코로나 뉴노멀 시대의 국가인재경영의 방향과 과제 및 실천방안을 국가 생태계적 관점에서 제시하고, 다음 단계에 다루어야 할 핵심 이슈 및 과제들을 찾아본다.

오늘의 대한민국이 있도록 한 배경 중에는 '잘 살아보세!'라는 목표아래 국민 모두가 함께 '운동(movement)'을 만들어낸 것이 우리의 '성공 신화(success story)'의 계기가 되었다. 이는 각 사람을 일깨우고 함께 협력하는 정신을 키우며 국가의 도약을 이루어낸 자랑스러운 역사다. 이제 대한민국의 새로운 미래를 펼치기 위해서는 우리 사회 각 영역에서 인재들이 자신의 역량을 극대화시키며 이들 간에 상호 존중하며 협업이 원활하게 이루질 수 있는 시스템을 구축해야 한다. 이것이 바로 인재경영이며, 이를 오늘날의 새로운 '운동(movement)'으로 만들어내야 한다. 인재육성과 좋은 일자리 창출을 통해 국가의 생산성을 키우는 일도 바로 이러한 운동과 문화에서 기대할 수 있다.

국가 통합적 인재경영이 이루어지기 위해서는 긴 호흡, 독창성, 자율성 기반으로 20~30년을 내다보며 내공을 쌓을 수 있는 환경을 만들어야 한다. 이런 과정을 거쳐야 우리는 'G3를 향한 위대한 대한민국의 인재혁명'을 기대할 수 있다. 이를 위해서 정치적으로 중립적이고 순수한 열정을 가진 '민간 싱크탱크'와 '네트워크와 소통의 허브'가 필요하다. 국가인재경영연구원의 존재 이유는 바로 여기에 있으며, 본 저서는 우리에게 주어진 시대적 과제들을 극복해나갈 수 있기를 염원하는 지성들의 비전과 꿈을 담아 발간하게 되었다. 중요한 것은 경영계, 노동계, 공공계, 교육계를 비롯한 다양한 전문영역에서 활동하는 많은 분들이 뜻을 같이 하여 집단 지성을 형성하고 인재경영을 위한 새로운 '운동'을 벌여 나가는 일이다. 많은 분들의 격려와 참여를 기대한다.

국가인재경영연구원

이사장 민경찬

목 차

제1부

대전환 시대의 인력양성

제1장

4차 산업혁명에 따른 디지털 전환과 포스트 코로나 시대 인력양성

윤동열 (건국대학교 경영학과 교수)

4차 산업혁명에 따른 디지털 전환과 포스트 코로나 시대 인력양성

Ⅰ. 코로나19 확산과 고용시장 악화

4차 산업혁명은 기존의 산업혁명과 비교했을 때 속도, 범위, 체제에 대한 측면에서 선형적인 변화가 아니라 완전히 차원이 다른 혁신적인 변화를 예상하며 모든 국가, 산업 분야는 물론 지역사회 및 경제, 문화에 미치는 영향이 다르며 이러한 상황은 코로나19로 인해 급진전 되면서 현실화되고 있다. 4차 산업혁명의 영향으로 신기술의 등장과 함께 산업 간의 융합은 새로운 산업 생태계를 만들고 있으며, 미래 직업과 직무에도 다양한 변화를 일으키고 있다. 특히 4차 산업혁명은 기술, 사회, 문화, 인구통계학적으로 전반적인 변화를 촉진하고 있으며, 인공지능, 사물인터넷, 빅데이터, 바이오 생명공학, 스마트 팩토리 등 기술 변화는 제품, 시장, 서비스 혁신 등 다양한 변화를 촉진하고 있다. 최근 기술의 진보와 함께 노인 인구 증가, 여성 인구의 사회 참여 증가, 기후 변화와 에너지 위기 등 사회적 환경 변화와 함께 고용환경, 산업구조, 기업문화에 커다란 영향을 미치고 있다.

4차 산업혁명과 코로나19 감염병 확산으로 디지털 경제로의 전환이 가속화되고 있으며, 이러한 환경 변화 속에서 AI 기술발전에 따른 일자리 생성과 소멸에 따른 직무역량과 인재상의 변화가 요구되고 있다. 인간의 육체 및 정신노동을 대체·보완하는 인공지능(AI) 기술은 산업혁명기 범용기술인 증기, 전기·전자 기술에 뛰어넘는 신기술로 주목된 지 오래되었으며, 인공지능이 글로벌 경제에 미치는 영향을 보고한 맥킨지와 PWC의 보고서에도 2030년까지 세계 GDP 성장에 각각 13조 달러, 15.7조 달러를 견인할 것으로 전망하고 있다. 저숙련·단순 업무부터 고숙련·전문 영역에 이르기까지 AI의 영향력이 직업 전반에 걸쳐 작용할 것으로 전망하고 있는데, 미국 내 자동화에 의해 고학력 근로자와 도심지역은 상대적으로 덜 영향을 받으나 농촌 지역은 일자리 소멸에 더 위협을 받을 것으로 예측하고 있다. 맥킨지는 2030년까지 400~800백만개의 일자리가 대체될 것으로 전망하고 있으며, 이 중 75~3백만 개는 직종 변경의 필요성 제기되고 있다고 주장한다.

코로나19로 취약노동계층의 노동시장 이탈이 급속하게 진행되고, 기업의 기존 비즈니스 모델의 전환과 단기일자리 중심의 서비스업 저임금 노동자에 충격 집중으로 기존 일자리 감소와 디지털 취약계층이 양산되고 있는 것은 전 세계적인 현상이다. 대기업은 물론 중소기업, 소상공인, 자영업자도 기존 비즈니스 모델을 전환하고 있으며, 서비스 로봇·키오스크 도입 등 인간 노동력 대체 속도도 더욱 빨라지고 있다. 코로나 발 경제 구조조정 과정에서 AI 도입 확대되고, 비대면, 온라인 강화 전략에 따라 업무의 자동화 추세 가속화되고 있으며, 일단 무인화·자동화된 분야에서는 일자리 복귀 어려울 전망이다. 특히 코로나 대응을 위해 기업들의 48%가 향후 5년 내 RPA(로보틱 프로세스 자동화)에 투자를 5% 이상 증액할 계획이라는 보고도 있다. 글로벌 키오스크 시장도 연평균 9% 이상 성장하여 2023년 34억 달러 시장으로 성장할 것으로 예상하고 있으며, 유럽의 2억 3천만 개의 일자리 중 10%인

2천4백만 개의 일자리가 코로나와 자동화의 위험에 동시 직면할 것으로 맥킨지 보고서는 주장하고 있다.

팬데믹으로 디지털 기술을 활용한 비대면근로 원격·재택근무가 증가하는 한편 사회적 거리두기로 배달·콜센터 등 서비스업종 플랫폼 비즈니스 급증하고 있는 상황이다. 이러한 상황에서 생산성 하락 없이 비대면 근로가 가능하도록 기업과 근로자를 지원하는 법적·제도적 뒷받침이 필요하며, 노동수요는 증가하였으나 불안정한 고용형태를 지닌 사각지대 노동자에 대한 사회적 보호제도 마련 시급한 것이다. 2019년 발표된 우리나라의 공식적 플랫폼노동 종사자는 대략 47만~54만 명으로, 전체 취업자의 약 1.7%~2% 수준으로 추산되는데, 코로나19 확산과 디지털 전환의 급속화로 플랫폼노동 종사자가 양산되면서 2021년 현재 200만명 이상으로 추산되고 있다.

신종 코로나바이러스 감염증으로 전반적인 고용상황이 악화되면서 비정규직이나 시간제 업무 등 비정형적인 형태의 고용에 종사하던 취약계층과 청년들은 단기일자리조차 구하기 어려운 상황이다. 특히 백신 접종이 더뎌지고 코로나19 사태가 장기화되면서 2020년부터 시작한 채용대란은 여전하고 2021년도 대기업의 신규인력 채용 규모도 줄어들거나 연기되고 있으며, 중견·중소기업의 경우에는 상반기에 채용 여력 조차 없는 사업장이 급증하고 있다. 최근 민간 채용 관련 사업체에서 기업 인사담당자를 대상으로 실시한 채용계획 변화에 대한 설문조사 결과에 따르면 신종코로나 확산 이후에 기업의 74.6%가 예정되어 있었던 채용계획을 미루거나 취소한 것으로 나타났다. 이는 기업 10곳 중 7곳이 채용을 미루거나 취소하고 있다는 것을 의미한다. 특히 신규직원에 대한 채용계획의 취소나 연기는 80.5%에 달하는 등 취업을 준비하던 청년구직자들에게 직접적인 타격을 주고 있다. 한국경제연구원 발표에 따르면 일평균 확진자가 1200명으로 증가한 상황에서 백신 보급이 1·2분기 시작해 2021년 4분기에 코로나19가 종식하면 올 경제성장률은 0%를 기록한다고 나타났다. 그러나 백신 접종이 하반기로 미뤄지거나 코로나19 확산세가 더 거세져 일평균 확진자가 1500명 또는 2500명으로 늘어날 경우 경제성장률은 -2.7%, -8.3%로 역성장할 수 있다는 추가 전망도 있다. 즉 코로나 확산 정도와 백신 도입 시기가 2021년 한국경제의 회복 정도에 크게 영향을 미친다고 볼 수 있다. 한편 국민적인 노력으로 코로나19 확산세가 진정되고 일평균 확진자가 337명으로 줄어든다는 전제하에 백신 접종이 현재 속도로 진행되면 경제가 빠르게 회복하기는 어려울 것이란 전망도 있다. KDI 보고서에 따르면 코로나19의 충격으로 지난해 4월과 9월에 각각 108만개와 83만개의 일자리가 사라진바 있으며 제조업 분야 16만명을 제외하고 사라진 일자리의 대부분은 지역 서비스 업종이었다.

기업들이 채용을 미루거나 취소하는 가장 큰 이유는 사회적 거리두기 일환으로 신종코로나 확산을 막기 위해서라는 응답이 높은 수치를 차지하고 있었으나, 실제 코로나19의 전세계적 확산으로 내수 및 주요국에 대한 수출 등 경제적인 여파에 의해서 시장상황 악화와 매출하락 등 실제로 사업부진을 겪고 있기 때문일 것이다. 글로벌 경기침체의 장기화에 따라 미국, 유럽, 중국 등 국내 수출기업 및 해외 사업장에도 영향을 미치고 있으며, 내수불황에 따른 중소기업의 채용 여력도 줄어들 수밖에 없는 상황으로 이어지고 있다.

OECD 국가 중에서 가장 늦게 백신 접종이 시작된 상황에서 접종이 정부의 계획대로 진행되더라도 코로나19가 종식되는 시점은 빨라야 2022년 6월이며 내년 말까지도 어려울 것으로 예측하는 전문가들의 견해가 지배적이다. 이러한 상황에서 경기침체의 장기화는 피할 수 없을 것으로 보이며, 고용시장의 신규채용의 위축으로 정부의 단기일자리 창출을 위한 청년 및 중소기업에 대한 지원은 불가피할 것으로 보인다. 청년층 고용지표는 2018년 이후 안정화 추세를 유지해 왔으나, 코로나19의 부정적 여파가 청년을 포함한 취약계층의 고용환경 전반에 영향을 미치고 있다. 또한 코로나19로 인한 일·생활 방식의 다변화, 기술발전 및 인구구조 변화 등 사회·경제적 구조 전환이 고용시장 전반에 미치고 있다.

Ⅱ. 4차 산업혁명과 위드 코로나 시대 고용환경 변화

코로나19 장기화에 따른 글로벌 경제 침체가 지속되면서 비대면 서비스는 전 산업과 생활영역에 영향을 미치게 되고, 디지털 전환이 가속화되면서 산업구조를 획기적으로 변화할 것으로 예상된다. 교육, 의료, 여행, 문화·공연 분야뿐만 아니라, 제조업, 식생활과 관련된 주요 업종에서도 빠르게 ICT 기술을 접목한 비대면 서비스로 전환되고 있다. 포스트 코로나 경제 및 사회 구조 전환과 산업구조의 변화로 인한 새로운 비즈니스 기회와 신직업이 증가할 것으로 예상된다. 생산, R&D, 영업, 유통 등 산업의 모든 영역에서 디지털화, 스마트화, 자동화로 각 영역들을 연결하는 플랫폼 산업의 폭발적으로 성장할 것이다. 기업현장에서는 스마트 워크(smart work) 시스템이 강조되고 글로벌 가치 사슬(global value chain)의 변화로 서비스업의 세계화 및 플랫폼 노동은 지속적으로 확산될 것으로 보인다. 생산방식의 자동화와 지능화로 소비, 마케팅, 유통방식은 미디어와 시장의 온라인화가 더욱 빨라지면서 디지털 풀필먼트 시스템이 안착될 것으로 예상된다.

한편 코로나19로 전반적인 고용상황이 악화되면서 비정규직이나 파트타임으로 종사하던 디지털 취약계층의 단기일자리 감소가 가속화되고 있다. 코로나19로 기업들은 전반적인 채용 규모를 줄이고 있으며, 펜데믹과 사회적 변화로 일자리를 잃는 취약계층이 증가하고 있으며, 이들 대부분 저숙련 노동자가 차지하고 있다. 코로나19의 치료제 개발 및 백신 접종이 장기화로 경제·사회·문화적 인식과 생활양식의 근본적인 변화로 사회 전반적으로 디지털 혁신과 비대면 산업에 대한 중요성이 더욱 강조되고 있으며 일자리와 직업의 변화 가속화되고 있다. 이에 디지털 시대 일하는 방식 전환은 물론 미래 직업변동에 따른 역량 강화 대응방안 마련이 필요하다. 기업의 근로 환경 개선과 신규 사업에 AI 활용이 확대될 것이며 관련 분야 인력수요 증가 및 새로운 직업 도출이 가능할 것이다.

제4차 산업혁명으로 촉발된 신기술의 도입으로 노동시장과 노동구조 변화를 가져올 것이다. 특히, 미래 고용서비스의 발전을 위해서는 근로자자들의 직종 간 이동이 자유로워야 하며 이를 위해서는 글로벌 핵심인재 및 학문 간 융합 교육 등을 통한 국민의 창의력과 지능정보기술 이해력 제고가 필요하다. 또한, 고용환경 변화에 따른 근로자들이 4차 산업혁명에 따른 변화에 적응하고 재취업이 가능한 사회안전망 구축으로 노동시장 안정성을 확보하는 것이 중요하다. 또한, 기술혁신과 코로나19의 영향으로 플랫폼 일자리가 증가하고 있으나 현재 이들은 단기간의 노동력 투입에 대해 비교적 적은 보수를 받는다.

IBM은 대규모 프로젝트를 이러한 방식으로 나누고 성과를 내지 못한 직원에게는 보수가 보장되지 않는다. 플랫폼 경제에서 1인 기업은 피고용인을 두지 않으며, 본인 역시도 피고용이 아닌 기업가이며, 개인적으로 누구에게도 종속되지 않기 때문이다. 이른바 표면상의 자영업자로서 피고용인의 성격을 갖지만, 형식적으로 자영업자로 활동한다. 이들은 노동법 의무에서 벗어나며, 심각한 경제 상황에서 1인 기업인은 자율적으로 일하는 마지막 선택이라 할 수 있다. 그러나 이러한 방식은 자기착취의 위험이 있으며 창업으로 취업문제에서 벗어날 수 있으나 낮은 생산성으로 인해 소득 하위계층에 머무를 수밖에 없다

즉 플랫폼 근로자나 프리랜서 또는 프로슈머는 고용주가 없는 근로자이며 동시에 1인 사업자로 개별 근로자가 여러 고용주와 계약하고 동시에 일을 수행하기도 한다. 독립 근로자는 전통적인 근로자 혹은 독립적 사업자와 구분이 모호하며, 이에 따라 전통적인 노동법이나 계약법 체계에서 이들을 보호하는 데 한계가 존재한다. 이들은 자유롭게 개인 시간을 관리하면서 일을 할 수 있다는 장점이 있지만, 한편으로는 고용보험 등 고용안전망으로부터 소외되고 노동법과 직업능력개발정책의 사각지대에 놓일 가능성이 크다.

최근 데이터, 머신러닝 등 AI 전문인력 수요가 급증하면서 코로나발 디지털 기술 도입이 수요를 더욱 확대될 것으로 예상된다. 맥킨지는 AI와 자동화 확산에 따라 현재 직업의 약 5% 수준, 2030년까지 약 15%가 대체될 가능성이 크다고 예측하고 있다. 주요 선진국에서는 인간과 AI의 상호 보완 또는 협업하는 업무 형태가 많은 비중을 차지할 것으로 예상됨에 따라 효과적인 인간과 AI 상호협력 모델에 대한 연구도 강화되는 추세이다. 다만 디지털 혁신기술의 적용으로 현재의 직

업 자체는 소멸되지 않고 유지가 되기도 하고, 이를 구성하는 직무의 내용이 변하거나 범위가 확장될 수도 있을 것이다. 하나의 직업에 종사하는 근로자는 여러 직무를 수행하는데, 기술이 도입되면 그 직무는 여러 가지 유형으로 변화를 맞이하게 된다. 수행 직무 중 기술도입 이후에도 그대로 유지되는 경우이다. 이는 기계로 대체하는 것이 기술적으로 어렵거나 인건비가 기술도입 비용보다 낮을 때 발생한다. 수행 직무 중 기술도입으로 해당 직무가 기계로 완전히 대체되는 경우이다. 기술도입으로 일부 역할이 축소되거나 없어지는 대신에 사람의 특성이 더욱 필요한 업무는 그 비중이나 중요도가 커지는 경우이다. 수행 직무 중 기술도입 이후에 업무방식과 내용이 변경되는 경우이다. 이는 타 기술과의 융복합이나 협력 로봇, 디지털 기기 등을 활용하게 됨에 따라 나타난다.

기술 도입으로 완전히 새로운 직무가 발생하는 경우가 있다. 의료 분야에 인공지능 왓슨과 의료 데이터의 활용이 커지면 전통적 의술 업무 외에 의료 데이터를 분석하고 인공지능의 조언을 비교하여 환자에게 설명하는 업무가 추가될 가능성도 있다. 노동계에서 우려하고 있는 것처럼 스마트공장의 확산은 제조공정 자동화와 무인화만을 의미하는 것이 아니라 정보통신기술을 활용해 생산, 품질관리, 유통에 이르기까지 전 과정을 연결, 공장 전체 효율을 높이는 관리 시스템을 구축하는 것으로 볼 수 있다. 직무 내용 변화는 근로자의 숙련도에 영향을 미친다. 기술진보에 따른 근로자의 숙련도는 재숙련화, 탈숙련화, 숙련의 양극화 등 3가지 방향으로 나타났다. 첫째, 재숙련화는 새롭게 고숙련 업무가 증가하는 대신에 기존의 저숙련 단순 업무는 기계로 대체된다는 것이다. 지능정보기술의 발전으로 생산과정과 생산설비가 더욱 복잡해지고, 기계-제품-사람이 정보로 연결되면서 근로자에게 더 숙련된 기술과 생산과정 전반에 대한 총체적 이해력, 폭넓은 책임성이 요구된다. 둘째, 탈숙련화는 재숙련화의 반대 개념으로 로봇, 인공지능 등 첨단기술의 활용으로 생산 및 유통 과정이 자동화되고 모든 정보가 디지털화되면서 숙련기술의 필요성이 줄어들어 근로자의 업무가 단순화되는 것을 말한다. 탈숙련화는 그동안 숙련기술자가 담당했던 업무가 정보화와 자동화의 결합으로 단순화된 부분작업으로 쪼개질 수 있다는 것이다. 셋째, 숙련의 양극화는 기술 진보로 노동의 재숙련화도 나타나겠지만 기존의 단순 작업은 자동화되지 않거나 또 다른 저숙련 노동이 출현할 가능성도 크다. 기술적으로만 본다면 단순 작업이 자동화로 대체될 가능성이 크지만, 숙련도가 낮은 단순 직무를 수행하는 근로자일수록 낮은 임금이나 외주화가 가능하므로 기계도입과 비교하여 경제적 실익이 적다면 자동화로 대체할 이유가 없을 것이다.

4차 산업혁명의 전진과 코로나19 상황에서의 고용환경에서는 일자리 양극화와 데이터 기반 인적자원관리가 강화될 것으로 예측된다. 일자리의 양극화는 더욱 심화되고 있으며, 경력직 중심의 우수인재 영입 및 유지를 위한 데이터 기반 인적관리가 강화될 것으로 보인다. 기존의 기업들은 조직 내 활동인 생산, 재무, 회계, 마케팅, 인사, 경영정보 등의 활동을 연결하거나 비슷한 산업 간에 협업을 통해 가치사슬로 관리해서 원가를 절감하고 품질을 관리해서 수익을 창출해왔다. 이에 비해 플랫폼 경제는 네트워크 효과로 자동차, 전자, 정보통신 산업 등과 같은 업종 구분이 있으나 이러한 업종의 범위를 뛰어넘으며 이는 일자리 형태를 변경하고 있다.

현재 기술 진보로 인한 가장 관심 있는 분야는 인공지능 분야로 볼 수 있는데, 이는 지식, 감성 노동이 주를 이루는 서비스직, 판매직, 단순 사무직, 전문직, 연구직, 관리직 등에도 직접적인 영향을 미치고 있다. 이미 이들 업종은 로봇, 인공지능의 인간 대체가 진행되고 있으며, 일부는 인간과 기계가 협업하는 형태로 동시에 진행되고 있다. 특히 최근에는 전문직, 연구직, 관리직에 인공지능 개발이 집중되는 있는데 이는 다루어야 하는 지식, 정보량의 증가와 함께 직무 복잡성이 증가하고, 정량적 분석을 중시하는 현상이 확대되면서 업무속도 증가로 인간은 점점 업무 한계에 도달하고 있기 때문이다. 또한, 고임금 구조의 특성상 기업은 인공지능과 로봇의 도입을 선호할 가능성이 크다. 이러한 측면에서 일부 업무에 대한 인공지능이나 기계로의 대체는 복잡한 논리적이고 단계적 규칙에 따라 계속해서 객관적 데이터를 분석, 판단, 실행하는 직무에서 먼저 나타날 가능성이 크다. 다만 세련된 소통, 설득, 기술과 포괄적 시각, 고도의 유연성, 나아가 창의성이 필요한 부분은 인간에게 고유한 것으로 인공지능으로 대체하기 쉽지는 않을 것이다. 또한, 인간은 특정 작업 처리 능력은 인공지능에 못 미친다 해도 다양한 업무를 동시에 진행하며 영역을 넘어서면서 과업을 수행할 수 있다. 따라서 일부 복잡한 과업에 대해서는 인간과 기계가 각자 잘하는 업무를 분담하는 협업 구도도 나타날 수도 있다.

노동환경에서는 더욱 유연한 업무 환경이 조성될 수도 있다. 이미 코로나19를 겪으면서 언제 어디서나 일할 수 있는 동일한 컴퓨팅 환경이 제공될 수 있으며, 이로 인해 재택근무 및 원격근무가 더욱 활성화되고 있다. 소비자 수요가 반영된 새로운 생산 형태가 강화되어 1인 기업과 같은 자가고용이 증가하면서 대기업과 중소기업으로 양분되는 기업 구성이 변하고, 상상력의 가치 증가와 스마트 기술발전이 결합하면서 이를 이용한 창조서비스 시장이 성장하고, 새로운 형태의 노동시장이 등장하고 있다. 대표적인 것이 공유경제이다. 공유경제란 2008년 미국의 법학자 로렌스 레식 교수의 저서 'Remix: Making art and commerce thrive in the hybrid economy'에서 생산된 제품을 여러 명이 공유해 쓰는 협력적 소비를 기본으로 하는 경제방식을 의미하는 용어에서 사용되었다. 기존의 대량생산과 대량소비 개념의 상업경제와는 달리, 한번 생성된 제품을 여럿이 공유해 나눠 쓰는 협업과 공유소비가 기본이 된다. 즉, 공유경제는 재화를 여럿이 공유하면서 사용하는 것을 기본으로 하는 경제방식이다. 공유경제는 개개인의 참여와 신뢰를 바탕으로 스마트 기기와 발달한 통신망 서비스에 기반을 둔다. 또한, 공유경제는 서로의 재화를 공유함으로써 비용 절감과 환경보호에도 도움이 될 것으로 전망하고 있으며, 이러한 소비 활동을 협력적 소비라고 정의하기도 한다. 협력적 소비는 끝없이 얻기만을 위한 활동이 아니라 얻기 위해 주고 협력하는 나눔과 교환의 자연스러운 행동이다. 공유경제의 확산을 위해서는 다양한 비즈니스 모델이 필수적이다. 코로나19 공유경제의 확산세가 잠시 주춤하였으나 최근 시민들의 경제적인 부담으로 차량, 자전거, 옷, 전자기기 등 물리적인 상품 및 공간의 공유는 물론, 지식, 재능, 일자리 공유 등에 이르기까지 다양한 비즈니스 모델이 출현하고 있다.

디지털 공유플랫폼은 노동시장에서의 투명성과 효율성을 강화하면서 사각지대에 놓여 있는 근로자에 대한 일자리를 매칭을 지원하고 있다. 이런 플랫폼은 노동참여와 근로시간을 증가시킬 수 있다. 한 예로 육아 맘도 근로시간에 유연한 옵션이 있다면 일하기를 원할 것이다. 심지어 취업 의지가 없는 청년과 장년도 주당 몇 시간이라도 일하기 위해

이 플랫폼을 이용할 것이다. 이 플랫폼은 금융 컨설팅과 보안 전문가 같은 전문 지식부터 자료 조사나 옷 코디 등까지 단순 지식에 바탕을 둔 지식까지 거래가 될 것이다. 온라인 재능 플랫폼은 강력한 검색 기능과 복잡한 스크린 알고리즘을 가지고 원하는 개인과 개인의 채용과정에 속도를 높이고 개인이 일자리 검색에 소모하는 시간을 줄이며 장기적으로는 실업을 줄일 것이다. 이런 플랫폼을 만들기 위해서는 법이나 제도의 뒷받침으로 노동시장이 유연화되도록 지원해야 한다.

반대로 공유플랫폼은 고용 불안전성을 심화할 수 있다. 즉, 고용을 단기화하고 전통적인 임금노동자에서 일자리가 불안전하고 소득이 불안정해진다는 것이다. 플랫폼 비즈니스로 알려진 대표적인 업종들은 모빌리티와 관련된 음식배달, 택배, 대리운전, 퀵서비스, 그리고 가사서비스나 돌봄서비스, 문화콘텐츠, 번역 등과 같이 기존 임금근로자들이 수행하는 과업을 기반으로 한다. 그러나 이는 과거 전형적인 전일제 정규직의 고용 관계에서 벗어나 다양한 고용유형이 탄생하면서 일자리의 질이 저하될 우려가 있다. 이처럼 디지털 기술이 전통적인 고용시장에 대한 통제방식과 계약형태를 바꾸고 있다.

기존에 하는 일은 비슷한지만 공유플랫폼에 참여하면서 불확실성이 커지면서 경쟁이 치열해지고 더 열심히 일하게 되는 것이다. 기업으로서는 고용안정을 제공하고 4대 보험료 같은 사회적 비용을 지급해야 하는 임금노동자의 수를 줄이면서도 높은 수준의 서비스 결과물을 생산하는 긱(gig) 노동자를 선호하게 될 것이다. 긱의 의미는 1920년대 미국의 재즈 공연장에서 필요에 따라 즉석에서 연주자를 섭외하는 공연에서 유래되었다. 긱 경제는 특정한 프로젝트 또는 기간이 정해진 단위 과업을 수행하기 위해 노동력이 유연하게 공급되는 경제 환경을 의미한다. 즉, 집단화된 전문조직이나 기업과 근로조건, 임금계약 등 정형화된 고용계약의 체결 없이도 개인이 특정 산업에 진출하여 소득을 창출할 수 있는 제도기반의 생산 활동이라 할 수 있다. 긱 경제 종사자는 노동 투입여부, 근무시간 선택 등에 있어 자율성이 높고 외부통제와 감시가 적은 특성을 고려할 때 사실상 독립 노동자에 해당한다고 볼 수 있다. 4차 산업혁명은 첨단 기술의 발달로 이러한 경력개발 패러다임의 변화를 가속화시키고 있다. 국내에서도 쿠팡, 카카오대리, 배달의 민족 등의 서비스처럼 전형적이지 않은 형태의 플랫폼 근로자가 탄생하게 되며, 향후 국내에서도 서비스 업종만이 아닌 전통적인 제조업, 의사, 변호사와 같은 전문직에서도 미국과 같이 이와 같은 형태의 근로가 확대될 것이다.

III. 4차 산업혁명과 디지털 신기술분야 인력양성 방향

현 정부는 저성장·양극화 심화에 대응의 일환으로 경제 패러다임 전환을 추진 중이며, 이에 한국판 뉴딜 종합계획(2020.7.14.)을 발표했다. 우리나라 경제는 성숙 단계에 진입하면서 성장세가 추세적으로 하락하고 있으며, 사회안전망 미흡 등으로 양극화도 더욱 심화되어 개선이 요구되고 있는 상황이다. 연평균 경제성장률도 90년대 6.9%에서 2000년대 4.4%, 2010년대 2.9%로 지속해서 하락하고 있으며, 작년부터 예기치 못한 코로나19 충격으로 IMF 이후 전례 없는 경기침체에 어려움을 겪고 있다. 한국판 뉴딜 종합계획에서는 디지털 뉴딜과 그린 뉴딜을 제시하고, 동시에 안전망 강화를 주요 축으로 구성하고 있다,

이를 실현하기 위한 추진과제로 디지털 뉴딜 12개, 그린 뉴딜 8개, 안전망 강화 8개를 설정하고 추진하고 있다. 10대 대표과제로 데이터댐, 지능형 정부, 스마트 의료 인프라, 그린 스마트 스쿨, 디지털 트윈, 국민안전 SOC 디지털화, 스마트 그린산단, 그린 리모델링, 그린 에너지, 친환경 미래 모빌리티 등을 설정하였는데 지속적인 재정투자와 제도개선이 요구되고 있다.

이러한 디지털 뉴딜 실현을 성공적으로 추진하기 위해서 최우선으로 신기술분야 핵심인재 양성이 필요하다. 정부는 고용노동부를 비롯한 산업통상자원부, 과학기술정보통신부 등 관계부처에서 다양한 인력양성 사업을 통해 디지털 신기술 인력양성 사업을 추진하고 있다. 그러나 여전히 부처 간 분절적인 정책수립과 사업수행과 집행에 따른 유사중복과 사각지대 등 비효율이 발생하고 있는 것이 현실이다. 국무위원 워크숍(2020.1.11.)에서는 부처 협의를 통한 디지털 신기술분야 인력양성 정책 강화와 이를 뒷받침할 협업예산 편성·집행·평가 등 종합적인 환류 체계구축을 통한 조정과 협업체계 마련의 필요성이 제기되기도 하였다. 디지털 신기술분야 인력양성 및 직업훈련 우수사례에 대한 발굴을 통해 다부처 공동과제의 협업적 재정 운용과 성과와 지속가능성 제고를 위한 민간과 협업할 수 있는 범부처 차원의 대응방안 마련이 필요한 시점이다.

정부는 4차 산업혁명 대응을 위한 다양한 정책을 지속적으로 발표하고 있다. 그러나 현실에서 구체적인 변화를 발견하기는 쉽지 않다. 범정부 전략, 각 부처별 대응 정책, 주요 법률안, 국회 4차 산업혁명 특별위원회의 정책 및 입법 권고안 등을 통해 4차 산업혁명을 위한 세부과제들은 이미 포괄적으로 논의되어 왔으나 대안 자체가 실제 추진할 수 있을 정도의 구조화가 되지 못했고, 새로운 정책에 대한 합의나 실행하는 데 필요한 기반이 충분하지 않은 상태에서 대안이 먼저 발표되어 정책 집행에 반영되기가 어려웠던 것이다. 4차 산업혁명에 필요한 인력양성을 위해서는 무엇보다도 정규교육 과정에서부터 개혁이 필요하다. 이미 우리나라의 제조업 분야의 일부 주력산업은 심각한 구조조정 위기를 경험하고 있으며, 아울러 청년들은 4차 산업혁명의 신기술 분야에서 필요로 하는 역량을 보유하지 못하고 있다. 빅데이터, 인공지능, 로봇, 양자 컴퓨터 등 신기술은 단기간에 도입할 수 있는 것이 아니라 고급 숙련인력의 양성을 통해서만 도입이 가능하므로, 인력양성을 위한 교육훈련 시스템의 고도화가 절실히 요청되고 있다. 또한, 직업·직종에 관계없이 공통적으로 요구되고 있는 복합적 문제 해결 능력, ICT 및 데이터 활용 역량, 사회적 역량 등을 길러줄 수 있는 인력양성 체계가 마련되지 못하고 있다는 점에서 시급히 교육훈련 정책·제도 측면의 대응이 요구된다.

디지털 전환은 데이터, 네트워크, 인공지능 등 디지털 신기술을 바탕으로 산업 혁신을 견인하고 국가경쟁력을 결정짓는 핵심요소라 할 수 있다. 코로나19로 비대면회의 확산 및 디지털 전환 가속화 등 경제사회 구조의 대전환은 디지털 역량의 중요성이 더욱 강조되고 있다. 정부는 디지털 뉴딜에 2020년 추경부터 2022년까지 총 23.4조 원(국비 18.6조 원), 2025년까지 58.2조 원(국비 44.8조 원)을 투자하여 2022년까지 39만 개, 2025년까지 90.3만 개의 일자리를 창출하고 디지털 대전환을 선도해나갈 계획을 발표한 바 있다. 또한, 현 정부는 한국판 뉴딜 세부과제 중 기준에 부합하고 미래비전을 제시하는 과제를 10대 대표과제로 선정하였으며, 디지털 뉴딜에서는 ①데이터 댐, ②지능형 정부, ③스마트 의료 인프라, ④국민안전 기반시설(SOC) 디지털화, ⑤디지털 트윈을 5대 대표과제로 내세우고 있다.

표 1-1 디지털 뉴딜 4대 분야 12개 추진과제

구분	내용
D.N.A. 생태계 강화	① 데이터 구축·개방·활용 ② 전 산업 5G·AI 융합 확산 ③ 5G·AI 기반 지능형(AI) 정부 ④ K-사이버 방역 체계
교육인프라 디지털 전환	⑤ 초중고 디지털 기반 교육 인프라 조성 ⑥ 전국 대학, 직업훈련기관 온라인 교육 강화
비대면 산업 육성	⑦ 스마트 의료·돌봄 인프라 ⑧ 중소기업 원격근무 확산 ⑨ 소상공인 온라인 비즈니스 지원
SOC 디지털화	⑩ 4대 분야 핵심인프라 디지털 관리체계 구축 ⑪ 도시·산단 공간 디지털 혁신 ⑫ 스마트 물류체계 구축

출처 : 한국판 뉴딜 종합계획(2020)

디지털 신기술분야는 인공지능, 빅데이터, 클라우드, 사물인터넷, 5G, 3D프린팅, 블록체인, 지능형반도체, 첨단소재, 스마트헬스케어, AR·VR, 드론, 스마트공장, 스마트팜, 지능형로봇, 자율주행차, O2O, 그린에너지, 스마트시티, 핀테크, 바이오 등의 분야를 포괄한다. 많은 미래 전망 보고서들은 4차 산업혁명과 미래사회 변화가 기술적 측면의 변화 동인과 사회·경제적 측면의 변화 동인으로 인해 야기될 것으로 전망하고 있다. 이미 업무 환경 및 방식의 변화, 신흥시장에서의 중산층 등장 및 기후변화 등이 사회·경제적 측면에서 모바일 인터넷, 클라우드 기술, 빅데이터, 사물인터넷(IoT) 및 인공지능 등은 과학·기술적 측면에서는 주요 변화 동인이 되고 있다. 4차 산업혁명에 따른 기술·산업 측면의 변화와 일자리 지형의 변화는 고용 인력의 직무역량 변화에도 커다란 영향을 미치고 있다. 4차 산업혁명은 고용 인력이 직무역량 안정성에도 영향을 미치고, 산업 분야가 요구하는 주요 능력 및 역량에도 변화가 생겨 복합한 문제의 해결 능력 및 인지적 능력 등에 대한 요구가 높아질 것으로 전망된다.

표 1-2 2020년 업무수행시 필요한 핵심 스킬의 비중

핵심스킬	2020년 스킬 요구 비중(%)
인지적 능력(cognitive abilities)	15
시스템적 스킬(systems skills)	17
복잡한 문제의 해결(complex problem solving)	36
콘텐츠 스킬(contents skills)	10
프로세스 스킬(process skills)	18
사회적 기술(social skills)	19
자원 관리 기술(resource management skills)	13
전문적 기술(technical skills)	12
육체적 능력(physical skills)	4

출처 : 세계경제포럼(2016)

4차 산업혁명으로 일컬어지는 지능화와 초연결화 사회를 맞이하여 제조업 혁신이나 생활문제 해결을 위한 기술 연구도 활발해지고 있다. 세계경제포럼은 4차 산업혁명을 주도하는 신기술분야와 관련해 유망인공지능, 3D 프린팅, 차세대 로보틱스, 정밀 유전공학기술, 분산제조, 감시 및 회피 드론, 연료전치차 등 전통 산업과 기반기술의 융합을 통해 새로운 가치가 창출될 것으로 보고한 바 있다. 신기술의 융복합은 향후 스마트 홈, 스마트 공장, 스마트 그리드 또는 스마트 시티 등 전 분야의 스마트 시스템 구축을 촉진해 나갈 것으로 예상하며, 가트너 그룹은 제조업 혁신을 위해 지능화, 디지털화, 메시 영역에서 인공지능이나 디지털화된 제조기반 기술이 중요해질 것으로 강조한다.

표 1-3 2019년 10대 전략기술트렌드

구분	10대 전략기술
지능화 (Intelligent)	• 인공지능 기반 자율 사물(Autonomous Things) • 증강분석(Augmented Analytics) • 인공지능 주도 개발(AI-Driven Development)
디지털(Digital)	• 디지털 트윈(Digital Twins) • 자율권을 가진 에지(Empowered Edge) • 몰입 경험(Immersive Experience, AR/VR/MR)
매시(Mesh)	• 블록체인(Blockchain) • 스마트 공간(Smart Spaces)
기타	• 디지털 윤리와 개인정보보호(Digital Ethics and Privacy) • 양자 컴퓨팅(Quantum Computing)

출처: 가트너(2018.10)

4차 산업혁명이 일으킬 산업지형과 사회 구조의 급격한 변화와 불확실성에 대응해 경제·사회의 혁신 동인으로 활용하기 위해 선진국들은 국가 차원의 발전 전략을 추진하고 글로벌 기업들도 신기술을 활용한 신사업 진출 등 생존전략을 마련하고자 노력하고 있다. 미국의 산업 인터넷, 독일의 인더스트리 4.0, 일본의 4차 산업혁명, 중국의 제조 2025 등 4차 산업혁명에의 대응 전략 발표하면서 국가수준의 지원을 강화하고 있다. GAFA(구글, 애플, 페이스북, 아마존)를 위시한 글로벌 소프트웨어, 서비스 기업들은 인공지능과 자율주행차, 전기자동차, 에너지, 스마트공장, 드론 등 신사업에 적극적으로 진출하고 있다.

정부는 혁신성장을 통한 손에 잡히는 4차 산업혁명 구현을 위해 지능화, 스마트화, 융합, 산업기반 등 4대 유형별, 13대 혁신성장 동력 분야를 집중적으로 육성하겠다는 계획을 발표하고 추진 중에 있다. 성장동력 분야의 특성에 따라 조기 상용화 분야와 원천기술 확보 분야로 구분하고 기술 및 사업 여건에 맞추어 세부 유형 구분하여 지원함으로서 각 기술은 타 산업과 융합을 통해 새로운 융합제품이나 서비스를 창출하거나 다양한 모습으로 발전할 수 있을 것이라는 청사진을 제시한 바 있다. 다만 각 분야별 특성에 부합하는 연구·개발 전주기 지원을 위해 집행방식·프로젝트 수 등을 고려해 다양한 형태의 집행체계를 구축하고 원활하게 지원하는 체계의 수립이 필요하다.

표 1-4 13대 혁신성장 기술분야 정의 및 범위

13대 혁신성장 기술분야		정의 및 세부 범위
지능화 인프라	빅데이터	• 통상적으로 사용되는 데이터수집·관리 및 처리 SW의 수용 한계를 넘어서는 방대한 크기의 데이터로, 데이터의 양/입출력 속도/다양성으로 정의될 수 있는 정보자산 • 데이터 수집·저장·처리 등 기반기술과 이와 연계된 분석기술을 통해 새로운 통찰력과 비스니스 가치를 창출하는 빅데이터 활용 기술 포괄
지능화 인프라	차세대 통신	• 모든 사람·사물의 데이터가 교통·소환되는 사회시스템의 '신경망' 역할을 수행하여 새로운 비즈니스 창출과 사회혁신을 촉진하는 4차 산업혁명 시대의 핵심 인프라 기술 • 5G 등 차세대 유무선 통신, 지능형 사물인터넷(IoT)을 포함
	인공지능	• 인간의 인지능력(언어·음성·시각·감성 등)과 학습, 추론 등 지능을 구현하는 기술로, AI SW(머신러닝 등 7개), 특화 HW(칩, 컴퓨팅 등)을 포괄 • 인공지능을 구현하기 위해 AI SW·HW, 기초과학이 기반이 되나, 다른 분야와의 중복성*으로 인해 본 분야는 AI SW 영역에 한정

13대 혁신성장 기술분야		정의 및 세부 범위
스마트 이동체	자율 주행차	• 자동차 스스로 인프라(도로, 통신) 등과 연계하여 주변환경 인식, 위험상황 판단, 주행경로 계획, 차량모션 제어를 수행하여 운전자 주행 조작을 최소화하면서 안전하고 편리한 주행이 가능한 자동차 • 자율주행차, 인프라(도로, 통신) 및 연관 서비스 신산업
스마트 이동체	드론 (무인기)	• 무인으로 원격 조종, 자동비행, 반자동 비행을 하는 비행체와 이를 제어하는 지상 통제장비(Ground Control Station/System), 통신장비와 지원 장비 등을 포함한 전체 시스템을 통칭 • 드론을 활용한 기존산업의 新 부가가치 창출을 위해 기술개발, 운영·서비스 창출, 시험·인증 인프라 구축 등을 전주기형으로 지원
융합 서비스	맞춤형 헬스케어	• 개인 건강·의료 데이터를 활용한 개인 맞춤형 건강관리 서비스 및 IoT, AI 등 기술이 융합된 첨단 의료기기 개발 • 의료기록, 유전체정보, 라이프로그 등 개인의 건강정보를 바탕으로 건강관리 서비스를 제공하기 위한 기기 및 서비스 개발
	스마트 시티	• 도시 내 인프라에 지능형 ICT를 접목하여 도시 관리의 효율성 제고, 시민 삶의 질 향상 및 지속 가능한 데이터 기반의 지능화 도시 구축 • 데이터 기반의 스마트시티를 구축하여 도시 문제 해결형 서비스와 도시 혁신 모델을 개발하여 기술선도 및 新산업 육성
	가상 증강현실	• 가상현실(VR)은 가공의 현실에서 감각·인지를 확대하며, 증강현실(AR)은 현실세계에 가상객체나 정보를 투입하는 기술 • 콘텐츠, 플랫폼, 디바이스의 결합으로 생태계가 구성되며 제조, 의료, 교육 등 기존 산업과 융합하여 서비스가 제공되는 특징
	지능형 로봇	• 로봇은 외부환경을 인식(Sense)하고, 상황을 판단(Think)하고, 자율적으로 동작(Act)하는 기계 • 제조업 경쟁력 강화, 고령화, 안전사회 등 메가트렌드를 반영한 제조, 의료, 안전분야 및 기타 서비스 적용 분야까지 포괄
산업 기반	지능형 반도체	• 인식·추론·학습·판단 등 인공지능 처리 기능을 탑재하고 초지능·초저전력 기반의 최적화된 기술로 구현한 반도체 • 인공지능 서비스 구현을 위해 데이터 연산·제어·처리에 필요한 디지털·아날로그 반도체, 효율적으로 전력을 제어하는 전력 반도체, 외부정보를 획득하는 센서 반도체 등 개발
	첨단소재	• 미래산업을 뒷받침하고 미래환경 변화에 대응 가능한 6대 미래 핵심산업군*에서 수요로 하는 첨단소재 * 수송기기, 스마트전자, 스마트제조, 바이오헬스, 에너지 신산업, 미래 신산업 • 미래 전략산업 기반 확충을 위한 소재기술분야별 혁신성장동력으로 추진하고자 하는 첨단소재 핵심기술

13대 혁신성장 기술분야		정의 및 세부 범위
산업 기반	혁신신약	• 국내의 제약사·대학·출연(연) 등 핵심주체의 오픈이노베이션 기반 국가 신약개발 추진 • 의약품 전 분야(바이오/합성/천연물)에서 글로벌 신약개발을 위한 First-in-Class 수준의 신약 파이프라인, 융복합 플랫폼 기술 개발
	그린 에너지	• 그린에너지란 신+재생에너지 개념으로, 화석연료나 원자력이 아닌 방식으로 전기 또는 열을 이용하는 에너지를 의미 • 정부 재생에너지 보급정책*에 따른 주요 에너지원인 태양광·풍력분야 및 재생에너지 간헐성 극복을 위한 에너지 저장장치(ESS)

IV. 디지털 신기술분야 인력양성을 위한 개선 방안

한국판 뉴딜에 대한 구체적인 개념이 정립되지 않은 상황에서 개별부처와 지방자치단체도 기존사업을 뉴딜로 포장하여 백화점식 사업의 나열에 그칠 수 있다는 우려가 나타나고 있다. 특히 코로나19 재확산에 따른 중소기업은 물론 대기업의 영업활동 및 구직자의 취업 제한으로 사업주와 근로자의 생존권이 위협받고 있는 상황에서 일자리 감소 및 장기실업자의 증가에 따라 국민들도 디지털·그린 뉴딜이 지역경제 미치는 실효성에 대한 고민이 늘어가고 있다. 여전히 핵심분야별 지원트랙에 대한 검토와 재구조화가 필요한 상황이며, 사업별 인력양성 목표 및 분야를 종합적으로 검토하여 디지털 신기술분야 인력양성 트랙 설계·구축이 가능할 것이다. 현재 빅데이터, 인공지능, 스마트제조, 첨단소재, 바이오, 클라우드 등 5대 트랙을 중심으로 정부는 인력양성 사업을 운영하고 있으며 최근 쟁점이 되는 그린뉴딜 관련 인력양성 사업 등의 내용을 포함한 인력양성 트랙 신설을 추진하고 있다. 향후 지속해서 디지털 신기술 인력양성 트랙으로 반영이 가능한 정부 부처의 인력양성 사업을 탐색하여 반영하려는 노력도 지속되어야 한다.

특히 디지털·그린 뉴딜 및 신기술 분야에 대한 핵심인재 양성 정책을 살펴보면 분야별·수준별 산업계 인력양성 규모 전망이 아직 미비하고 이를 통한 단기 및 중장기 인력양성 계획도 구체적이지 않아 국가경제 생태계의 혁신성장을 지원하기 위해서는 다소 보완이 필요한 것으로 보인다. 뉴딜 분야의 경우에도 경제·사회의 녹색전환 추진을 위한 인프라, 에너지, 녹색산업 분야의 체계적인 인력양성을 위한 의지는 강조하고 있으나, 미래 성장 분야에 대한 세부적인 수요조사를 통한 부문별 인력양성 규모에 대한 전망이 미흡한 것으로 판단된다. 이러한 문제를 해결하기 위해서는 무엇보다 우선적으로는 중앙과 개별부처, 지방자치단체 간 협업을 통한 디지털 핵심인재 양성을 위한 거버넌스 구축 및 분야별 인력수요 전망 및 수준별 인재양성 모델을 발굴 및 확산하는 노력이 필요하다.

정부는 이미 디지털 뉴딜 정책에서 고급인재 및 전문인력, 실무인력 양성을 위한 신기술 인력양성 트랙을 구축하고, 기존 산업에 대한 디지털 경제로의 이동 지원을 위한 산업별 융합 인력양성 계획을 제시하고 있다. 사업별 주요 인력양성 분야를 중심으로 트랙 구축이 필요하며, 다양한 분야에 필요한 디지털 기초역량 배양에 필요한 공통과정의 성격을 지니는 과정은 범용과정으로 설계하여 공통모듈로 반영되어야 한다. 특히 초급이나 초·중급 과정은 특정 분야에 국한한 인력양성 사업이라기보다는 디지털 신기술분야에 대한 폭넓은 초·중급 수준의 훈련에 해당하므로 해당 과정들은 분야별 트랙 구축 시 범용과정으로 설계하는 것이 바람직할 것이다. 이러한 과정을 통해서 궁극적으로는 디지털 신기술분야 트랙을 중심으로 사업별 인력양성 목표를 명확화함으로써 트랙별 초급단계부터 고급기술까지의 경력개발경로를 명확하게 설정할 수 있을 것이며, 분야별 현장전문가의 의견을 반영하여 이를 토대로 정부가 지원할 수 있는 부문과 민간에서 자율적으로 양성할 수 있는 실무인력이나 전문인력을 구분할 수 있을 것이며 사업별 훈련대상 및 훈련유형도 명확화될 수 있을 것이다.

한편 기존 디지털 신기술 분야 인력양성 관련 부처 및 지방자치단체 간 분절적인 정책수립 및 사업의 집행에 따른 유사중복과 사각지대 등 비효율이 발생하고 있는 부분에 대한 확인이 필요하고, 이에 대한 조정과 협업 방안 마련도 고려해야 할 것이다. 디지털·그린 인재 양성에 투입예정인 예산과 함께 매년 집행되는 협업예산에 대한 종합적인 검토를 토대로 개별부처 및 지방자치단체의 디지털 인력 양성사업에 대한 현황분석을 기반으로 필요분야를 선정하고 인력양성 사업에 예산 집중 투입 방안을 고민해야 할 것이다.

인력양성 트랙 확정 및 운영 시에는 훈련수준별 판별기준의 명확화가 요청되고 있다. 학력이 우선 기준으로 제시되고 있는 것은 대부분의 정부 부처에서 운영하는 인력양성 사업의 수행기관이 교육기관이 다수이며, 학력을 기준으로 한 분류가 가장 용이하기 때문일 것이다. 그러나 학력 이외에도 교육훈련 결과 및 역량을 인정하는 기준으로는 자격제도(국가기술자격, 국가전문자격, 민간자격 등), 경력, 직무수행능력 등 여러 가지 기제가 있으므로 훈련수준 판별기준에 대한 종합적인 검토가 필요하다. 디지털 기술 분야별로 특수적으로 활용되는 인력양성 혹은 훈련수준의 기준이 있다면 훈련수준 검토 시 이를 추가 검토할 필요도 있을 것이다.

정부나 민간에서 제시되고 있는 트랙별 인력양성 기간도 일정하지 않다. 디지털 인력양성 트랙 구축 시 초급부터 고급까지의 훈련이수를 통해 최고 전문가까지 성장하는데 소요되는 기간에 대한 검토가 필요하다. 현황분석 결과 개별부처 및 사업별로 대체로 수개월(1~6개월)의 기간으로 인력양성 사업이 운영되나, 짧게는 3~4일에서 길게는 2~4년으로 인력양성 기간의 편차가 매우 큰 편이다. 디지털 트랙별 특성, 교육훈련 내용 및 방법 등의 차이로 인한 인력양성 기간의 편차는 어느 정도 발생할 수 있으나, 트랙 간 형평성 및 추후 자격체계와의 연동 등을 감안할 때 인력양성 기간에 대한 일정 기준을 수립하기 위해서는 관련분야 전문가들의 자문을 통한 표준안 마련이 필요할 것이다. 또한 디지털 인력양성 트랙의 원활한 구축·운영을 위해서는 인력양성 및 사업수행 기관 간 매칭 특화 연계 프로그램 설계 등의 검토가 필요하다. 특히 과기정통부, 산업부, 고용부 등 개별부처의 사업 중 상당수가 대학 혹은 대학원을 중심의 위탁과정으로 수행되고 있어 이를 중심으로 중급 및 고급 과정을 담당할 적합 수행기관에 대한 검토도 필요하며, 학위과정과의 연계 적절성, 가능성 등 검토 포함되어야 할 것이다.

향후 디지털 인력양성 트랙의 원활한 구축·운영을 위해서는 성과관리 체계의 마련이 중요하며, 개별 사업별로 상이하게 구성되어 있는 디지털 트랙별 성과관리 체계 및 성과지표의 검토 및 체계화가 필요하다. 디지털 인력양성 트랙별 성과관리 체계 구축시 수료율, 직무수행능력향상도, 취업률, 만족도, 취업유지율 등에 대한 종합적인 검토가 가능할 것이다.

Ⅴ. 4차 산업혁명과 청년 일자리 지원체계 구축

노동시장 초기 이행은 전 생애에 걸쳐 근로조건 및 근로 환경, 전직 등 노동시장 성과에 영향을 미칠 가능성이 큰 만큼, 청년층의 노동시장 신규진입 및 전환지원을 위한 정책지원이 시급한 상황이라고 할 수 있다. 4차 산업혁명이 가져올 미래 일자리의 수요·공급 변화 전망을 토대로 일자리 및 경력형성 기회 제공, 부문별 인력양성 전략을 단기 및 중장기로 구분하여 대책 수립이 필요하다. 고용시장 신규진입 및 전환지원, 고용안전망 강화를 위한 전달체계 개편, 중앙·지역별로 분절된 일자리 사업의 실효성 제고를 위한 일자리 거버넌스 체계구축이 필요하다.

특히 청년층에게 노동시장 신규진입 촉진을 위한 구직활동 지원 및 일경험 기회를 제공하고, 일자리 격차 해소를 위한 주요 일자리 사업 지속 추진하고 미래 일자리 수요·공급 전망을 통한 인력양성 체계 구축과 제조업에 종사하고 있는 중장년층에 대한 일자리 이·전직 지원이 필요하다. 고용위축 장기화에 대비, 노동시장 신규진입 촉진을 위해 소득보전 및 구직활동이 원활히 이루어질 수 있도록 지원하고, 인적자본 형성의 공백을 메울 수 있도록 일경험 기회 제공이 필요하다. 채용위축 장기화에 대비, 청년구직활동지원금의 지원 규모 및 기간 확대를 적극적으로 검토하는 한편, 구직활동의 실효를 높이기 위한 구직 증빙 요건 및 모니터링 강화가 필요하다. 특히 디지털, 비대면 등 성장 유망업종을 중심으로 공공 및 민간 일자리 기회를 제공·지원하는 한편, 취약계층을 대상으로는 생활방역, 지역경제 활성화 지원 등 지자체 수요에 대응한 일자리 제공이 필요하다.

인력양성 체계구축 및 일자리 전환지원이 무엇보다도 중요한데, 디지털 분야 원격훈련 활성화 등을 통해 감염병의 확산 등으로 잠정적으로 중단된 훈련사업을 재개하여 인적자본형성의 공백 장기화 방지, 산업 수요 전망을 바탕으로 기업의 수요에 부합하는 현장 인력양성 및 정규교육 개혁을 병행해야 할 것이다. 신산업, 기업 맞춤형 훈련대상 훈련계좌를 즉시 발급하고, 상담 기간을 단축하는 한편, 청년과 중장년 이·전직을 대상으로 하는 훈련과정 운영 시 인센티브 확대 제공할 수 있을 것이다. 성장 유망업종을 대상으로 채용연계형 인턴 일자리를 발굴하는 한편, 정규직 전환에 대한 인센티브 부여로 단기일자리에서 양질의 상시 일자리로의 전환을 유도할 수 있다.

청년층의 노동시장 진입지연, 잦은 이직 추세는 당분간 지속될 것으로 전망되며 노동시장 여건 외에도 저성장 및 저고용 기조, 내수시장 위축, 대내외 불확실성 증대 등 정책 실효성 발현을 저해하는 악화요인이 강화되고 있으므로 이에 대한 중장기적 해결책 마련이 필요할 것으로 판단된다. 특히 향후 2~3년간은 대내외 여건을 고려할 때, 청년 일자리 창출을 위한 재정투자가 증대될 것으로 예상되므로 합리적 예산조정을 통한 청년고용의 양적 확충과 함께 일자리의 질 및 전반적 삶의 여건 개선을 위한 중장기 혁신방안이 필요할 것으로 판단된다.

단기적으로 이러한 상황에 가장 영향을 받고 있는 계층은 청년층으로 이들에 대한 청년구직활동지원금 등 구직단계에서의 지원을 강화하고, 청년추가고용장려금 등 기업의 채용단계 지원은 고용상황 악화 시 한시적으로 확대하되 중장기적인 관점에서는 축소 전략이 바람직할 것으로 판단된다. 특히 중소기업을 대상으로 하는 청년추가고용장려금 대상기업에 대한 지원 기간은 한시적으로 연장하되 규모별, 업종별, 지역별 차등화된 한시적인 지원확대가 필요할 것이다. 청년내일채움공제 등 근속단계의 청년에 대한 지원은 신종코로나 등 현 경제상황을 고려할 때, 중소기업 청년에 대한 직접지원을 강화하는 측면에서 유지하는 것이 바람직하겠으나 중장기적으로는 정부가 고용보험기금에서 부담하고 있는 기업분담금을 축소해나가는 방향이 바람직할 것으로 보인다. 현 국가재정운용 상황에서도 일자리예산 중 고용장려금이 차지하는 비중이 증가하고 있는 상황에서 청년추가고용장려금, 청년내일채움공제 등에 투입되는 예산이 증액될 경우 직업능력개발, 고용서비스 등 다른 고용정책 수단에 투입되는 예산이 삭감될 수밖에 없는 상황을 고려할 때 중장기적인 일자리 예산운용 계획의 상보적인 관계를 고려하여 투입되어야 할 것이다.

최근 공유경제를 기반으로 다양한 사회 문제를 해결할 혁신적인 아이디어를 상업화하는 소셜네트워크 벤처가 다수 등장하는데, 개인 간 공유를 위한 플랫폼 제공을 비즈니스 모델로 하고 있으며 이는 새로운 비즈니스 친구로 부각하고 있다. 특히 P2P 네트워크가 새로운 일자리 창출 원으로서의 구실을 하면서 큰 주목을 받기 시작했는데, 공유플랫폼을 통해 개인의 유휴 자원이나 재능을 공유함으로써 미처 생각하지 못했던 소득을 올릴 기회를 창출한다. 즉, 아이디어만 있으면 특별한 기술이나 전문성, 큰 비용 없어도 잠재수익을 올릴 수 있다는 측면에서 젊은 구직자에게는 새로운 일자리 창출이 가능하고, 은퇴자에게는 새로운 소득원이 될 수 있다. 이는 현 정부가 제시하고 있는 고용률 70% 달성을 위해서는 유휴인력의 경제참여가 필수적인 만큼 공유 경제 모델은 창조경제시대의 새로운 일자리 창출모델로서 가능성을 내포하고 있다.

VI. 정책제언 : 4차 산업혁명과 디지털 혁신 인재양성 방안

첫째, 4차 산업혁명에 따른 기술구조 변화 등에 대응한 일자리와 미래 직업 변화를 예측하여 필요한 역량을 습득하고 직업능력을 향상시킬 수 있도록 국민 전생애주기 평생직업능력개발 지원 및 일자리 매칭을 강화가 필요하다. 우선 미래 직업에 필요한 역량 강화 지원을 위해 디지털 리터러시 진단 및 온라인상담 시스템 구축을 통한 대상별(청년, 여성, 중장년 등) 맞춤형 교육훈련을 제공할 수 있을 것이다. 특히 상대적인 정보격차가 큰 취약계층에 대한 디지털 리터러시 향상을 위해 진단 및 온라인 상담시스템 구축 등 다양한 역량 강화를 위한 지원 대책 마련이 우선되어야 한다. 비대면 근무 시 가장 필요한 역량으로 디지털숙련도, 유연한 사고, 데이터 활용, 학습 민첩성, 신기술이해 등을 제시하고 있는데, 예를 들어 IBM의 뉴칼라 인재 양성(P-tech)은 정보통신기술(ICT) 전공 분야뿐만 아니라, 직장생활에서 요구하는 기본 직무역량도 강조하고 있으며, 소프트 기술이라 불리는 커뮤니케이션, 협업, 리더십과 같은 기본 직무역량 교육 강화하고 있다.

기업의 업무 효율을 높이고 경쟁력을 확보하기 위해서는 산업현장의 유기적인 연계를 통한 일괄적인 커리큘럼 중심의 정보화 교육 수준을 넘어선 계층별·업종별·기업별 맞춤형 프로젝트 기반 교육훈련 고도화가 필요하다. 또한 코로나19에서 경험한 것처럼 오프라인을 통한 온라인 교수설계, 콘텐츠 개발, 교수법 등 교수자의 역량과 학습계획 수립, 자기주도학습 역량 등 원격직업훈련 활성화를 위한 교수·학습 역량 분석 및 강화를 위한 지원방안 마련이 필요하다.

한편 연령세대별 일자리 발굴 지원을 위해 국민 전 생애 주기 평생직업능력개발 지원을 위한 지역 일자리 거버넌스를 구축하고, 공공 및 민간 고용서비스와 연계한 경력개발모델 확산을 위한 지원체계 구축이 필요하다. 국민 평생경력관리시스템 구축을 위해 재직자 및 실업자 교육훈련 체계를 생애주기형 경력개발 모델로 재구축하고, 지역 고용서비스 거버넌스와 체계적인 연계 강화해야 할 것이다. 현재 중등·고등교육 일부에서는 경력개발계획 등에 대한 일부 공적서비스가 제공되고 있으나, 성인의 경우 경력개발에 대한 지원이 일부 대기업 근로자를 제외하면 이루어지지 못하고 있다. 정부지원 직업훈련 사업에서 일정 주기별로 개인의 경력진단·개발 프로그램 이수 지원할 수 있도록 장기적인 계획수립이 필요하다.

전통산업 및 취약계층 근로자에 대한 이·전직 지원을 강화하고 중견·중소기업 및 소상공인에 대한 전직지원훈련을 통한 신기술분야 일자리 매칭을 강화할 수 있을 것이다. 애플, 구글, 아마존 등 해외유수기업들도 사내 직원들의 디지털 역량 강화를 위한 직무교육을 확대하고 있듯이 AI, 자동화 등으로 대체가능성이 높은 단순 사무·생산 직군에 대한 성장가능성이 높은 연관 산업·직종의 파악 및 이·전직지원을 위한 교육훈련 과제 개발 및 취업지원이 필요하다.

이를 위해서 대면 산업에서 비대면 산업으로 전환, 빅데이터 기반 AI 활용 정보산업 활성화, 기술구조와 생산과정의 디지털화 등에 따른 기존 일자리 소멸 규모를 추정해야 한다. 최근 전통적인 제조업이나 서비스업에 종사하던 40대 이상 중숙련-저학력 노동자들의 저숙련 일자리로 이동이 증가하고 있다. 새로운 취약계층 이·전직지원을 통해 노동시장의 일자리 구조 변화에 따른 신취약계층 발생에 따른 대비 전략을 수립해야할 것이다. 숙련편향적 기술변화로 인해 저숙련과 고숙련 비중이 증가하고 중숙련 일자리가 크게 소멸하게 될 것이라는 OECD의 전망도 있다. 중간 계층 임금근로자 및 일자리 소멸 증대. 향후 15~20년 동안 자동화로 기존 일자리의 14%가 사라질 수 있지만, 개별 작업이 자동화하면서 다른 일자리 32%로 급격한 변화도 예상된다.

둘째, 디지털 핵심인재 양성을 위해 분야별 체계적인 인력수요 전망을 토대로 중앙·지역 거버넌스 협업체계 구축하고 수준별 인재양성 모델을 적극적으로 발굴하고 이를 지원해야 한다. 우선 경제·사회의 디지털 전환 추진 지원을 위한 인프라 및 해당 산업 분야의 체계적인 인력양성을 위한 미래 성장 분야 및 산업에 대한 체계적인 수요·공급 조사를 통한 부문별 인력양성 규모를 전망할 필요가 있다. 특히 디지털 신기술분야별·수준별 산업계 인력양성 규모 전망을 통한 단기 및 중장기 인력양성 계획에 따른 체계적인 혁신성장 지원체계 구축이 필요하다.

기술발전에 따른 직업과 직무의 변화를 예측하고 이를 통한 일자리 창출을 위한 분석 강화를 통해, 새로운 기술 등장에 따른 신직업, 기존 직업의 역할 강화, 직무의 내용과 범위가 변하는 직무, 직무가 산업의 범위를 뛰어넘는 융·복합화 등에 관한 연구가 강화되어야 할 것이다. 경제·사회의 녹색전환 추진을 위한 인프라, 에너지, 그린산업 분야의 체계적인 인력양성을 위한 미래 성장 분야에 대한 수요조사를 통한 부문별 인력양성 규모 전망이 필요한 것이다. 디지털·그린 핵심인재 양성을 위한 중앙·지역 거버넌스 체계구축을 통한 분야별 인력수요 전망 및 수준별 인재양성 모델 발굴 지원이 필요하다. 분야별 디지털 인력을 양성할 수 있는 전문가집단 참여 및 개발을 위한 체계구축 및 전문가 데이터 및 가이드라인 제시하고 디지털 훈련품질 보장을 강화하기 위한 기준 마련이 필요하다.

디지털 신기술 분야별·수준별 미래인력 양성체계 로드맵 구축 통한 고급인재 및 전문인력, 실무인력 양성을 위한 신기술 인력양성 트랙 구축을 지원하고, 기존 산업에 대한 디지털 경제로의 이동 지원을 위한 산업별 융합 인력양성 지원 강화가 필요하다. 디지털 신기술 분야별·수준별 체계적 미래인력 양성체계 로드맵을 구축을 통한 고급인재 및 전문·실무인력 양성을 위한 신기술 인력양성 트랙 구축을 강화하고, 기존 산업에 대한 디지털 경제로의 이동 지원을 위한 산업간 융합 인력양성 트랙에 대한 구축을 지원할 수 있을 것이다. 디지털 신기술 핵심분야 석·박사급 고급인력 확보를 위한 국책연구기관, 대학, 유관기관 등 협업을 통한 고급인력 양성체계 구축을 지원하고, 이들이 자발적 생태계를 형성할 수 있는 온라인, 오프라인 공간을 제공할 수 있을 것이다. 예를 들어 마이크로소프트 깃허브(Github)는 세계 최대 소프트웨어 개발 플랫폼이자 개발자 학습공간으로 전세계 3,500만명 이상의 개발자가 기술을 공유하면서 협업하는 개발자들의 놀이터로서 각광을 받고 있으며, 국내에도 많이 소개된 프랑스 에꼴42는 학력에 상관 없이 논리력 테스트만으로 선발하여 컴퓨터 1000대가 설치된 시내 중심가의 공간을 365일 24시간 개방하고 실무전문가들이 제시한 문제를 그룹스터디를 통해 해결하는 훈련과정을 운영하여 실력있는 인재를 양성하고 있다.

민간기업, 지자체, 공공부문, 산업별 인적자원개발위원회 및 지역별 인적자원개발위원회 등 유기적 협업 관계 구축을 통한 지역·산업 실정에 맞는 디지털 신기술분야 인력양성 모델 발굴 및 신자격 개편 지원 강화해야 할 것이다. 지역 시장조사를 기반으로 일자리 수요를 사전에 파악하고, 지역산업의 디지털 역량 수준 및 단계를 충분히 고려한 기반구축형 및 핵심트랙 경쟁력 강화형으로 구분하여 지역 기반

지원체계 구축하여 분야별 전문기관과의 협업을 통한 일자리 혁신적인 모델 발굴 지원할 수 있을 것이다. 특히 지역 일자리 거버넌스 협업을 통한 분야별 미래 인재수요전망 체계 정비 및 인력양성 모델 발굴·확산 방안 마련이 무엇보다 중요할 것이다. 디지털 핵심인력을 양성할 수 있도록 연구자 및 전문가 집단 참여를 확산하고, 이들을 통한 단계적 양성체계를 구축하고, 일정수준 이상의 교육훈련 품질을 보장할 수 있도록 철저하게 검증된 전문가 데이터베이스 및 가이드라인의 제시가 필요하다.

분야별 석·박사급 고급인력 확보를 위해서는 디지털 신기술 핵심분야 수요조사를 토대로 AI대학원, 국책연구기관, 유관기관 등 협업을 통한 고급인력 양성체계 구축하고, 미래 핵심트랙 고급인재 양성을 위한 분야별 수요조사를 기반으로 국책연구기관과 협업방안을 마련하는 노력과 함께, 정부지원 연구과제에 대한 충분한 검증을 통한 단기·중장기 지원체계 구축을 통한 예산활용의 효용성을 높일 수 있을 것이다. 기업이 필요로 하는 맞춤형 개발자 양성을 위해서는 지역산업별 특성을 고려하는 것이 우선해야 할 것이며, 재직자의 역량향상에 중점을 두고 SW개발·테스트 공간 확보에 중점을 두고 실무인력 양성 및 재직자의 경력이동을 지원해야할 것이다. 기존 산업에 재직하고 있는 근로자에 대한 AI 활용역량을 강화하고, 직무전환 및 이·전직이 필요한 인력에 대해서는 AI 활용 유사산업으로 이·전직할 수 있는 이동경로 제공도 가능할 것이다. 또한 디지털 신기술 분야 플랫폼 비즈니스에 종사하고 있는 인력에 대한 처우개선 및 사회안전망 강화를 위한 노력도 지속되어야 할 것이다.

또한 지역·산업별 특성을 고려하여 기존 산업에 재직하고 있는 근로자에 대한 AI 활용역량을 강화하고, 직무전환 및 이·전직이 필요한 인력에 대해서는 AI 활용 유사산업으로 이·전직할 수 있는 이동 경로 제공을 위한 지역사회 유기적 협업 관계 구축이 필요하다. 이를 위해서는 신기술분야 직업훈련에 대한 규제 완화와 유연성은 제고가 필요하며, 중·장기 성과관리 방안 도입으로 우수한 혁신적 지역 직업훈련기관 발굴 및 육성을 강화해야 할 것이다. 급격한 기술변화에 따라 학력과 자격의 기능(신호, 선도, 선별)이 약화되고 있으며 경력개발과 교육훈련으로 보완해야 할 것이다.

셋째, 디지털 전환에 따른 저소득 취약계층 고용안정 및 생활 지원을 강화하고, 지역사회 중심의 통합 사회서비스를 확대를 지원하여 양질의 공공일자리를 마련하고, 노동 전환기의 고용·사회안전망 구축을 위해 능동적으로 대응해야 한다. 디지털 전환에 따른 저소득 취약계층 고용안정 및 생활 지원을 위한 효율적인 전달체계를 구축하고 고용·사회안전망 강화를 지원해야 할 것이다. 비대면 디지털 일자리 확대에 대응한 고용안전망 강화하고 코로나19 등으로 대면 산업의 일자리 소멸과 실업으로 인한 취약계층의 사회안전망 강화와 맞춤형 고용서비스 지원을 확대해야 할 것이다. 전 국민 돌봄서비스와 사회서비스원 확충, 지역사회보장 특별지원 사업 등을 연계한 지역 중심의 통합적인 사회서비스 전달체계 구축을 통한 저소득 취약계층 고용안정을 위한 지원 확대가 필요하다.

지역사회 중심 통합 사회서비스 확대 및 이와 연계된 양질의 공공일자리 강화를 위한 지원이 필요하다. 코로나19 등 감염병 확산을 통해 다양한 일상의 사회서비스 부재와 사각지대에 대응하기 위해 사람중심의 휴먼뉴딜을 통한 지역사회 중심 통합 사회서비스 확대 및 공공성 강화가 기반이 되어야할 것이다. 국민들의 일상적인 삶과 관련된 다양한 사회서비스(돌봄, 건강, 주거복지, 고용지원, 평생교육, 문화향유, 환경 등) 및 생활 SOC 구축과 연계하여 공공 영역에서 생활 임금 수준의 좋은 사회서비스 일자리 확충이 필요하다. 사회서비스 분야에 새로운 취약계층의 직업 및 숙련 전환을 위한 직업훈련 및 고용서비스 고도화하고, 직업훈련사업의 혁신 및 고용서비스 종사자 증원과 함께 기능 및 자질 향상도 수반되어야 한다.

특수고용 노동자, 프리랜서, 플랫폼 노동자, 소상공인 등 일자리 취약계층에 대한 고용·사회안전망 구축을 위한 노동전환기에 대응한 방안 마련이 필요하다. 자격·업종 중심의 전 국민 고용보험의 단계적 확대 방안을 제시하고 소득을 기반으로 한 전 국민 사회보험으로 확장하여 특수고용 노동자, 프리랜서, 플랫폼 노동자, 자영업자 등을 포함하는 고용·사회안전망 구축이 필요하다. 특히 코로나19로 신규채용, 단기일자리가 축소된 상황에서 실업자·청년 등은 빠르고 쉽게 구할 수 있는 플랫폼 일자리 찾아 이동하고 있으므로 법적 보호의 틀에 벗어나 있는 노동자에 대한 고용·사회안전망 구축이 필요한 것이다. 한편 코로나19 등 취약노동계층에게 집중되는 질병 및 감염, 산업재해 등 산업안전 및 보건 문제에 대한 집중대응 필요한데 국내 콜센터 배달증가로 기준 이륜차 사고 관련 사망자 전년 동기 대비 13% 증가한 현상에서 청년 라이더들은 보험가입도 어려운 상황으로 이들에 대한 보호조치도 마련되어야 할 것이다.

디지털 플랫폼은 소자본과 개인화 기반의 디지털 경제로의 변화를 유도함으로써 수많은 특화시장을 제한 없이 확대할 수 있는 산업환경을 제공했다. 아울러 자율적이고 유연한 근로 여건 등으로 기존 취업자는 여가를 활용해 추가적인 소득을 얻을 수 있으며, 육아 등에 따른 여성 유휴노동력의 경제활동 참여 기회도 확대할 수 있다. 또한, 진입장벽이 낮은 점은 장기실업자, 고령 근로자, 장애인, 지리적 소외계층 등 취약계층에게도 특별한 교육과 훈련 없이 취업할 수 있는 여건을 제공할 수 있다. 그러나 긱 경제가 실질적으로 플랫폼에 고용되어 있음에도 독립 노동자 또는 개인 사업자의 지위를 가짐에 따라 상당수가 임시직 또는 시간제로 참여할 수 있다. 비전형 근로관계 등으로 인해 긱 종사자의 임금소득은 전 산업에 비해 크게 낮으며 사회보험, 단체교섭권 등 고용 보호에도 취약할 가능성이 크다는 것이다.

한 언론사의 2021년 3월 통계청 조사를 분석한 결과를 살펴보면 취업자 중 주된 일 외에 부업을 한 적이 있었던 사람은 45만 1139명으로 집계되기도 하였다. 이는 지난해 3월(33만 4749명)에 비해 35%(11만 6390명) 늘어난 수치다. 부업을 하는 비임금근로자 가운데에는 자영업자가 13만 9864명이나 되고, 이 중에서 고용원이 없는 자영업자가 12만 6349명을 차지하고 있다. 이는 코로나19의 재확산과 사회적 거리두기 장기화 등의 영향으로 직격탄을 맞은 자영업자들이 종업원들을 내보내고도 버티기 힘들어 부업에 나선 것으로 판단된다. 단기적으로 재난지원금 등을 활용한 이들에 대해 직접지원이 효과적일 수도 있겠으나, 장기적으로 이들의 경험과 경력을 고려한 직업훈련을 통해 다시 재취업을 통해 노동시장에 진입할 수 있도록 이·전직 지원체계를 구축하는 노력도 필요할 것이다.

코로나19에 따른 장기적인 경제 충격은 가계 소비 여력을 훼손하고 내수부진으로 이어져 소상공인과 자영업자의 몰락으로 이어질 수 있다. 금년 내에는 코로나19가 반드시 종식되고 사회와 일상생활이 정상화될 수 있는 계기가 마련되어야 한다. 이를 위해서는 늦었지만 백신 확보를 위한 정치·외교적 협력이 필요하다. 미국이나 주요 선진국들은 백신 확보를 위해 전문가에게 전권을 부여하고 더 나아가 추진부처에 면책특권까지 부여하고 있다. 단기적으로 소상공인 대상 재난지원금 지급은 가뭄의 단비와도 같을 것이다. 그러나 기존의 소상공인은 물론 기업 구조조정으로 밀려 나온 베이비붐 세대가 재취업을 못해 자영업 전선으로 뛰어든 누적된 경제 구조적 요인과 고용충격으로 인해 신규채용이 현격히 줄어들면서 졸업과 동시에 실업자로 전락하는 청년층의 아픔을 고려할 때 단기적 재정지출 확대도 중요하지만 중장기적인 관점에서 고용구조 개선과 민간부문 일자리 창출을 위한 로드맵 수립이 필요하다.

제2부

대학과 사회의 과제

제2장

4차 산업혁명에 따른 디지털 전환과 포스트 코로나 시대 인력양성

민경찬 (연세대학교 명예교수)

제3장

인생 다모작을 위한 평생직업능력개발

곽원준(숭실대학교 경영학과 교수), 전승환(한국직업능력개발원 연구위원)

4차 산업혁명과 팬데믹 시대 한국 고등교육 생태계의 혁신

I. 대학은 한국 교육혁신의 출발점

오늘 우리는 대변혁, 대전환의 시대를 살아가고 있다. 4차산업혁명에 이어 갑자기 닥쳐온 COVID-19 팬데믹 상황은 상상 조차할 수 없었던 변화들을 우리 앞에 빠르게 전개시키고 있다. 인공지능, 빅 데이터, 초연결 등을 통한 디지털 전환은 우리의 생각하는 방식, 일하는 방식을 재구성할 것을 요구하고 있으며, 코로나 19에 따른 팬데믹 사태는 갑자기 인간을 비대면 세상으로 몰아가며 그동안 인간이 추구해왔던 행위들에 대한 깊은 반성을 촉구하고 있다. 코로나 19 이후 우리나라를 비롯한 세계의 경제는 IMF 위기 이상으로 어려워질 것이고, 팬데믹은 더 자주 찾아 올 것이라 한다.

이제 우리의 과제는 어떻게 해결해 나갈 것인가이다. 2015년 세계경제포럼(WEF)은 인재야말로 21세기 혁신, 경쟁력, 성장을 이끄는 핵심요소라고 하였다. 이는 결국 사람이 풀어가야 한다는 말이다. 그런데 앞으로 풀어가야 할 핵심 과제는 무엇일까? 모든 사람들이 그리고 세대를 이어가며 좋은 일자리, 좋은 환경에서 자유롭게 행복한 삶을 영위하게 하는 것이다. 이는 사람들이 올바른 가치와 태도를 견지하며 좋은 일자리의 창출 능력, 좋은 환경의 회복을 위한 의지로 지속가능한 세상을 만들어가게 하는 것이다. 이 혼란스럽고 불확실한 시대에 더 좋은 세상을 만들어가기 위한 국가, 사회적 역량은 기본적으로 인재양성과 과학기술을 통해 쌓아갈 수밖에 없다. 결국 교육을 통해 시대가 요구하는 역량을 갖춘 우수한 인재들을 다양한 관점에서 양성하는 일이다.

그런데 오늘 우리나라 인재양성의 생태계는 어떠한가? 우리 아이들은 어려서부터 유·초·중·고교를 거치며 대부분 오로지 좋은 대학에 입학하는 데 초점을 두는 획일적인 틀에 갇힌 상태에서 고통스럽게 성장한다. 대학생들은 불확실한 미래를 답답해하며 자신감을 갖거나 꿈을 세우기조차 힘들어하고, 기업들은 대학에게 쓸모 있는 교육을 요청하기도 한다. 일반 성인들은 일자리, 가계 소득 등에 관하여 불안 속에 살아가고 있으며, 다음 일자리를 위해 필요한 역량이 무엇인지, 어떻게 그러한 역량을 키워나갈지 잘 모른다.

그러면 우리 사회의 이러한 생태계적인 과제들은 어떻게 풀어가야 할까? 어디에서부터 시작해야 할까? 유·초·중·고교 교육은 대입제도가 절대적인 영향을 준다. 기업의 역량은 대학에서 어떠한 인재들을 배출하느냐에 크게 좌우되기도 한다. 인생 다모작을 성공적으로 일구어가려면 고급 전문지식이 요구되는데, 대학 수준의 교육이 기본일 수밖에 없다. 이는 한 사람의 전 생애주기적인 흐름에서의 과제들인데 대학이 그 중심에 서 있다.

현재 우리가 직면하고 있는 4차 산업혁명과 팬데믹은 21세기를 살아가는 인류에게 그동안 추구해왔던 가치와 태도에 대해 깊이 성찰하고, 미래에 대한 방향을 새롭게 세워나갈 것을 촉구하고 있다. 이는 바로 대학은 그 사회와 국가가 필요로 하는 그 시대의 가장 바람직한 의식을 형성한다라는 독일 철학자 칼 야스퍼스의 말처럼 대학의 이념이기도 하다.

그러므로 미래를 대비하는 한국 교육의 혁신은 바로 대학에서 출발해야 한다. 대학의 대입 정책은 우리 아이들이 각자의 특성을 키우며 자유롭고 건강하게 성장할 수 있는 학교 교육을 보장해야 한다. 이제 대학은 모두에게 열려 있어야 하며, 학부교육은 튼실한 기초교육, 대학원교육은 고급 지식 전문가 양성, 교수는 생산적 지식 창출을 통해 대학이 사회 발전과 국가 생산성의 원천되도록 하여야 한다. 또한 대학은 코로나 19 이후 대면-비대면 블랜디드(blended) 환경에서의 새로운 교육 생태계를 선도해야 한다.

그런데 현재 우리의 정부와 사회 그리고 국민은 대학에 어떤 기대를 하고 있는가? 대학은 스스로 어떤 기대를 하고 있는가? 이 글에서는 이러한 질문에서 출발하여, 대학 스스로를 돌아보며, 대학 자신과 대학을 둘러싼 생태계를 어떻게 작동하도록 해야 할 것인지를 논의해본다. 특히 대전환기에 한국 고등교육이 시대적 요구에 제대로 부응할 수 있는 생태계 형성을 위한 혁신의 기본 방향과 과제의 관점에서 정리해본다.

II. 오늘의 한국 대학 실상

1. 대학을 둘러싼 관리와 규제 위주의 생태계

오늘과 같은 대전환의 시대에 대학의 시대적 사명, 사회적 역할은 그 어느 때보다도 중요한데, 오늘의 대학 현실은 어떠한가? 안타깝게도 오늘의 대학은 갈수록 스스로 헤쳐 나가기 어려운 정글에 깊이 빠져드는 것 같다. 인구 절벽에 따른 입학생수 급감, 10여 년의 반값등록금, 입학 전형료 인하, 입학금 폐지, 기부금 등 부대 수입 감소, 대입전형방법의 통제, 종합감사, 대학기본역량진단평가를 비롯한 각종 재정지원사업 평가, 국내외 언론사 대학 순위, 그리고 갑작스런 코로나 19 사태에 따른 비대면 상황에서의 인프라 구축, 교육의 질 저하, 등록금 반환 논란 대응 등 계속 쌓여가기만 하는 일련의 부담들에 사면초가인 것 같다. 그런데 더 큰 문제는 이러한 모든 요소들이 갈수록 대학이 자율적으로 결정, 해결해나가며 나름대로 대학 발전을 펼쳐나가기 더욱 어렵게 만든다는 점이다. 현재 대학들은 교육부를 비롯한 정부, 정치권, 시민단체, 언론 등에 둘러싸여 관리의 대상이 되어버렸고, 결국 늘어나기만 하는 각종 규제, 통제로 인해 획일성, 경직성의 생태계에 갇혀버린 것 같다.

그림 2-1 국가생태계 구조

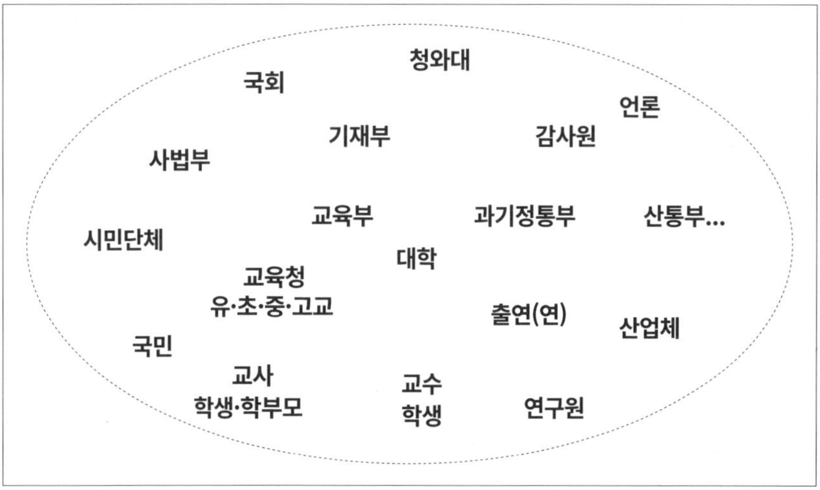

대학이 시대적 역할을 수행해나가는 것을 갈수록 더 가로막는 이 현실이 우리사회 발전과 국가 경쟁력에 어떠한 영향을 끼치게 되는 지에 대해 우리 사회 모두가 깊이 고민해야 한다. 디지털 전환, 팬데믹의 대 전환의 흐름이 매우 격하게 파도치고 있는데, 우리의 획일적이고 경직된 주변 환경은 오랫동안 계속 반복되어왔고, 대학에 대한 세세한 간섭 등 잘못된 점들은 더욱 나빠지고 있다. 어떻게 보면 근본적인 문제는 요즈음 정부를 비롯해 누구도 혼자 책임, 부담지기 싫어 나서려고 하지 않는 현실이기에, 모두가 문제 자체를 인식하려고 조차 하지 않는 것 같다는 것이며, 모두가 이러한 현실 자체가 일상적인 것으로 세뇌되며 점점 익숙해져 가는 것 아닌가라는 두려움도 느끼게 된다.

4차 산업혁명시대의 기본 요소는 차이를 중시하며 다양성, 맞춤형을 기반으로 협업하는 정신이며, 변화가 급격하게 이루어지지만 그 흐름에 따라 순발력 있게 대응할 수 있는 유연성이다. 얼마 전 임기를 마친 한 총장의 말이다. "지금처럼 자율성이 제한돼 있으면 똑같은 색깔의 줄 세워진 대학밖에 나올 수가 없어요. 대학 자율에 맡겨 두면 다양한 색깔로, 다양한 방향으로 나아가는 대학을 만들 수 있고 세계적인 대학도 나오겠죠. 우리나라 고등교육이 탄탄해지는 것은 물론이고요." 모두가 아쉬워하는 대목이다.

2. 재정과 평가에 목맨 대학

현재 우리나라 대학의 주된 관심은 재정확보와 국내외 대학 평가에 두고 있다. 지난 10여 년간의 등록금 동결 및 반값 등록금 등의 정부 정책과 학령인구의 급감 그리고 지속된 경기침체 영향으로 기부금 등 부대수입마저 감소하면서 갈수록 악화되는 재정 압박은 대학을 매우 움츠리게 하여왔다. 그래서 대학들은 적게는 수억 원, 많게는 수십억 원까지 지원받을 수 있는 정부의 각종 재정지원 사업에 절박한 심정으로 매달렸다. 2019년 8월 교육부가 발표한 2021년 대학 기본역량 진단 기본계획에 따르면 평가결과에 따라 일반재정지원대학, 재정지원 가능 대학, 국가장학금 지원 가능 대학, 학자금대출제한대학으로 분류된다. 대학에 따라 정부 재정지원 자체가 제한 받을 수 있고, 또한 학생들에 대한 국가장학금, 학자금대출이 제한 받을 수 있어 입학생 유치에도 문제가 생긴다. 그러다 보니, 대학 본부는 교육, 연구, 사회적 역할이라는 본질적 사명에 관심을 두기 보다는, 재정, 평가라는 수단적인 요소들을 핵심 목표로 삼을 수밖에 없는 상황 속에 오늘의 대학이 존재하고 있다.

오늘 우리 사회는 세계적인 경쟁력 있는 대학보다는 대학에 공정성, 취업을 더 요구하고 있는 것 같다. 학생의 관점에서 보면, 대학에서 취업 준비가 가장 중요한 과제 중의 하나다. 청년 일자리가 갈수록 어려워지는 시대이고, 대학평가에서도 학생 충원율, 졸업생 취업률이 중요한 지표다. 교수들은 정부의 재정지원 사업은 물론 교내외 개인 및 기관 평가에서 숫자 중심의 연구 업적 비중이 높기 때문에 교육보다는 연구 그리고 질보다는 양에 초점을 두고 있다.

그러다보니, 학생들은 학점과 스펙 쌓기에 더 관심을 가지게 되어, 질문이 없는 강의실, 받아 적기만 하는 수동적 학습태도 등이 지적되고, 기업으로부터는 쓸 만한 인재 없다는 불만을 듣기도 한다. 대학은 상상력, 창의력, 문제해결능력, 융합적 사고력 등 시대가 요구하는 역량과 덕목을 얼마나 함양시키고 있느냐라는 비판이 있어왔다. 교수의 연구는 신선한 주제로 모험하기 보다는, 단기간의 양적 실적 위해 남이 해놓은 분야 몰려가 따라 하기 연구만 한다고 지적되기도 한다. 이러한 과정에서 학생과 교수의 불만은 쌓여간다. 그런데 정권마다, 지원사업마다 요구하는 지표들의 성격이 다르고 모든 대학에 획일적으로 적용하기 때문에 자신의 대학에 적절치 않거나 서로 상충되더라도 우선 평가지표 맞추기에 정신없이 급급하게 되어, 교육과 연구의 현장에 왜곡이 나타나기도 하였다. 정부가 대학을 보호, 발전시키기 위한다지만, 실은 오히려 매일 약을 먹어야만 살 수 있는 허약체질로 만들고 있다는 비판이 나온다. 대학은 또한 평가의 목적과 방식이 다양한 수많은 국내외 대학 평가에도 예민해져 있다. 평가 지표들은 서로 다르며, 평가 순위는 매년 널뛰기 하기도 하여, 대학을 일희일비하게 한다. 이때 마다 대학 본부는 우리 사회는 물론 대학 구성원, 재단, 동문들의 반응에 대응하기 바쁘다.

3. 정부의 대학 재정지원 규모와 방식의 문제

언론이나 국회에서는 종종 국민의 세금으로 마련한 막대한 재정을 대학에 쏟아 붓고 있는데, 해외 대학평가 순위, 노벨상 등과 관련된 우리나라 대학의 성과에 대해 강하게 비판하곤 하지만, 정작 대학에 대한 재정지원 규모 및 방식의 문제, 복잡하게 얽혀있는 각종 규제 등 대학이 처한 주변 환경에 대해서는 별 관심이 없는 것 같다. OECD 통계를 봐도 정부가 우리 고등교육을 지원하는 재정 규모 자체가 매우 열악한 상황이고, 정부의 재정지원의 방식 자체가 대학들이 마음껏 펼쳐나가기에는 매우 어려운 비생산적인 구조로 되어 있는 것이 문제다.

정부의 고등교육 재정지원에서 중요한 문제의 하나는 재정 지원의 규모다. OECD 교육지표 2020에 따르면, 한국의 학생 1인당 고등교육비는 2016년 10,486달러, 2017년 10,633달러로서 OECD 평균 대비 2016년 67.4%, 2017년 65.1% 수준이다. GDP 대비 고등교육비의 한국의 정부 재원비율은 2016년 0.7%, 2017년 0.6%로서, OECD 평균 2016년 0.9%, 2017년 1.0% 보다 낮으며 감소 추세다. 반면 한국의 민간재원 비율은 2016년 1.1%, 2017년 1.0%로서 OECD 평균 2016년 0.5%, 2017년 0.4% 보다 2배 이상 많이 투입됐다.

국회입법조사처가 2020년 4월 발간한 국제통계 동향과 분석 제7호 OECD 고등교육 관련 지표의 주요 내용과 시사점에 의하면, 한국의 경우 2016년 학생 1인당 연간 고등교육비는 1만 486달러로, OECD 평균인 1만 5천556달러보다 낮다. 1인당 연간 고등교육비가 높은 국가는 룩셈부르크 4만 8천407달러, 미국 3만 165달러, 스웨덴 2만 4천341달러, 캐나다 2만 3천700달러 등이었다. 고등교육비가 우리나라 국내총생산(GDP)에서 차지하는 비율은 1.7%로 OECD 평균(1.5%)보다 높았지만, 칠레(2.7%), 미국(2.5%), 캐나다(2.3%) 등보다는 낮았다.

한국의 경우 특이한 점은 고등교육비에 대한 투자를 대부분 민간에 의존하고 있다는 점이다. 고등교육비 투자에서 OECD 평균 민간재원이 차지하는 비중은 32%, 정부재원이 차지하는 비중은 66%였다. 핀란드, 노르웨이, 룩셈부르크, 오스트리아 등은 고등교육비 투자에서 정부재원 비중이 90% 이상을 차지했다. 그런데 한국은 고등교육비 투자에서 민간재원이 62%, 정부재원이 38%,다. 물론 일본, 영국, 미국, 칠레, 호주등도 민간재원의 부담이 높은 국가다.

그림 2-2 투자재원별 고등교육비비중(2016)

■ 공공자원 ■ 민간자원

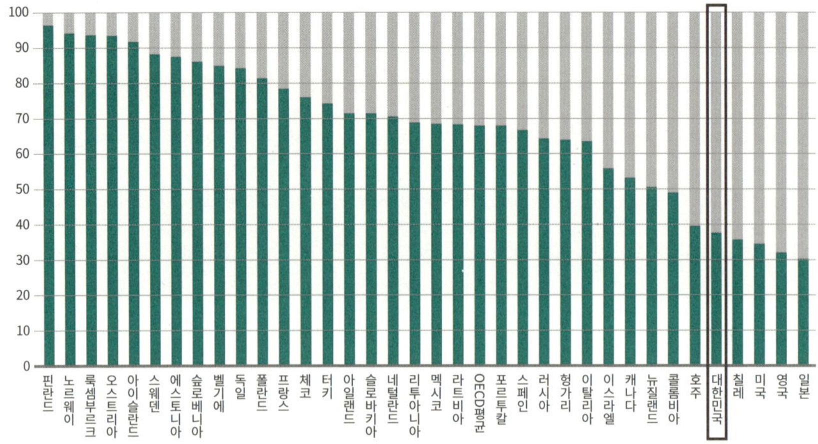

주 1. 공공재원의 비중을 중심으로 내림차순 정리
2. 정부와 민간 간 이전지출 후 최종재원 기준
자료:OECD "Education at a Glance 2019" Table C3.1을 바탕으로 재가공

또 다른 중요한 문제는 정부의 재정지원 방식이다. 대부분 정부가 사업내용과 방향을 먼저 정하고 대학을 이끌어가는 하향식 접근(top-down) 방식이다 보니, 대학별 특성을 살리지 못하고 대학을 획일적으로 만든다는 지적이 많다. 정부가 주도하는 각종 재정지원 사업들은 5년 단위 정부마다 바뀌고 졸속으로 추진되기도 하고, 교육 경쟁력 및 연구역량 강화보다는 여러 가지 부작용만 양산하고, 대학에 대한 정책 유도 및 통제 수단으로 활용되어왔다는 비판이 이어졌다. 그럼에도 불구하고 대학들은 학령인구 감소에 따른 신입생 감소, 10년 넘게 동결된 등록금 등으로 갈수록 재정 상황이 악화되고 있어 정부의 재정지원 사업에 사활을 걸고 매달릴 수밖에 없는 구조다.

이러한 재정지원 방식은 결국 대학 스스로 장·단기 목표를 설정하고 자율적 운용을 통한 역량 강화는 바랄 수가 없게 만든다. 전체적으로는 막대한 정부의 재정 지원이 투입되지만, 지금처럼 가물 때 물 주는 식의 지속성 없는 재정지원 사업은 대학에 내공을 쌓을 수 없게 하고, 오히려 내성을 약화시킬 뿐이다. 각 대학이 교육과 연구라는 고유의 목적을 위한 역량 강화보다, 정부의 재정지원을 한 푼이라도 더 얻기 위해 대학 구성원들을 동분서주 시키는 일이 되었다. 특히 정부의 재정지원 사업들은 결국 대학을 획일화시키며, 사업마다 평가 방향과 지표가 달라 대학이 일관성을 가지고 하나의 방향으로 지속적인 발전을 이루어가기 어렵게 한다. 또한 그동안 대학 기본역량 진단 평가 및 각종 재정지원 사업은 그 지원액 규모에 따라 대학의 서열화도 자연스럽게 형성시켰고, 학문의 획일화를 조장하기도 했다는 문제제기가 그동안 끊임없이 이어져 왔다.

4. 단기적 성과, 획일적 관리 중심의 대학 평가

교육부의 대학 기본역량 진단 평가를 비롯한 정부의 각종 재정지원 사업 평가는 세세하게 설계한 지표중심으로 주어진 하나의 틀을 중심으로 이루어지고, 또한 객관성, 투명성, 공정성 등의 명분 때문에 획일적이고 경직되게 운영될 수밖에 없다. 이는 바로 대학 발전 방향의 획일화, 대학의 서열화 그리고 모두가 양적 성과에 초점을 두게 한다. 더 나아가 정부는 필요에 따라 정책 유도 지표들을 무리하게 포함시켜, 사업목적에 적합한 평가가 이루어질 수 없게 하며, 대학을 더욱 어렵게 만들기도 한다. 특히, 평가결과의 수용을 위해서는 평가기준, 평가방법 등의 타당성과 합리성이 보장돼야 하나 대학구조개혁평가 등 정부의 추진 방식이 대개 짧은 기간 내에 속도전처럼 추진되어 평가의 신뢰성, 타당성, 전문성 측면에서 심각한 문제점을 야기하기도 한다.

일부 대학은 정부의 평가에서 좋은 점수를 받기 위한 편법으로, 내부 의견이나 차후 가져올 부작용 등에 상관없이 학사 개선방안도 무리하게 도입하기도 하였다. 국내외 언론사, 평가기관 등에 의한 대학 평가들은 서로 평가의 방향과 목적이 다르기도 하고, 서로 연계되지 않은 채 추진되어, 다양한 지표들을 따라 다니다 보면 대학 현장이 왜곡되고 방향성을 잃게 하며 자원 낭비를 초래한다. 사실 국내외 기관에 의한 대학 평가 순위는 대학 고유의 교육과 연구, 사회적 역할에 대한 내용, 가치 및 영향력의 결과로서 얻어져야 하는데, 한국 대학들은 평가 순위 자체가 목표가 되어버린 것 같다.

정량평가이든, 정성평가이든 평가지표들은 대개 교육과 연구에 대한 단기성과를 요구하는 것이며, 평가 자체가 획일적인 외형적 요소들에 의존하기 때문에, 교육과 연구의 내용의 가치와 질, 그 영향력이 반영되지 않는다. 특히 교수의 연구 성과는 개개인과 분야의 특성에 따라 성격이 다르기 때문에 맞춤형으로 그 성과를 읽어줘야 한다. 이 점이 바로 한국 대학이 풀어가야 할 핵심 과제다.

지금까지와 같은 정부 주도의 획일적 평가가 지속된다면 대학의 자율성은 결코 확보될 수 없으며, 개개인의 특성과 역량을 키워주며 교육과 연구의 질과 가치, 그 영향력을 높여나갈 수 없다. 더 이상 낡은 규제의 틀로 옭아매서는 새로운 시대의 빠른 변화에 개인, 대학, 국가 모두가 유연하고 다양한 방식으로 대응해나갈 수 없다. 종종 언급되는 노벨상 수상의 길은 기대조차 할 수 없을 것이다. 특히 코로나 19 이후에는 비대면 교육이 확대되며, 시간, 공간을 넘어 국내외 대학들과의 공유 개념이 새롭게 디자인되어 나갈 것인데, 교원확보율, 학생 충원율 등의 오프라인 시대의 유물은 대학을 발목 잡을 것이다. 각 대학이 다양성을 기반으로 미래 새로운 환경에 대비하기 위한 철학, 비전, 전략을 긴 안목에서 세우는 것 자체가 어려워지는 것이다.

5. 갑-을 관계로 변한 정부-대학 관계

대학은 갈수록 어려워지기만 하는 재정적인 압박에 정부의 적은 액수의 지원에도 목을 매개되고, 대학이 경쟁적으로 정부 재정지원을 확보하는 데 사활을 걸고 있는 상황에서 평가점수 1, 2점차로 희비가 엇갈리기 때문에, 정부와 대학 사이에는 갑-을 관계가 형성된다. 그동안 정부는 대학구조개혁과 각종 재정지원 사업 등의 평가에 지표를 통해 직·간접적으로 규제하고 통제하였기 때문에 갑-을 관계가 고착되어 왔다고 본다.

정부는 그동안 대학의 학사 및 행정 영역에 대해 세부적으로 일일이 개입해왔다. 정부는 오래 전부터 대학학사제도 개선방안을 제시하며, 개방적이고 탄력적인 학사운영을 이야기하면서도 대학 평가과정에서는 새로운 지표들을 만들어내며, 또 하나의 획일적인 관리, 통제 시스템을 만들어내곤 하였다. 200개가 넘는 4년제 대학의 설립 목표와 유형, 규모 등이 매우 다양한데, 하나의 틀로 관리하고 있는 것이다. 학사운영의 자율화를 내세우며 정부 주도로 시행하는 미시적인 차원의 개선이 대학의 자율화에 오히려 역행하기도 한다. 정부는 교수의 고유 권한이라고 할 수 있는 학점 부여는 물론, 출석, 보강 등에 관련된 자료들을 확인하기도 한다. 지난 수년간 출석부, 학점에 대한 등급 비율, 성적평가 근거, 시험 답안지, 과제물 등에 대한 제출을 요구하기도 한다. 2019년 일부 대학에 대한 종합감사는 시민감사관을 투입하여 전문성이 결여된 상태에서 이루어져 여러 문제점을 노출시키기도 했다. 이는 대학에 대한 규제 차원을 넘어 간섭과 개입으로 인식된다.

정부는 2010년 1월 「고등교육법」(11조) 개정으로 '등록금 인상률 상한제'와 '등록금심 의위원회 도입' 등을 통해 등록금을 인상하지 못하도록 하고, 위반 시에는 행·재정적 제재를 가했다. 대학생의 등록금 책정은 기본적으로 대학 자체가 자율적으로 결정할 학사 행정이다. 그런데 대학 평가에 등록금 인하 지표를 포함시켜 등록금 동결이 사실상 강제되기도 하였는데, 대학의 재정 악화는 교육과 연구의 질 저하로 연결되어 국가의 미래와 경쟁력에 부정적 영향을 줄 것이라는 점에서 크게 우려된다.

정부는 대입정책에 있어서도 정치권, 여론 등과 함께 절대적이고도 일방적인 영향을 끼쳐왔다. 각 대학이 나름대로의 인재상과 발전방향에 따른 입학정책을 세울 수 없게 된 것이다. 예를 들어, 교육부는 2018년 갑자기 수능위주전형 비율이 30%이상으로 확대하도록 각 대학에 권고한다고 밝히고, 일부 상위권 대학에 전화로 정시확대를 유도하기도 했다. 이는 교육부 자신이 추진해오던 고교학점제 방향과 상충되는 정책을 내놓아 논란이 들끓기도 하였다. 그런데 2019년 9월 대통령이 국회 시정연설에서 정시확대를 직접 공언하자 정시 수능위주 전형이 40%로 갑자기 상향이 되었고. 그 후 국회에서는 여야 모두 한 목소리를 내며 정시50% 확대를 명시한 법안을 발의하기도 하였다.

정부는 총장 선거방식도 대학 자율의 원칙을 인정하지 않았다. 정부는 2012년부터 각종 재정지원사업 평가에 총장 선출 방식을 연계함으로써 대부분의 국립대학 총장직선제를 폐지시켰다. 그런데 현 정부가 들어서면서 대학에서의 총장 직선제는 권장되고 확대되고 있다. 「헌법」(제31조 제4항)에는 대학의 자율성을, 「교육공무원법」은 국립대학 총장 추천 방법의 자율성을 보장하고 있다. 그러나 정부의 권고에 따르지 않으면 대학에 행·재정적 불이익을 주기 때문에 대학은 그저 받아들이는 수밖에 없다.

III. 고등교육 관련 거버넌스의 대전환

우리나라의 대학은 오랫동안 자율화, 재정확대 및 지원방식의 개선 등을 요구했지만, 어떻게 보면 갈수록 더 상황이 어려워져왔다. 정부가 나름대로 지속적으로 고등교육에 대한 투자를 확대하며, 대학의 자율성, 규제완화를 이야기하고 개선안들을 내놓았지만, 대개 대학으로부터 환영을 받지 못했으며, 여러 주요 이슈들이 쌓여만 왔다. 교육부의 정책 운용방식 자체도 많은 문제를 안고 있지만, 근본적으로는 국가 거버넌스 생태계가 전반적으로 제대로 작동하지 못하는 상황이 지속되어왔다. 그 결과로 현재 우리 고등교육은 개인은 물론 국가의 생산성, 경쟁력을 극대화하지 못하고 있는 것이다. 요즈음은 특히 대학은 물론 교육부 자체도 우리 사회로부터 큰 관심과 기대를 받지 못하고 있으며, 국회, 청와대, 기재부, 감사원, 언론, 시민단체 등의 주변이 우호적이지도 않아, 운신의 폭이 계속 좁아져만 가는 것 같다.

이 장에서는 대학의 주변 환경이 매우 어렵지만, 어떻게 해야 급변하는 대전환기에 대학이 한국 교육혁신의 중심으로서의 역할을 제대로 할 수 있을 것인가에 대해 논하고자 한다. 이는 각 대학이 국가를 책임지는 사명감을 가지고, 스스로 자기 색깔을 가진 철학, 비전, 전략을 세우며, 그 대학의 전공영역, 학생, 교수 각 주체가 다양하게 맞춤형으로 최대로 꽃 피우게 하여, 대학의 사회적 역할을 확고히 세워나가는 일이다.

대학이 이러한 방향에서 제대로 변화와 혁신을 이루어가려면, 자기 자신과 더불어 주변 환경의 변화가 필수적이다. 그동안 여러 가지 이유로 대학이 정부, 사회, 국민으로부터 신뢰와 기대가 많이 떨어진 위상에 대해, 먼저 대학 스스로 깊이 성찰하고 태도의 변화를 적극 모색해야 한다. 이러한 대학 스스로의 모습이 보일 때, 주변의 변화도 기대할 수 있다. 이와 더불어 정부의 재정 지원과 대학 평가, 그리고 이를 둘러싼 국가 거버넌스의 생태계를 생산적으로 전환시키는 노력을 부단히 기울여야 한다. 거버넌스의 기본 개념처럼, 관련 당사자들 사이에 역할 분담하는 수평적 협업 관계를 형성하는 일이어야 할 것이다. 이는 다양성의 효용성을 극대화하는 시대정신이다.

1. 대학의 정체성과 책무성에 대한 자기 성찰

대학은 자율성을 이야기하기에 앞서, 대학인 스스로 대학의 정체성과 책무성에 대한 깊은 성찰과 태도의 변화가 필요하다. 대학은 학자와 학생들이 공동체를 이루고 진리를 터득하는 것을 중요한 과제로 삼는다. 대학은 누구에 의해서든 일단 설립이 되었으면, 독자적으로 운영되는 하나의 독립된 자치단체이다. 어떠한 국가적 또는 정치적 힘으로부터도 간섭을 받지 않을 것을 의미한다. 이러한 조건 아래에서만 진리를 탐구할 수 있다. 이러한 정신은 대한민국 헌법 제31조 4항 "교육의 자주성·전문성·정치적 중립성 및 대학의 자율성은 법률이 정하는 바에 의하여 보장된다."에서도 보장하는 것이다.

그런데 오늘의 대학, 대학인 우리 스스로의 모습은 어떠한가? 재정은 대학 운영에 있어 필수적인 요소이지만, 목표는 아니다. 재정이 어렵다보니 대학이 스스로 나아가야 할 방향에 초점을 두기 보다는, 정부의 정책, 지원만 쳐다보고 이에 적응하기에만 몰입하는 모습을 보이게 된 현실이 안타깝다. 대학인들은 이러한 모습을 다음 세대에 그대로 넘겨 줄 것인가를 심각하게 고민해야 한다. 대학은 정부만 쳐다볼 것이 아니라, 먼저 국민을 바라보고 기대에 제대로 부응하고 있는지를 돌아봐야 한다. 오늘의 주변 환경이 매우 어렵지만, 대학은 생존 차원을 넘어, 국가와 다음 세대를 위해 자율권을 스스로 창조하고 쟁취해나가야 한다. 이는 대학의 기본적 책무성으로 인식해야 한다. 대학은 정부, 국회, 언론 등과의 관계에서도 당당해야 한다. 대학은 사회 발전, 국가 경쟁력을 결정해나가는 인재들을 배출하고 지식을 창출하며, 시대정신을 만들어내는 국가 생존의 유일한 원천이 되는 곳이기 때문이다.

대학에 대한 정부의 통제는 대학 스스로 초래한 측면이 분명히 있다. 역사적으로 대학이 정부의 재정 지원에 대한 의존도가 높을 때, 대학은 정부로부터 간섭을 받곤 하였다. 현재 우리 대학은 재정 자립도가 취약하기 때문에, 정부의 재정지원 사업, 이에 관련된 평가지표 점수 대응하기에 급급한 것이다. 대학이 자율권을 확대하려면, 기본적으로 우선 재정의 자립도를 높이도록 다양한 노력을 기울여야 한다. 고등교육에 대한 정부의 투자 확대, 등록금 이슈 해결 등을 원한다면 국민으로부터 신뢰 받도록 해야 하며, 사회로부터 기부금 등 여러 지원을 확보하려면 대학이 우리 사회와 미래를 책임지는 모습을 보여야 한다.

특히 대학이 원하는 재정확보가 이루어지고 자율권이 주어진다고 했을 때, 과연 대입제도는 초·중등교육의 정상적인 운영 및 발전을 선도하게 되고, 대학에서의 인재양성과 지식창출은 사회가 안고 있는 여러 난제 해결을 책임질 수 있게 되는 것인가에 대한 답을 구체적으로 내놓을 수 있어야 한다.

대학은 먼저 국민으로부터 신뢰받는 과제부터 풀어가야 한다

우선 무엇보다도 대학과 재단의 구성원 모두는 각자 투명성, 합목적성 등을 포함한 정직함에 기반한 높은 윤리의식을 가지고 있는지 스스로 확인하고, 모두가 공감, 공유하는 캠페인을 벌여야 한다. 안타깝게도 올해만 해도 몇몇 교수들의 유흥주점에서의 법인카드 사용, 수강관련 규정을 따르지 않은 교수의 자녀 학점 부여, 자녀의 부정입학, 미성년자 논문 공저자 등재 그리고 연구 부정, 연구비 횡령, 유령 학술대회 참가, 더 나아가 재단의 각종 비리 등이 종종 등의 이야기가 종종 언론에 등장하였다. 이러한 일이 보도될 때마다, 대학의 모습은 점점 더 왜소해지기만 했고, 이는 바로 대학에 대한 정부와 정치권의 개입으로 이어지곤 하였다. 대학 구성원의 부정직한 행위 문제는 당사자만의 것이 아닌, 대학과 학문 공동체 구성원 모두의 수치심으로 인식해야 한다. 그러므로 부정직한 행위를 하는 사람에게는, 정부·정치권·언론에 앞서, 대학과 학문 공동체가 나서서 강하게 책임을 묻는 문화를 스스로 만들어가야 한다. 외부로부터의 신뢰는 바로 여기에서 출발할 수 있다.

대학은 우리 국민, 국가와 지구촌의 미래를 책임지는 모습을 보여야 한다

대학은 그동안 추구해온 성과, 평판에 대한 인식도 대전환해야 한다. 대학이 지금처럼 정부의 재정지원 관련 평가, 국내외 대학평가 기관의 순위 등에만 매달리면, 교육의 질은 계속 도외시 되고, 모두가 계속 단기적, 양적 연구 성과에만 매달리는 획일화된 굴레를 벗어날 수 없다. 문제는 대학 스스로에게서 이러한 악 순환의 생태계를 평가, 비판하는 목소리가 잘 들리지 않는다는 것이다. 점수, 순위, 학점, 양적 성과 등 숫자 중심의 획일적 평가 사회, 단기적 연구 성과 중심의 업적 평가, 연구비 관리 시스템 등에 대해 대학 스스로가 철학과 입장을 명확히 세우고, 정부와 사회가 성과와 평가의 개념을 글로벌 스탠더드에 맞추도록 이들을 설득시켜야 하는 책임이 대학에 있음을 분명히 인식해야 한다. 이러한 태도는 세금으로 대학을 지원해주는 국민에 대한 기본 도리다. 이제는 급변하는 4차산업혁명, 팬데믹 비대면 시대에 각 대학별로 다양한 방향과 색깔을 가지고, 학생, 교수들이 특성에 따라 맞춤형으로 마음껏 역량을 펼쳐나갈 수 있어야, 개인은 물론 대학의 생산성, 경쟁력을 키울 수 있다. 특히, 대학은 교육과 연구의 성과를 통해 우리 사회와 지구촌의 미래에 어떠한 가치와 영향을 끼칠 것인지를 끊임없이 고민하는 모습을 보여야 한다. 대학평가 순위도 목표이기보다 이러한 노력의 결과로서 얻어지는 것이어야 한다.

대학은 자율성을 통해 어떻게 사회적 책임을 다할지를 보여야 한다

대학은 먼저 무엇으로, 정부와는 어떻게 협업을 하며, 국민과 사회에 어떻게 기여할 것인지에 대한 명확한 그림을 보여야 한다. 이 과정에서 진정성을 가지고 재정, 자율성의 중요성을 명확히 설명할 수 있도록 준비하여, 먼저 국민이 이해할 수 있도록 많은 노력을 기울여야 한다. 예를 들어, 매년 10월, 연구비는 많이 주는데, 왜 우리는 노벨상이 없느냐는 질타를 듣고 있기 보다는, 노벨상은 30년 이상 한 분야에서 연구를 이어가며 인류에 기여해야만 받을 수 있으며, 과학자들이 장기간 자유롭고 재미있게 연구할 수 있도록 기다려줘야 가능함을 이해시켜야 한다. 대학이 지속적으로 노력해온 ‘고등교육재정교부금’의 입법화 등 재정 확보에 대한 여러 과제도 바로 이러한 바탕이 이루어질 때 풀어지게 될 것이다.

결국 대학 문제는 대학 스스로 해결해나가야 한다

대학의 자율성, 재정 등과 관련되어 복합적으로 얽혀 있는 여러 문제를 누가 풀어가야 할 것인가? 다른 누가 풀어줄 수 있을까? 사실 정부는 5년, 장관, 공무원은 1년 내외, 국회는 4년, 각종 위원회는 2~3년 단위로 바뀌므로 이들로부터 근본적인 변화를 기대하기 어렵다. 대학과 관련된 대부분의 과제들은 단기간에 풀어가기 어려운 것이다. 결국은 궁극적인 책임을 져야 하는 대학 구성원들이 주도적인 위치에 서지 않으면 풀어가기 어렵다. 대학다운 대학, 교수다운 교수의 모습은 정부가 만들어줄 수 없다. 실질적인 변화의 힘은 바로 교육현장에 수십 년 자리 잡고 있는 대학인 스스로 만들어가야 한다는 점을 분명히 인식해야한다. 이를 위해서는 교수 스스로 시대를 책임지는 지성인으로 위치를 지켜야 한다. 그리고 균형 잡힌 가치관과 책임감을 가지고 국민적 공감과 합리적인 사회적 환경을 만들어가며, 교육 생태계의 생산성을 키워나가야 한다. 지성인이란 시대의 잘못을 읽을 줄 알고 당당히 비판하며, 사회의 보편적 가치들을 지키기 위해 집단이나 권력에 맞서기도 하는 사람이다.

이를 위해서는 전국 4년제 대학들이 회원으로 참여하고 있는 한국대학교육협의회의 역할도 중요하다. 회원 대학의 회비 부담을 기초로 운영되고 있는 대교협은 정부 국회, 언론 등 사회와 국민에게 대학을 대변하는 일도 중요하지만, 이러한 노력이 제대로 호응을 받으려면 대학이 국민으로부터 신뢰를 얻을 수 있도록 대학 내부와 외부를 상대로 많은 노력을 기울여야 한다. 이러한 바탕이 튼실하게 이루어질 때, 대학 운영의 자주성과 공공성을 높이고 대학 간의 협조를 통하여 대학교육의 건전한 발전을 도모한다는 대교협의 설립 목적이 제대로 살아날 것이다. 그런데 그동안 대교협은 그 활동에서 교육부 위탁사업의 비중이 커지다보니, 대학 운영의 자주성은 잘 안 보이고, 정부가 요구하는 정부 식 공공성에만 초점을 두어, 종종 대교협이 대학을 통제한다는 비판이 있어왔는데, 대교협은 이를 겸허히 받아들이고, 자주성을 강화하는 방향에 굳게 서야 한다. 교육부의 위탁사업에 발목 잡히기보다는, 긴 호흡으로 대학의 자주성을 확보하는 일로 활동의 방향을 대 전환시켜야 한다.

이제 대학은 정부나 정치권이 대학에 개입할 명분을 주면 안 된다

자기 성찰을 통한 자각과 함께, 대학 스스로 갑-을 관계를 자초해서는 안 된다는 것이다. 디지털 전환과 더불어 코로나19 사태로 갑자기 부상한 비대면 세계는 대학의 존재 양식, 존재 가치를 크게, 다양하게 변화시킬 수 있다. 이렇게 급격히 변하는 지구촌적 상황에서 정부가 결코 대학을 지켜줄 수 없다. 이러한 글로벌 생태계에서는 각 대학이 나름대로 다양한 시도로 생존 방식을 찾아야 한다. 이를 위해서는 각 대학이 투명성, 공정성을 기반으로 대 사회적으로 당당할 수 있어야 하며, 더 나아가 각 대학이 교육과 연구의 사회적 영향력을 세계 일류 수준으로 과감히 확대해나가야 한다. 여기에 자율성은 필수 조건이다.

2. 정부의 대학 재정지원 의미의 재발견과 지원 방식의 대전환

대학에 대한 재정 지원 확대는 뉴 노멀 시대에 국력을 기르는 일이다

재정 확대는 바로 공공재의 확대로 볼 수 있다. 올해 4월 국회입법조사처 보고서 국제통계 동향과 분석 제7호의 OECD 고등교육 관련 지표의 주요 내용과 시사점 내용에 의하면, 우리나라의 고등교육 투자가 민간재원에 상당부분 의존해 정부 투자를 늘려야 한다는 정책제언이 나왔다. 이 보고서는 고등교육 이수가 평생교육 및 임금수준과 연결되는 만큼 고등교육에 대한 투자를 더 늘려야 한다는 것이다. 높은 교육 이수 수준은 평균적으로 높은 임금으로 연결되고, 고등교육 이수자가 높은 소득세, 국민연금, 건강보험 등 사회 기여금을 내기 때문에 교육에 대한 투자가 공공수익으로 연결될 수 있다는 것이다. 그러므로 정부가 고등교육에 투자함으로써 높은 공공 수익을 거둘 수 있다는 점을 인식해야 한다. OECD 국가의 경우 공적인 순수익이 평균적으로 남성은 1인당 14만 8200달러, 여성은 7만 7300달러인데, 한국은 남성은 4만 5200달러, 여성은 3700달러에 불과하다. 이는 우리 교육의 질적인 문제가 심각하다고 볼 수 있으며, 이를 해결하기 위해서라도 정부의 고등교육에 대한 투자는 크게 확대되어야 한다.

사실 2018년 성인 고등교육 학위 취득 비율은 70%로 OECD 평균 44% 보다 월등히 높은데, 이는 우리 사회의 큰 자산으로 봐야 한다. 고등교육 이수 비율은 평생교육 참여도와 연관이 높다. OECD 국가들은 성인의 교육이수 단계가 높을수록 평생교육 참여도 역시 높은 것으로 나타났다. 이는 경험된 학습과 교육이 또 다른 학습과 교육의 원동력이 된다는 것을 보여준다는 분석이다. 우리나라의 경우 대학·대학원

교육 등을 이수한 사람의 평생교육 참여도는 71%, 고등학교 이수자는 43%, 고등학교 미만 이수자는 21%이다. 또한 고등교육 이수 비율은 임금수준과도 연결된다. 2017년 OECD 자료에 따르면, 교육이수 단계가 높아질수록 상대적 임금이 증가하는 경향을 보였다. 우리나라의 경우 고등학교 이수자의 임금을 100으로 봤을 때, 고등학교 미만 이수자는 75, 학사 학위자는 145, 석·박사 학위자는 188이었다.

이러한 일련의 현황에서 볼 때, 대학에 대한 재정확대를 위한 재정구조 개편이 근본적인 차원에서 이루어져야 하며, 오늘 우리 대학은 대학교육의 질 개선을 위한 혁신을 패러다임적 차원에서 이루어가야 한다. 4차 산업혁명, 팬데믹 비대면 시대가 요구하는 새로운 교육 패러다임을 위한 근본적 변화를 만들어가야 하는 때이다. AI, 빅 데이터, 온라인 학습 등에 따른 뉴노멀의 교육생태계에서는, 대학은 학생들의 취업, 역량 제고의 단계를 넘어, 이들의 역할을 통해 사회적 가치를 높이도록 해야 하며, 좋은 일자리, 삶의 질, 기후변화, 자연환경 등 우리 사회와 지구촌이 직면한 문제해결 적극 기여해야 되는 것이다. 그런데 이는 대학의 재정이 안정적으로 확보되었을 때 가능하다. 격변하는 문명사적 대전환과 뉴노멀에 대학이 제대로 대응하지 못한다면 다음 세대의 생존 문제에도 큰 영향을 끼칠 수 있다는 점을 심각하게 인식해야 한다.

고등교육에 대한 공공 투자가 확대 되어야 하는 이유를 생각해보자. 대학 재정문제는 정부의 예산 기획·관리 시스템과 사회 전반의 정치·경제적 환경과 연계되어 있어 풀어가기가 매우 어렵다. 2008년 반값등록금 정책이 등장한 이후 등록금 동결, 대입전형료 인하, 입학금 폐지 등의 정부와 정치권의 정책적 압박에 따른 누적된 수입 감소와 코로나19 이후 비대면 교육에 따른 투자 확대 및 외국학생 수 감소, 기숙사 활용도 저조에 따른 수입 감소, 그리고 사회 환경이 어려워짐에 따른 기부금 급감, 학령인구 급감에 따른 입학생 확보의 어려움 등으로 대학재정은 갈수록 악화일로에 있다. 그럼에도 불구하고 2018년 대학 알리미에 공개된 자료를 보면 149개 사립 일반대의 경우 교육비 환원율이 213.8%이고, 사립 전문대의 경우 180.4%에 달한다. 한마디로 대학들은 등록금 수입을 넘어서는 금액을 교육에 투자하고 있는 것이다. 이는 대학의 안정적 운영을 어렵게 하고 결국에는 교육의 질을 현격하게 떨어뜨리게 만든다.

앞의 2장 3절에서 소개한 것처럼, 대한민국의 GDP 대비 고등교육비 비율은 2017년 기준 0.6%인데, OECD 평균 1.0%에 못 미친다. 한국은 OECD 국가 중 유일하게 1인당 GDP 대비 학생 1인당 교육비도 고등교육이 초·중등보다 작다. 한국 학생 1인당 연간 고등교육비 1만 633달러인데, OECD 평균 1만 6천327달러의 65.1% 정도이다. 이는 국제적 평가에도 반영되는 것 같다. IMD 교육경쟁력 중 대학교육(경쟁 사회의 요구에 부합 정도) 지표의 평가 순위는 40위 수준에서 최근 53위로 내려왔다. WEF 국가경쟁력 평가의 고등교육 및 훈련 부분의 순위는 17위(2011)에서 25위(2017)로, 특히 교육시스템의 질의 평가는 55위(2011)에서 81위(2017)로 하락했다.

그런데 우리나라의 경우 고등교육비에 대한 투자는 대부분 민간에 의존하고 있다. 앞 장에서도 언급했지만, 고등교육비 투자재원 중 OECD 평균 정부재원이 차지하는 비중은 66%, 민간재원이 차지하는 비중은 32%인데, 한국은 정부재원이 38%, 민간재원이 62%다. 2017년 기준 GDP 대비 고등교육비의 한국의 정부 재원비율은 2017년 0.6%로서, OECD 평균 1.0% 보다 낮다. 반면 한국의 민간재원 비율은 1.0%로서 OECD 평균 0.4% 보다 2배 이상 많다.(노성준, 2020) 이러한 배경에서 한국이 대학 교육의 질을 높이려면, 고등교육 투자에 공공의 비중을 더욱 크게 높여야 한다는 주장이 지속적으로 제기되어 온 것이다.

정부의 대학에 대한 재정지원 방식의 대전환은 시급한 과제다

자율 기반 다년 묶음예산 체제로 대전환되어야 한다. 정부는 국가 예산의 배분 방식을 다원화하고, 관련 당사자들 간에 수평적인 협력 관계를 만들며, 국가의 예산 배분을 효과적으로 선순환 시켜야 한다. 산업화 시대에 적합했던 1년 단위, 길어야 5년 정도에 불과한 국가 주도의 예산 배분 시스템과 기재부 담당자 중심 및 정치적 영향을 받는 의사결정, 지원 방식은 시대적으로 맞지 않다. 상상력, 창의성을 제대로 수용하는 생태계를 만들려면, 지원받는 기관들 중심으로 스스로 고민하며 긴 호흡으로 미래를 설계할 수 있도록 도와야 한다. 그동안 정부가 지원하는 사업들이 대개 5년 단위 정부라는 틀에서 운영되었기 때문에, 최대 3~5년 단위 추진이라는 단기적 정책 집행으로 인해 현장은 획일성의 문제와 더불어 매우 불안정한 상황에 처하곤 하였다. 예를 들면, 입학사정관, 계약 교수, 계약 직원은 물론이고, 장학금, 교육프로그램, 비교과프로그램 등이 불안정하게 되어 대학교육은 일관성 있는 방향을 제대로 세워나갈 수 없었다.

기재부는 원칙적으로 부처에 갈 예산은 통째로 부처에 보내고, 부처는 지원 기관이 스스로 세운 특화된 종합계획을 평가하여 통째로 다년간 지원하는 묶음 예산지원(block funding) 체제로 대전환해야 한다. 이는 기관 및 영역의 특성을 반영하는 다양성, 맞춤형 기반의 최적의 배분구조로서 효율, 효과성을 극대화할 수 있다. 2016년 교육부가 발표한 대학재정지원사업 개편 방향에 의하면, 대학이 건학이념과 특성을 살려 발전해 나갈 수 있도록 대학의 자율성을 대폭 확대한다는 원칙 아래 기존 사업은 평가지표를 간소화하고, 정량지표를 축소하는 한편, 사업계획 및 예산집행에 대한 규제를 개선하고, 2017년 이후 신설·개편되는 사업은 대학 자율 공모 및 총액배분 자율편성 원칙(Block Grant) 등을 적용하겠다고 하였다. 대학이 중장기발전계획 및 특성화계획에 따라 사업계획서를 제출하면 사업계획서의 적정성, 실현가능성, 대학이 자체 설정한 성과지표의 적절성 등을 종합적으로 평가하여 지원한다는 것이었는데, 이는 교육부가 한 단계 발전된 바람직한 모습이다.

실제로 교육부는 2018년 이후부터 대학재정지원사업들을 통합하여 연구지원, 교육(대학특성화)지원, 산학협력지원, 대학자율역량강화 지원으로 사업구조를 단순화하였다. 그런데 문제는 기존 재원의 범위 내에서 사업을 통폐합하고 사업비를 조정하는 제로섬 방식이어서, 본래의 취지를 키워나가기가 어렵다는 점이다. 무엇보다도 중요한 것은 먼저 대학에 대한 재원의 확대가 필요하다는 것이며, 이 사업들 역시 단기적 운영 방식을 취하고 있으며, 지표 중심의 평가방식이 얼마나 획일성을 벗어나 다양성, 맞춤형을 수용할 수 있을 정도로 유연할 수 있느냐라는 해묵은 과제를 어떻게 하나씩 풀어갈 것이냐다.

대학 재정교부금 제도 도입이 필요하다. 현 정부가 대학의 자율성 확대를 강조하며, 특수목적지원사업을 축소하고 일반지원사업을 확대하기로 한 것은 바람직한 방향이다. 이는 대학에 대한 사업단 지원을 축소하고 포뮬러에 의해 경상지원을 확대하는 것으로, 고등교육재원을 안정적으로 확보하여 균형 있게 배분하는 것을 의미한다. 그런데 이것은 바로 대학이 오랫동안 요구해온 고등교육재정교부금 제도의 취지이다. 대학에 대하여 지출용도를 제한하는 사업비 지원 대신에 지출용도를 제한하지 않는 경상비 지원을 통해 대학교육의 경쟁력을 높이자는 것이다. 이는 등록금 문제를 비롯한 대학 재정의 절벽 상황을 정부의 재정교부금제도를 통해 풀어가자는 이야기다. 이를 위해서는 재원에 대한 안정적인 확보와 지원기준과 지원 대상을 규정하는 입법이 필요한데, 이것이 바로 <고등교육재정교부금법> 제정이다. 사실 초·중등교육과정 예산은 지방교육재정교부금법의 형식으로 이미 법제화되어 있다.

<고등교육재정교부금법>의 제정은 대학 운영에 필요한 재원을 국가가 교부하여 고등교육의 공공성을 확대하고, 고등교육의 균형 있는 발전과 대학의 특성화 및 경쟁력 강화를 목적으로 한다. 국립대학은 매년 예산편성과정을 통해 불안정하게 확보되던 국고지원금을 고등교육재정교부금으로 전환하여 안정적인 재원을 확보할 수 있고, 공·사립대학은 선택과 집중의 원칙에 따라 경쟁을 통해 지원받던 국고 사업비에 경상비를 추가로 지원받을 수 있어 보다 안정적인 재정운영을 할 수 있게 된다. 대학에 대한 기관지원이 늘어남에 따라 대학등록금 인상을 억제하는 효과도 거둘 수 있다는 것이다. 고등교육재정교부금은 내국세의 일정규모를 설정해 예측가능성을 제고하며, 이를 통해 등록금 부담을 낮출 수 있게 된다.

이러한 관점에서 정부와 국회도 <고등교육재정교부금법>의 중요성은 공감하여 수년간 약속을 거듭해왔으나, 아직도 원점 수준에서 맴돌고 있다. 2016년 발의된 고등교육재정교부금 법안을 보면 이미 정확한 진단이 나와 있다. "고등교육재정교부금을 법률로서 정하고 이를 보통교부금과 사업교부금으로 교부하여 등록금 부담을 낮추고 고등교육

의 경쟁력은 높이는 한편, 일부 대학에 대해서는 교부금 교부를 제한함으로써 대학 구조조정도 유도"하고자 한다고 되어있다.

교육의 질을 개선하는 지름길은 교육재정의 안정적인 확보이며, 기적으로 고등교육 예산의 안정적 확보가 핵심이다. 만약 이 법이 제정되지 않으면, 5년 단위 정권에 따라 지원사업의 대상과 지원 규모가 계속 달라질 것이고, 장기적, 안정적 재원 확보는 물론 이에 따른 고등교육의 사회에 대한 기여도 및 경쟁력을 계속 떨어트리는 결과를 초래할 것이다. 이러한 환경에서는 정부 차원의 고등교육 재정지원사업 중장기발전방안 수립 자체가 어려울 것이며, 대학의 자율성 기반의 다양한 발전 모델의 구축도 기대하기 어려울 것이다. 결국 성공적인 정부의 대학 재정지원사업의 실현은 바로 <고등교육재정교부금법>을 언제, 어떻게 제정할 수 있는가에 달려 있다. 다만, 교부금 제도가 법제화되면, 국민의 세금에 기반을 두는 정부 투자이므로, 이에 대한 국회 국정감사 등 대학에 대한 감시, 감독이 더욱 강화되어, 대학의 자율성이 더욱 약화될 수 있다는 점에 유의하며, '교부금법'을 정비, 추진해나가야 할 것이다.

정부의 재정지원은 통재의 수단이 아닌 그 본래의 목적, 목표 달성에 초점을 맞춰야 한다. 대학에 대한 재정지원의 목적은 각 대학이 그 특성과 비전에 따라 발전하게 하는 것이다. 특히 변화의 방향과 속도가 매우 빠른 시대에 대학들이 자율적으로 그 특성에 따라 스스로 목표를 정하고 다양한 방식으로 도전하며 발전해나가도록 도와야 한다. 이를 위해 정부는 재정으로 대학들을 돕고, 그 결과에 대해 평가만 하면 된다. 이러한 환경에서 재정지원의 목표 달성을 극대화할 수 있다.

정부의 재정지원이 대학을 관리, 통제하는 수단이 되어서는 안 된다. 특히 정부가 주도하는 정책을 대학에 획일적으로 적용하려는 통제 수단이 되면 안 된다. 오늘과 같이 다양성이 핵심인 시대에 대학을 획일적으로 만들어서 무엇을 하려고 하는가? 앞으로도 모든 대학이 정부의 정책, 사업 추진 방향에만 대학 운영의 초점을 맞추어가기만 하면 어떻게 되는 것인가? 이는 국민이 세금을 내어 대학을 지원하는 목적에 위반된다. 정부의 정책이란 5년 단위로, 그리고 부서 책임자들이 바뀜에 따라 계속 변하는 상황에서, 대학들은 긴 안목에서의 방향 자체를 세울 수가 없는데, 이렇게 가변적인 목표를 제시하고 이행을 강제하는 것은 오히려 대학의 체질을 순종형으로 약화시킬 뿐이고, 결코 정부의 정책, 더 나아가 국민의 지원이 성공할 수 없다. 이제는 정부의 재정지원은 그 목적과 상관없는 정부의 특정 정책과 연계해서는 안 된다.

국가의 정부 예산 지원은 국·공립대, 사립대를 잘 아우러야 한다. 지금까지 재정지원사업의 우선 국립대학 중심이었고, 국립대학 재학생 중심이었다. 사실 사립대학 재학생도 같은 국민이고, 이들의 가족들도 같은 세금을 내는데도 불평등한 지원을 받게 된 것이다. 국공립대학과 사립대학의 사회적 역할이나 정부의 관리 형태는 구별되지 않는 상황에서 국립대학 중심으로 차등 지원하는 것이 논리적으로 타당한 것인가? 국가의 생산성, 경쟁력의 관점에서는 국·공립대, 사립대 모두 동일한 사명과 책무성을 가지고 있다. 교육의 질을 높이는 데 필요한 기본적인 경비는 국립대학과 사립대학 모두를 지원하는 것이 국민과 국가를 위해 바람직하다. 우리나라와 유사한 대학구조를 가진 일본은 사립대를 포함하여 전 대학이 정부 재정지원형 대학으로 매해 정부로부터 일정 규모의 경상비를 교부금 형태로 지원받고 있다.

3. 대학 평가 제도의 혁명

대학평가는 대학의 가치 실현을 촉진할 수 있어야 한다

요즈음 대학의 운영에 가장 영향을 주는 요소은 재정과 평가다. 그런데 사실 평가가 모든 것을 이끌어가는 것 같다. 재정도 결국 직·간접적으로 평가에 좌우되기 때문이다. 평가는 원래 각 대학이 교육, 연구, 사회적 역할을 위해 대학을 운영하는 과정에 그 추구하는 목표, 가치, 성과를 어떻게 이루어가고 있는지를 확인하는 수단이다. 문제는 대학과 그 주변 환경이 평가 자체를 추구하는 목표, 가치로 삼도록 만들고 있는 현실이다. 대개 대학 본부는 1년 단위의 재정 확보와 대학 평판에 주된 관심을 두고 있다. 이에 따라 대학은 정부 및 국내외 평가 관련 기관의 각종 지표를 맞추기 위해 종종 모든 것을 걸고 몰입하곤 하며, 매년 일희일비한다. 그런데 이러한 흐름으로 형성되는 대학 생태계는 대학을 더 허약하고 부실하게 만들기도 한다. 이는 사실 심각한 문제다. 그러므로 평가는 대학이 제대로 미래를 대비하기 위한 수단으로 자리잡게 해야 한다. 대학평가에 대한 혁명이 필요하다.

사실 각 대학은 자체적인 정책을 수립할 때, 정부 또는 각종 국내외 평가에 제시하는 평가 관련 지표들의 달성에 초점을 맞추다 보니, 달성하기 쉬운 지표, 재정소요가 적은 지표 등에 우선순위를 두게 되면서, 대학들의 정책도 획일화되어간다. 그리고 평가지표에 대한 수치를 올리기 위한 온갖 아이디어 동원, 또는 종종 편법을 사용하기도 한다. 그런데 이러한 노력들의 결과가 결과적으로 각 대학의 발전을 위한 것인지, 아니면 지표 달성, 재정 확보만을 위한 것인지 의식조차 하지 않는 것 같다. 이는 대학이 자신의 특성화의 길을 찾아가는 것이 아니고, 안타깝게도 스스로 획일화의 길로 접어들게 한다.

우리 사회는 대학에 무엇을 기대하는가? 우수한 학생, 훌륭한 교수란 무엇인가? 어떠한 성과를 기대하는 것인가? 여기에서부터 평가의 목적을 명확하게 찾아내야 하며, 그 목적에 충실하도록 평가를 시행해야 한다. 한 학생의 변화, 한 교수의 교육과 연구 그리고 이를 통한 대학의 사회적 책임에 대한 영향력, 이를 모두 아우르는 대학 차원에서의 큰 방향과 시너지 등이 기본적 요소가 되어야 할 것이다. 평가는 이러한 요소들을 지속적으로 발전시키기 위한 수단이어야 하며, 기관, 영역, 개인에 따라 기대성과가 달라야 하며, 긴 안목에서의 개별화된 가치, 영향력(impact)에 초점을 두는 맞춤형 평가로 이루어져야 한다. 이는 시간과 재정을 투자하면 가능한 일이다.

대학평가는 미래에 필수적인 대학 특성화와 다양화를 촉진해야 한다

대학평가는 미래를 위한 것이어야 하므로, 평가의 개념과 내용, 방식은 미래를 만들어가는 일에 초점을 맞춰야 한다. 지난 7월 교육부가 그동안 20%까지로 제한했던 원격수업 비율을 대학 자율에 맡기고 해외 대학과의 학사, 석사 과정은 100% 원격수업으로 공동 운영할 수 있는 등 원격수업을 뉴노멀로 정립하겠다는 정책을 발표하였다. 사실 학령인구 급감, 반값등록금 등에 따라 존폐 문제를 안고 있는 많은 대학들은 온라인 교육과정을 통한 정원 확대와 국내외 다른 대학들과의 교수, 학생, 프로그램 등의 공유 방식으로 온라인 기반의 대학교육의 혁신을 추구해나가며 미래를 만들어가야만 한다. 이에 따라 이제는 온라인 중심의 비대면 환경은 시간과 공간을 초월하기 때문에 캠퍼스의 개념은 물론 교원확보율, 학생 충원율, 교지 확보율 등의 의미를 새롭게 정의해야 하는데, 2021년 대학기본역량진단 평가에서도 중요한 지표로 사용되고 신입생·재학생 충원율 반영비율은 확대된다.(교육부, 2019) 2020년 대학혁신지원사업에서 재원을 배분하는 포뮬라도 학생 1인당 교육비 평균액× $\sqrt{재학생수}$×교육여건(재학생 충원율, 전임교원 확보율, 교육비 환원율)×조정상수가 바로 대학별 지원액이 된다. 미래 온라인 시대를 대비하자고 하면서도, 정작 재정지원도 오프라인 환경에서의 과거 지표 중심이다.

교육부는 2016년 7월 대학재정지원사업 개편 방향을 발표한 바 있다. 대학이 건학이념과 특성을 살려 발전해 나갈 수 있도록 대학의 자율성을 대폭 확대한다는 원칙을 세우고, 기존 사업은 평가지표를 간소화하고, 정량지표를 축소하기로 하였다. 그리고 2017년 이후 신설·개편되는 사업은 대학 자율 공모 및 총액배분 자율편성 원칙(Block Grant) 등을 적용하여 대학이 중장기발전계획 및 특성화계획에 따라 사업계획서를 제출하면 사업계획서의 적정성, 실현가능성, 대학이 자체 설정한 성과지표의 적절성 등을 종합적으로 평가하여 지원한다고 하였다. 이는 매우 바람직한 방향이었고, 교육부는 2018년 3월 대학재정지원사업들을 통합하여 국립대학육성, 대학혁신지원, 산학협력(LINC+), 연구지원(BK21 플러스)으로 재구조화하였다. 교육부는 2019년 8월 대학혁신 지원방안의 목표는 학령인구 감소와 4차 산업혁명 시대에 대비, 대학을 미래 인재 양성과 지역혁신의 중심축으로 만드는 것이라고 하였다.

그런데 문제는 평가 내용과 방식에 대한 문제점들은 계속 이어진다는 점이다. 대교협 소속 회원대학은 200개교인데, 설립 유형부터 소재지, 규모까지 다양하며 대학마다 설립목표와 인재상이 있다. 그러나 획일화된 잣대와 정책, 획일화된 법적 규제 등으로 설립이념 등 대학의 특성과는 상관없는 모습으로 만들어 대학의 특성화가 실종되었다는 것이다. 2018년 대학기본역량진단 결과와 대학혁신지원사업이 연계된 것처럼 2021년 대학기본역량진단 결과가 일반재정지원사업 대상 여부와 연계되기 때문에 대학은 일반재정지원사업 대상으로 선정되려면 과거와 마찬가지로 진단지표 맞추기에 매몰될 수밖에 없다. 교육부가 2020년 1월에 발표한 대학혁신지원사업 연차평가지표(안)에서 핵심성과지표의 달성 정도(재학생 충원율, 전임교원 확보율, 교육비 환원율, 총 강좌수)가 총점의 25%를 차지한다.

대학평가는 미래를 향한 대학의 특성화와 대학교육의 다양화에 초점을 맞춰야 한다. 특히 앞으로 새로운 표준이 될 오프라인과 온라인에 의한 블랜디드(blended) 환경에서 글로벌 차원에서 확대될 다양한 대학 간 공유시스템 구축에 정책적 관심을 키워야 한다. 중요한 것은 대학이 스스로 다양한 발전 모델을 찾아내고 교육과 연구의 질 보장 및 개선체제를 확립하게 하여, 대학의 사회적 책무를 다하게 하고, 정부는 대학이 자율적 질 개선을 통해 지속 발전이 가능하도록 지원하는 위치에 서야 한다. 앞으로 국내외 대학들은 다양한 공유 모델로 새로운 대학으로의 진화를 이루어 갈 것이다. 2015년에 1억6000만명이었던 전 세계 대학생 수가 2030년에 4억1000만명으로 늘어날 것으로 추산되며, 기존의 브랜드 가치가 높은 소수의 글로벌 대학 플랫폼이 앞으로 전 세계의 고등교육 시장을 장악할 수 있음에 대비해야 한다.

이를 위해 미국과 영국 등 선진국의 접근방식을 적극 검토해봐야 한다. 미국의 경우 민간 비영리단체인 교육인증협회(Council for Higher Educations Accreditation)가 대학인증평가를 주관하며, 대학의 사명과 목적, 발전계획, 교육프로그램, 교수·학생, 교육시설·재정 등으로 대학을 평가한다. 영국은 고등교육평가원(Quality Assurance Agency for Higher Educations)을 중심으로 영국 고등교육 품질기준(The UK Quality Code for Higher Education)에 따라 대학인증평가가 실시된다. 이들은 전통적으로 대학의 사명에 따른 평가를 강조했으며, 평가준거 또는 평가기준을 비교적 광범위하게 제시하여 대학이 자체 평가보고서를 대학 사명, 교육목적, 교육목표 등에 근거해 자유롭게 기술할 수 있도록 하여 대학의 다양성 반영을 적극 유도한다.

대학평가는 다양성과 합목적성 중심으로 이루어져야 한다

그동안 각종 국내외 대학평가에서 정량지표는 평가의 객관성, 자료 수집의 용이성, 변별력 등에 따른 선택이었는데, 합목적성과는 대개 거리가 먼 것이었다. 정량지표 중심의 평가는 합목적성의 결여와 대학이라는 기관과 구성원 모두를 획일화시킨다는 점에서 큰 문제점들을 안고 있다. 사실 그동안 정량 중심의 평가지표는 대학의 특성화와 대학교육의 다양화에 걸림돌이 되어 각 대학의 발전을 저해하기도 하였다. 더 나아가 정부가 종종 활용해온 정책유도 지표는 대학 평가에서 그동안 중요한 비판 대상 중의 하나다. 정부는 그동안 학부제, 구조조정, 총장선출 등을 비롯한 여러 관련 정책들을 대학에 '권장'하기 위해 정책유도지표를 가산점 항목 등으로 평가에 포함시켜왔다. 이는 대학들을 무리하게 획일적인 방향으로 몰아가, 대학의 본질과 자율성은 물론 대학 내부 시스템 자체가 더 나빠지기도 하여, 정부에 대한 신뢰를 떨어트리곤 했다. 이제 정부의 정책 유도지표는 지양되어야 한다.

이제는 대학 평가는 합목적성을 중시해야 하며, 정량지표는 지양해야 한다. 결국 모든 대학을 획일화시켜 대한 운영시스템을 경직되게 하여 새로운 시도들을 자유로이 펼쳐나갈 수 없다. 그런데 대학 평가에서 다양성, 합목적성 중심의 평가를 이루어갈 수 있다. 예를 들어, 잘 가르치는 대학(ACE) 사업에서는 정량지표는 최소화하고, 이를 일종의 자격기준화 시키며, 합목적에 초점을 둔 정성지표 중심의 평가는 바람직한 시도였다. 평가자들이 이 사업의 철학과 목표를 먼저 정확히 이해하도록 하고, 평가과정 자체를 깊이 있는 토론이 원활히 이루어지도록 하여 개별 대학의 특성을 존중하며 그 변화의 방향과 흐름을 읽어 주는 일이었다. 물론 많은 에너지와 시간을 투자해야 하는 일이었지만 평가자들 자체도 큰 보람을 느끼게 하였다.

대학평가 자체에 대한 투자를 확대해야 한다

이러한 다양성, 합목적성 중심의 평가 환경을 만들기 위해서는 평가자들이 제대로 준비되어야 한다. 평가자의 전문성, 평가과정에 대한 재정적, 시간적 투자의 확대는 기본 요건이 된다. 대학에 대한 평가에서 기본적으로 중요한 것은 평가지표가 합목적성과 개별 단위의 특성을 반영하는 맞춤형이며, 이러한 합목적성, 맞춤형 평가에서 신뢰성, 공정성, 합리성을 확보하기 위해서는 평가자들의 태도와 역량에 주목해야 한다. 이들이 평가에 대한 취지와 목적을 깊이 이해, 공감하고 그리고 평가 자체에 대한 전문성이 준비되어야 한다. 이를 위해서는 평가에 대한 객관성, 일관성, 전문성 등을 지켜나갈 수 있도록 평가자들에 대한 철저한 교육과 이들이 평가에 지속적으로 참여하여 연륜을 쌓아가게 해야 한다.

4. 교육에 대한 독립적 플래닝 타워

교육에 대한 긴 안목의 철학과 전략이 필요하다

그동안 교육정책은 5년 단위 정부, 대선공약 중심으로 추진되었다. 이에 따라 정책, 제도의 철학이 흔들리고 일관성 없이 여러 가지 어려운 문제들은 계속 반복되고 교육현장은 더욱 혼란스러워져왔다. 교육정책의 큰 방향은 정권을 넘어 대한민국 차원의 철학을 세우고 장기적 안목의 비전과 전략을 그려야 한다. 그리고 이를 성취하도록 관련 기관들이 역할 분담을 명확히 하여 시너지를 극대화해야 한다.

그런데 대학 발전에 매우 중요한 대학재정지원사업만 하더라도, 교육부 외의 다른 부처와 지방자치단체에서도 별도의 사업들이 국가 차원에서의 일정한 방향이나 목표 없이 시행이 되고 있다. 예를 들어, 과학기술정보통신부의 소프트웨어 중심대학지원사업, 정보보호 특성화대학지원사업, 고용노동부의 일학습병행제(IPP)지원사업, 대학창조일자리센터사업, 중소벤처기업부의 중소기업 계약학과지원사업, 창업선도대학육성사업, 산업통상자원부의 창의융합특성화 인재양성사업, 공학교육혁신지원사업, 환경부의 기후변화특성화대학원 지원사업, 보건복지부의 제약산업 및 의료기기산업 특성화대학원지원사업 등 이루 다 나열하기조차 힘들다. 그리고 계속해서 새로운 사업들이 여기 저기 등장한다. 지방자치단체의 경우에는 중앙부처 대응투자사업과 자체 재정지원사업으로 구분된다.

정치로부터 독립적인 플래닝 타워가 필요하다

그러면 정부의 각 부처 및 지방자치단체를 아우르며 국가 차원의 큰 방향과 전략을 가지고, 일관성과 지속성을 유지하며 발전시켜나가는 교육정책은 누가, 어떻게 결정하도록 하는 것이 바람직한가? 이와 같은 국가적 과제는 오랫동안 제기되어 왔고, 현 정부에서는 국가교육회의를 발전시켜 국가교육위원회를 만들고자 노력하고 있으나 여러 논란이 있다. 2020년만 하더라도 네 가지의 법률안이 발의(국회 (2020), 대표발의: 안민석 의원(6. 5), 정청래 의원(7. 13), 유기홍 의원(9. 10), 강민정 의원(9. 16)) 되었는데, 논란의 핵심은 정부, 국회, 언론 등으로부터 영향을 받지 않는 교육에 대한 독립적이면서도 집행에 대해서도 큰 영향력을 가진 플래닝 타워를 만들 수 있느냐다.

2020년 9월 국회 교육위원회는 「국가교육위원회 설치 및 운영에 관한 법률(안)(이하 법안)」을 발의한바 있다.(국회, 2020) 이 법안의 제1조(목적)은 "국가교육위원회를 설치하여 교육정책이 사회적 합의에 기반하여 안정적이고 일관되게 추진되도록 함으로써 교육의 자주성·전문성·정치적 중립성을 확보하고 교육발전에 이바지함을 목적으로 한다"고 규정하고 있다. 이 위원회는 대통령 및 기타 권력 기관으로부터 실질적인 독립성을 확보해 장기적이고 일관된 교육 정책의 실행과 안정성을 유지하는 것이 필수적이라는 의미를 담고 있는 것이다. 그런데 위원회 구성방안을 보면, 총 21명 중 대통령 추천이 5명, 국회가 8명, 교육부의 관리 하에 있는 대교협과 전문대교협이 2명, 교육부 차관 등으로 되어 있어 사실상 정부 여당의 교육권력기구가 되어, 제1조에 내세운 정치적 중립성은 애초부터 불가능하다는 것이다.

그러므로 국가교육위원회에서 가장 중요한 독립성과 권한, 그리고 임기와 위원의 구성 등에 대한 이슈는 새롭게 설정되어야 한다. 이는 기본적으로 다양한 영역의 초당적 전문 인사들로 구성되는 준헌법기관 국가교육위원회(가칭)를 대통령 기구로 설립하여 임기 10년을 보장하는 것이 바람직하다고 본다. 물론 이는 정치권의 합의로 만들어져야 실질적인 영향력이 있을 것이다. 그리고 이 위원회는 아래와 같은 거버넌스로 재구조화하고 관련 기관 및 당사자들의 기능과 역할을 명확히 재조정해야 한다.

그림 2-3 국가교육 플래닝 타워

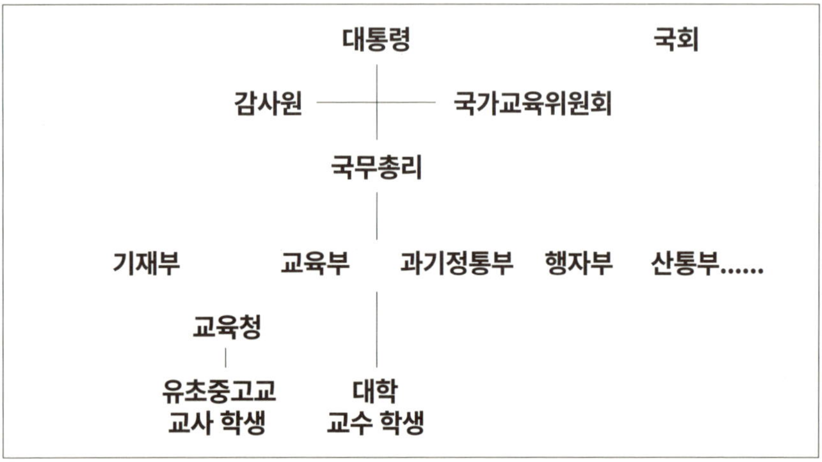

국가 교육위원회	• 위상: 대통령 소속 준헌법기관으로 인사, 재정을 포함한 독립성과 자율성 보장 • 구성: 다양한 영역에서의 전문가 추천(균형과 조화로 정치적 중립, 위원 임기 10년) • 기능: 국가 교육에 대한 철학, 비전, 전략 수립 및 사회적 합의 도출 국가 차원의 중장기적 인재 경영, 정책(제도, 예산) 방향에 대한 통합 기획조정 예) 국가 차원의 인재상, 목표 및 전략(정치 및 이념으로부터 독립), 수평적 협업 구조, 권한과 책임의 균형(중앙-지방, 단위 기관 간 인사와 조직, 교육과정 등), 또한 유·초·중등교육, 고등교육, 평생교육을 전담하는 세 개의 '소위원회'를 구성하여 각 영역에 대한 전략, 정책을 주관하도록 운영해야 할 것이다
교육부	• 국가 단위 정책에 대한 현장중심의 실천 계획 수립 및 지원: 전문성 강화
교육청	• 지역 단위 정책에 대한 현장중심의 실천 계획 수립 및 지원: 전문성 강화
단위 교육기관	• 자체 특성을 키울 수 있는 자율적 종합계획 수립 및 추진

5. 대학-정부의 수평적 협업관계

정부와 대학은 협업적 관계로 대전환해야 한다

거버넌스(governance)는 1980년대부터 대두된 통치 시스템의 개념으로 아직 정의에 대한 학문적 합의는 없지만, 1990년대 부터는 민주적 거버넌스가 중시되고 있다. 국가 거버넌스란 정부 정책을 만들고 실행함에 있어, 조직 자체보다도, 시장-정부-시민사회의 다양한 이해당사자가 자율성을 기반으로 수평적 동반자로서 참여하여 서로 협력하는 네트워크를 의미한다. 즉, 서로 역할을 명확히 분담하며 협업하는 생태계를 만드는 것이다. 그런데 이는 결과적으로 국민에게 혜택이 돌아가는 것이어야 함을 의미한다. 교육 거버넌스도 궁극적으로 학생에게 혜택이 돌아가는 것이어야 한다. 이는 한 학생을 변화시키는 일이다.

이제 정부는 정책 결정 및 추진 과정에서 다양한 정책 참여자 간의 이해관계를 명확히 확인 조정하고 연결하는 새로운 운영방식을 선택해야 한다. 즉 거버넌스의 본질적 의미를 반영하는 고등교육 정책 환경으로 변화시켜 정책의 민주성을 확보하여 수평적 협력관계를 통해 시너지를 키우며 정책이 성공적으로 추진되도록 해야 한다. 대학에서의 교육과 연구의 질을 높이는 일은 시급한 과제이며, 더욱 중요해지고 있다 그러므로 정부는 이제 대학이 스스로 노력을 기울이며, 각자 특성에 맞게 교육의 질을 높이고 경쟁력을 높일 수 있도록 적극적으로 뒷받침해 주고 북돋워줘야 한다. 대학이 실질적인 경쟁력을 높이려면 대학이 자발적으로 뛰어갈 수 있는 기회와 동기를 제공해야 하는 것이다. 즉 대학의 자율을 존중하고 정부 간섭은 최소화하도록 규제적 환경을 대폭 개선해야 한다.

무엇보다도 교육관련 당사자들 사이는 수평적 동반자 관계가 이루어져야 한다. 이는 거버넌스의 본질 자체로서, 시대정신인 협업을 극대화하는 것이다. 가장 힘이 센 기획재정부, 감사원, 국회는 물론 교육부 등의 부처, 교육청 그리고 단위 교육기관의 소속 구성원들이 단순한 갑-을 관계를 넘어, 각 단위의 자율성을 기반으로 힘의 균형과 조화가 이루어질 수 있도록 각자의 기능, 역할을 재설정하여 진정한 협업을 구현시켜야 한다. 특히 정부는 관리에서 지원으로 대전환하는 것이다. 서로가 국가 차원에서 거침없이 수평적인 토론을 활발하게 이루어갈 때 창의적인 거버넌스가 형성되는 것이다.

대학 경쟁력은 대학 자율에 맡겨야 한다

대학의 자율성은 그 자체로서 가치를 가지는 것이 아니라, 대학의 사명을 구현하기 위한 기본요건이라는 점에서 필수적이다. 지금은 사회 모든 분야에서 다양성, 유연성이 요구되고 있기 때문에, 자율성에 기반을 둔 자치와 협업으로 전환하는 시대이다. 그런데도 대학 운영은 여전히 정부가 정책의 효율성만 추구하며 갑의 위치에서 획일적으로 간섭하고 규제하고 있고 더 심화되고 있다는 비판을 받기도 한다. 이는 시대적 흐름과도 맞지 않는 것이다. 사실 그동안 고등교육 정책의 설계 과정에서도 대학의 의견이 제대로 반영되지 못하는 의사결정 구조 때문에, 결국 대학의 자율성에 제한을 받게 되고, 장기적인 안목에서 일관성을 가진 방향을 가지고 미래를 설계하며 나름대로의 특성화 정책을 추진해나가기 보다는 단기적인 성과 중심의 사업에 치중하게 되었던 것이다. 이러한 대학 학사행정의 세세한 분야에까지 일일이 간섭하며 책임을 추궁하는 획일적인 규제와 통제 기반의 대학 정책이 오히려 대학의 비약적인 발전에 족쇄가 되어 속도를 더디게 하였고, 이는 오늘날 대학의 권위가 크게 떨어지고 교권이 실추된 배경이 되기도 했다는 평가다.

이를 위해서 정부는 학생선발, 재정지원, 등록금 책정, 총장 선출권에 이르기까지 모든 학사행정을 대학의 자율에 맡겨야 한다. 이제는 수십 년 동안 계속되어 온 규제와 통제의 관행을 과감히 청산해야 한다. 교육 분야의 개혁에는 늘 신중해야 하지만 시대와 조류에 역행하는 제도라면 과감하게 바로 잡는 결단 또한 중요하다.

고등교육 관련 법령 체계 및 내용을 대학의 자율과 책임이라는 가치 중심으로 재정비하여야 한다

고등교육 관련된 법령 체제는 <헌법> 제31조 ④항 “교육의 자주성·전문성·정치적 중립성 및 대학의 자율성은 법률이 정하는 바에 의하여 보장된다.”와 <고등교육법> 제5조(지도·감독) ①항 “학교는 교육부장관의 지도(指導)·감독을 받는다.”에서 출발하는 것 같다. 여기에서 보면, ‘대학의 자율성’은 최상위법인 <헌법>에서 보장하고 있는데, 현실은 그 하위법인 <고등교육법>에서의 ‘장관의 지도·감독을 받는다.’가 더 위력을 발휘하고 있다. <고등교육법> 제6조(학교규칙) ①항은 “학교의 장(학교를 설립하는 경우에는 해당 학교를 설립하려는 자를 말한다)은 법령의 범위에서 학교규칙(이하 "학칙"이라 한다)을 제정하거나 개정할 수 있다.”고 하였고, <고등교육법 시행령> 제4조(학칙) ①항에는 법 제6조에 따른 학교규칙(이하 "학칙"이라 한다)에는 다음 각 호의 사항을 기재하여야 한다.”고 하며, 전공의 설치, 수업일수, 모집단위간 이동, 성적의 관리, 교수시간, 수업료·입학금 기타의 비용징수 등이 포함된 17개 항목을 나열하였다. 이러한 내용들이 학교의 장이 다 할 수 있는 것처럼 되어 있으나, '법령의 범위에서'라는 단서가 붙어 모든 것을 교육부가 관여할 수 있게 되어 있다.

변화의 속도가 빠른 4차 산업혁명시대는 물론 코로나19 사태가 가져온 비대면 환경의 도래에 발 빠르게 적응하기 위해서는, 이를 법적으로 뒷받침하는 미래 대비형 체계 도입이 시급하다. 현재 우리 정부는 현재 수십 년 전의 규정, 규제들의 틀을 대부분 그대로 유지하고 있으며, 매우 복잡하게 얽혀있는 규정, 절차의 정글에 빠져 있어서 대학 관련자는 물론 공무원 스스로도 급변하는 변화에 부응하기 어렵다. 그러므로 고등교육 관련 법령 체계 및 내용을 새로운 차원에서 대대적으로 재정비하여야 할 때다. 특히 시대적 변화가 요구하는 다양성, 맞춤형, 자율성, 공유, 협업 등의 요소들이 제대로 자리 잡기 위해서는 규정, 규제들의 기본 틀 자체를 negative 관점으로 대전환해야 하며, 이와 관련되는 성과와 평가의 개념을 새롭게 정의해야 하며, 감사 기능을 재정의, 재구조화하는 일은 매우 절실한 과제다. 미국은 수년전 감사원의 이름을 general accounting office에서 government accountability office로 바꿨다.

IV. 정책제언

이 글에서는 미래를 대비하는 한국 교육의 혁신은 대학에서 출발해야 한다는 관점을 가지고, 우리의 교육이 시대적인 변화와 요구에 제대로 부응하기 위해서는 우선 대학을 둘러싼 생태계가 크게 변해야 함을 강조하였다. 이러한 관점에서 한국 교육혁신의 기본 방향과 과제는 정부와 대학의 새로운 관계에서 찾고자 하였다. 2017년 1월 미국 오바마 대통령은 퇴임에 즈음하여 그동안 나는 정부의 정책, 제도에 대해 국민들에게 이해, 설득시키려 하지 않았다. 내가 초점을 맞춘 것은 국민들의 뜻과 기대를 이해하고, 이를 정부에게 이해, 설득시키려고 노력한 것이다."라고 하였다. 여기에서 우리는 정부와 대학의 관계, 그 거버넌스의 의미를 새롭게 인식하고, 우리나라 국가 운영 생태계에 신선한 메시지로 받아들여야 할 것이다. 이는 바람직한 민주주의 정신에 기반을 두는 협업 개념이며, 4차 산업혁명의 정신이기도 하다.

산업화 시대에는 일사불란한 조직이 중요했지만, 지식정보시대에는 한 사람 개인의 상상력, 창의성이 핵심요소이므로 다양성, 맞춤형, 유연성을 중시해야 한다. 그러므로 조직, 제도, 정책의 운영 자체보다, 먼저 현장 사람에 초점을 맞춰야 하며, 이들의 역량, 관계 그리고 이들을 움직이게 하는 가치, 문화를 생각해야 한다. 이것이 오늘의 시대에 요구되는 거버넌스이며, 의미와 가치 있는 일에는 힘들어도 달려든다는 Z세대의 마음을 얻는 일이다.

중요한 것은 대한민국의 교육과 연관되어 있는 모든 당사자들이 어떻게 새로운 변화에 대해 공감하며, 서로의 역할을 확인하고 존중하며, 각자의 위치에서 가장 적합한 역할을 하도록 할 것인가이다. 정부와 대학은 갑-을 관계가 아니라, 협업적 동반자로서 시너지를 극대화시켜야 한다. 이를 위해 교육 관련 거버넌스에 대한 새로운 철학과 원칙을 재정립하고 이를 기반으로, 생각하고 일하는 방식을 재구조화해야 하는 것이다.

먼저 대학은 사회와 세계 인류 번영에 기여할 수 있는 인재를 배출해야 하는 교육기관으로서의 소명을 최우선에 두어야 한다. 그리고 대학은 이를 책임지는 독립적이며 능동적인 공동체로서 국민의 신뢰를 만들어내며, 교육관련 거버넌스에 정치가 개입되지 않도록 당당히 나설 수 있어야 한다.

저출산·고령화시대에 국민 한 사람의 역량과 생산성을 높여야 국가 전체의 경쟁력이 제고될 수 있다. 특히 정부는 고등교육에 대한 투자는 공공 수익과 연계된다는 점에서 대학에 대한 재정지원의 가치를 새롭게 인식하며 투자를 확대해야 한다. 그리고 이러한 재정투자는 방향성을 가지고 장기간 안정적으로 제공하여, 교육과 연구가 우리 사회와 지구촌에 실질적인 가치와 영향력을 창출할 수 있게 해야 할 것이다.

그런데 이러한 노력의 과정에서 가장 중요한 과제는 평가의 목적과 방식이 제대로 뒷받침해줘야 한다는 것이다. 기본적으로 교육과 연구의 성과에 대한 궁극적 관심은 그 미래 가치와 영향력에 두어야 하며, 이를 평가할 수 있는 시스템에 대한 투자를 확대해야 한다. 특히 평가 내용과 방식은 기존의 획일화된 틀을 벗어나, 개인 또는 대학의 특성과 차이를 존중하는 다양성을 수용하며, 합목적성을 견지하며 이를 키워나가는 방향으로 대전환시켜야 한다.

이러한 고등교육 관련 생태계를 위한 성공적인 거버넌스의 기본 요소는 구성원 모두가 교육에 대한 철학과 전략을 세우고 공유하는 일이다. 그래야 국가 차원에서 모두가 하나의 큰 흐름을 만들어갈 수 있다. 대한민국의 미래를 결정 짓는 교육에 대한 큰 방향은 긴 안목에서의 혜안이 필요하다. 특히 오늘과 같이 미래를 예측조자하기 어려운 급변하는 대전환의 시대에는 더욱 그러하다. 그러므로 이제는 정치에 영향을 많이 받아왔던 교육에서, 정치로부터 독립적인 교육이 되도록 해야 한다. 독립적인 플래닝 타워가 요구되는 이유다.

팬데믹 사태 이후로 전개될 브랜디드 환경에서는 갈수록 대학의 개념과 생존 방식이 다양화될 것이다. 이제는 대학 경쟁력은 다양한 관점에서 이해하여야 하며, 대학 경쟁력은 정부가 하나의 틀로 이끌어갈 수 없고, 대학 스스로 만들어가야 함을 받아들여야 한다. 이를 위해 정부는 오프라인 시대의 유물이 되는 관련된 규제와 관행을 포기하고, 미래 변화에 적합한 플랫폼을 구축해야 한다.

오늘을 책임지는 세대는 다음 세대에 지금까지의 엉켜진 모습을 그대로 넘겨주면 안 된다. 100년 전 도산 안창호 선생은 상해에서 언제 되찾을지 모르는 막막한 상황에서도 독립을 바라보며, 교육의 중요성을 강조하였다. "우리나라가 왜 외적에게 망하였느냐 하면, 우리의 지식이 저들보다 짧았기 때문이다. … 우리 청년이 하루 동안 학업을 폐하면 그만큼 국가에 해가 되는 것이다. 독립을 위하여 공부를 게을리하지 않는 이야말로 독립의 정신을 잃지 않는 자이다." 교육은 나라 일이며, 다음 세대에 더 좋은 세상을 넘겨주는 일이다. 오늘은 제4차산업혁명, 팬데믹 시대라는 역사적으로 더 어려운 시기이기에, 기성세대는 어떤 어려움이 있더라도, 이를 위해 마음과 지혜를 모아야 한다. 우리는 이를 대의로 받아들여야 한다. 지구촌 공동체에서 우리나라를 어떤 나라로 만들어갈 것인가?, 어떤 가치를 추구하는 사회를 만들 것인가?, 어떤 능력과 소양을 키울 것인가?라는 질문에 교육에 대한 다양성, 자율성 기반의 국가 거버넌스 혁신으로 답을 할 수 있어야 한다.

인생 다모작을 위한 평생직업능력개발

1. 현황 및 주요 이슈

우리나라의 실질 은퇴연령은 2018년 기준 남성 72세, 여성 72.2세로 지속적으로 증가하고 있다. 신중년 집단의 건강수명이 젊어지고 이들은 여전히 일할 의지가 있으며 경제활동 가능 주기도 길어지고 있다. 이러한 사회적 변화에 따라 재취업을 위한 전직지원, 대상별 맞춤형 지원, 평생학습 지원 등 모든 국민의 전생애에 걸친 평생직업능력개발에 대한 관심이 증가되고 있다. 이러한 한국의 고령화 추세와 함께 평생직업능력개발과 관련된 사회적인 변화는 4차산업 혁명 등의 도래 등으로 대변되는 새로운 기술에 기반한 미래 사회의 도래에 기인한다. 디지털, 네트워크, 모바일, 유비쿼터스를 기반 삼아 건설된 21세기 지식기반사회에서는 지식과 정보가 빛의 속도로 이동한다. 이러한 변화의 가속화와 창조적 파괴의 일상화는 직업세계의 변화에서도 확인할 수 있다.

한국직업사전(제5판)에 따르면 1969년에 수록된 직업의 수는 3,260개에 불과하였으나, 2020년에 등재된 직업의 수는 1만 6891개로 5배 가까이 증가하였다. 특히 새로 등재된 270개의 신생 직업은 주로 4차 산업혁명 등 과학기술 발전, 고령화 등 인구학적 변화, 전문화 등 사회환경 변화, 정부 정책 등 제도변화에 따른 것이 많았다. 4차 산업혁명과 관련된 직업으로는 우리가 흔히 1인 크리에이터로 부르는 미디어콘텐츠창작자, 빅데이터전문가, 블록체인개발자, 인공지능엔지니어, 드론조종사, 디지털문화재복원전문가 등이 포함되어 있다. 이처럼 직업의 양적인 증가뿐만 아니라 동일한 직업 내에서 요구되는 지식이나 역량 역시 질적으로도 크게 변화하고 있어 과거에 학습한 지식으로 현업에서 전문성과 경쟁력을 지속적으로 유지하기란 힘든 일이 되어가고 있다.

고령화와 기술발전에 기반한 사회변화는 직업재교육의 필요성을 더욱 강화하고 있는데, 한 직종에서 오래 일하고 있더라도 업무수행에 필요한 직업기술이 계속 달라지고 동시에 많아지기 때문이다. 특히 현장 실무에 필요한 기술은 정규 교육과정보다도 빠르게 변화하고 있어 개인의 생존성을 확보하기 위해서는 평생에 걸쳐 이루어지는 자기계발이 더욱 중요해지고 있다. 나아가 지식기반 사회에서는 새로운 지식과 기술을 활용하고 재창출할 수 있는 역량을 갖추었느냐의 여부가 개인의 가치를 좌우하기 때문이다.

이러한 측면에서 평생직업능력개발은 은퇴한 뒤 새로운 직장을 잡고 근로생활을 영위하고자 하는 40~50대 이상의 세대에게만 필요한 것이 아니다. 직장생활을 시작한 사회 초년생이나 한창 직장내에서 자리를 잡고 역동적으로 일하고 있는 30대의 근로자에게도 평생직업능력개발은 직장 내에서 승진을 준비하거나 이직 및 업종 전환을 하기 위해 반드시 필요한 활동으로 볼 수 있다. 더 나아가 평생직업능력개발은 직장생활을 하였거나 하고 있는 개인들만이 아닌 일과 진로를 탐색하고 준비하는 학생들에게도 필요한 활동이다. 이와 같은 관점에서 평생직업능력개발이 일생동안 다양한 직업과 경력을 경험한다는 인생다모작의 개념을 고려하며 현황과 문제점을 진단할 필요가 있다.

1. 인생 다모작의 개념 및 평생직업능력개발의 역할

인생 다모작이란 개인이 자신의 역량 및 환경의 변화에 적응하고 직업의 전환과 혁신을 추구하며 일생동안 계속적으로 경력을 개발하는 과정을 의미한다. 과거에는 직업의 일관성을 유지하는 것이 다양성을 추구하는 것보다 더 의미있고 가치있게 여겨지는 시기도 있었다. 하나의 직업 혹은 한 분야에 전념하며 자신의 전문성을 계속해서 높여가는 일은 여전히 중요한 일이다. 하지만, 기술의 발전과 급변하는 사회 속에서 새로운 인생설계와 직업재교육의 필요성은 그 어느 때보다 공감을 얻고 있다. 중고령자들의 은퇴 이후 전직과 인생 후반부 경력설계를 의미하는 인생 이모작이란 단어가 회자되어 왔다. 이에 더하여, 이제는 은퇴자만이 아니라 자신의 적성과 관심에 맞는 진로를 찾아 직업능력을 개발하는 학생부터 새로운 업무와 직업을 찾는 젊은 세대의 직장인까지 원활한 진로 및 직업의 변경과 경력의 설계가 필요한 인생 다모작 시대가 도래한 것이다.

고용의 미래에 대해 연구하는 학자들은 4차 산업혁명 시대에 사람들이 평생 한 가지 직업만으로 살기 어려우므로 훈련과 재교육 즉 평생에 걸친 직업능력개발이 갈수록 더 중요해 질 것이라고 한다. 평생에 걸쳐 새로운 인생설계와 직업재교육에 대하여 고민하지 않으면 개인은 물론이고 기업도 생존하기 어려울 것이라는 지적도 있다. 인생 다모작이 개인과 기업에게 반드시 필요하다는 것인데, 이러한 인생 다모작이 사회의 지속가능성을 향상시키기 위하여 해결해야 하는 빈곤과 일자리 문제를 해결하는 열쇠도 될 수 있다는 것을 토론토 대학의 애닐 버마 교수는 제시하기도 하였다. 이렇게 인생 다모작이 사회문제 해결의 가능성을 가지는 측면에 주목하며 기업과 사회가 교육기관이 되어 불확실한 미래를 위험이 아닌 기회로 만들 수 있어야 한다는 주장까지 제기되고 있다. 인생 다모작이 비단 전통적인 교육기관이 아닌 국가 시스템 전반에 걸쳐 일어나야 하는 국가경쟁력 및 지속가능성 향상의 필수불가결한 요소임을 제시하고 있는 것이다.

그럼에도 불구하고, 인생 다모작은 우리 사회에서 아직 적극적으로 확산되지 못하고 있다. 이는 전통적으로 국내 교육에서 직업능력의 개발과 경력의 개발이 도외시 되거나 소홀히 여겨지는 풍토와 관행에서 이유를 찾을 수 있다. 우리는 흔히 100세 시대를 맞이하여 "30년 교육받고, 30년 일하고, 40년을 은퇴자로 사는" 시대에 살고 있다고 한다. 즉, 교육이 인생의 전반기에 집중되고 이후 평생에 걸쳐 직업 및 경력 상 필요에 따라 이루어지지 못하고 있다는 것이다. 자세히 살펴보자면, 학령기 시기에는 입시중심 교육체제로 인해 직업에 대한 준비교육이 다소 소홀하게 다루어지고 직업교육이 천시되는 문제가 발생한다. 이로 인해 OECD 주요 국가에 비해 입직연령이 지연되는데, 늦게 시작한 직업생활 시기에도 교육 및 훈련을 위한 지원시스템이 적절히 제공되지 않는 문제가 다시금 발생한다. OECD 최저 수준인 노동 생산성도 이러한 부실한 교육훈련 시스템에 연유하는 바가 클 것이다. 마지막으로, 은퇴 이후 시기에는 고령자가 급증함에도 불구하고 이러한 상황에 걸맞는 교육훈련의 기회가 부족한 현상이 나타나고 있다. 이러한 직업능력 교육의 부실과 불균형에 대해서 전문가는 우리나라 교육이 학령기에 입시중심으로 과다히 주어지고 이후 제대로 역할을 하지 못하는 동맥경화 상태에 놓여있다고 지적하기도 하였다.

이와 같이 직업능력의 개발과 경력의 개발이 중시되지 않는 교육체계 및 국가·사회 교육훈련 시스템에서 개인이 새로운 역량을 습득하고 직업을 전환하며 다양한 경력을 개발하는 것은 불가능하지는 않겠지만 매우 어려운 일이다. 그렇다면 어떻게 인생 다모작이 가능한 교육체계를 마련하고 국가·사회 교육훈련 시스템을 구축할 수 있을 것인가? 이렇게 구축된 평생직업능력개발 시스템은 과연 어떻게 우리 사회의 지속가능성과 다양성에 영향을 미칠 것인가? 이러한 질문들에 답하기 위하여 우선 평생직업능력개발을 생애단계 별로 파악하고 주요 이슈를 논의하고자 한다. 이후 논의를 기반으로 해외사례를 참고하며 향후 인생 다모작을 가능케 할 수 있는 평생직업능력개발의 정책 과제들을 제시할 것이다.

2. 생애단계별 평생직업능력개발 현황 및 주요 이슈

중등직업교육 단계 우리나라의 중등직업교육은 대표적으로 특성화고, 마이스터고 및 일반고 직업반 등에서 이루어지고 있다. 특성화고는 “소질과 적성 및 능력이 유사한 학생을 대상으로 특정 분야의 인재 양성을 목적으로 하는 교육 또는 자연현장실습 등 체험 위주의 교육을 전문적으로 실시하는 고등학교”를 의미(초중등교육법시행령 제91조)하며, 마이스터고는 “산업계의 수요에 직접 연계된 맞춤형 교육과정을 운영하는 고등학교”를 의미(초중등교육법시행령 제90조)한다. 또한, 일반고 직업반은 일반고 학생 중 대학진학이 아니라 취업을 희망하는 2학년(2학기) 및 3학년 학생을 위한 직업교육 과정이다(관계부처합동, 2019). 우리나라의 전체 고등학교 학생 중 특성화고와 마이스터고를 비롯한 직업계고 학생 수는 약 20% 정도이며, 이는 OECD 평균 45.9%(2014년 기준)와 비교할 때 높지 않은 수준이다.

특히 최근 중등직업교육 단계에서 최대 현안은 고졸취업 활성화이다. 이는 학생들의 다양한 꿈 실현, 경쟁 중심 교육 완화 및 일자리 문제 해결을 위해 매우 중요한 정책과제로 다루어지고 있다. 특히 대학 중심 지식 위주 교육에서 고졸취업을 희망하고 해당 분야의 소질을 가진 학생을 위한 맞춤형 교육과 새로운 성장경로 마련이 필요한 시점이며, 입시과열과 과잉학력 해소를 통한 사회적 비용 경감의 측면에서도 의의가 있다. 그러나 최근 꾸준히 상승하던 고졸 취업률이 현장실습 제도개선 등을 계기로 다시 하락하고 있다. 특히 특성화고 취업률은 2017년 50.4%에서 2018년 41.4%로 크게 하락하고 있는 현상에 대한 우려가 크다.

또한, 고졸취업과 관련한 학생과 기업의 근본적인 시각 차이가 존재한다. 학생 입장에서는 고교에서 원하는 직업교육을 받기 어렵고, 취업 후에도 열악한 일자리 및 낮은 임금, 군복무 등으로 인한 경력단절 등으로 사회적 자립이 곤란한 상황이다. 반면, 기업 입장에서는 중등직업교육 이수자의 직업역량에 대한 만족도가 낮고, 군복무로 인한 이직 우려, 신산업 분야에서 활동할 수 있는 고졸인력 부족 등의 문제가 있다.

표 3-1 직업계 고등학교 학생의 현주소

구분	주요 내용
상대적으로 어려운 경제적 여건	• 일반고 대비 저소득층 비율 2배 이상 *2017년 특성화고-일반고 저소득층(교육비 지원) 학생 비율: 28% vs 13%
낮은 수준의 기초학력	• 일반고 대비 기초학력 미달 비율 3~4배 이상 *(수학) 직업계고 15% vs 일반고 4%, (과학) 직업계고 9% vs 일반고 2%
학교 적응에 어려움	• 일반고 대비 학업중단 비율 2배 이상 *학업중단 학생 비율: 특성화고 2.6% vs 일반고 1.2% vs 고교 전체 1.4%
졸업 후 취업희망 높음	• 과반의 가까운 수가 졸업 후 취업 희망 *졸업 후 희망진로: 취업 45.7%, 진학 31.1%, 미결정 15.8%, 창업 2.2%, 기타 5.2%

자료: 관계부처 합동(2019.1). 고졸취업 활성화 방안(안).

이러한 문제를 해소하기 위해 최근 정부에서는 "고졸취업 활성화 방안(관계부처 합동, 2019.1)"을 발표 및 추진하는 등 다양한 정책적 지원 방안을 마련하기도 하였다. 발표된 방안에서는 미래직업능력과 기초소양을 겸비한 고졸 인재 육성, 고졸채용 붐 사회 전반으로 확산, 고졸성공 사회적 경로 정착 등을 목표로 학생들의 다양한 성장경로를 구현 및 지원하기 위한 노력을 추진 중이다. 특히 여러 관계부처의 협력적 관계 및 논의가 필수적이며, 향후에도 고교 직업교육을 위한 부처 간 협력을 다각적으로 모색할 필요가 있음을 강조하고 있다.

고등직업교육 단계 우리나라의 고등직업교육은 대표적으로 전문대학, 한국폴리텍대학 등에서 이루어지고 있다. 전문대학은 "사회 각 분야에 관한 전문적인 지식과 이론을 가르치고 연구하며 재능을 연마하여 국가사회의 발전에 필요한 전문직업인을 양성하는 학교"를 의미(고등교육법 제47조)하며, 폴리텍대학은 "학교법인 한국폴리텍에서 운영하는 대학의 총칭으로 고용노동부 산하 기능대학으로써, 학위과정인 다기능기술자과정 또는 학위전공심화과정을 운영하면서 직업훈련과정을 병설 운영하는 교육훈련기관"을 의미한다. 이와 같이 주요 고등직업교육기관인 전문대학과 한국폴리텍대학은 각각 교육부와 고용노동부의 관할 하에 운영되고 있으며, 과거부터 공통적으로 직업교육을 통한 사회적 안전망 기능을 통한 교육복지 실현 추구, 중소기업에 인력 공급, 성인을 위한 평생직업교육 제공, 공공직업훈련기관의 기능 수행, 신산업 수요에 맞는 전문직업인 양성 등의 역할을 수행하고 있다.

기본적인 전문대학 학제는 전문학사를 수여하는 2년제 일반학제로 시작되어 유아교육, 보건계열(물리치료, 치위생, 치기공, 작업치료, 임상병리 등 보건계열 학과), 일부 공학계열(전문학사) 등이 3년제, 2001년에 간호학과가 4년제 학사학위 정규과정으로 규정되었고, 1998년에 전문대학 졸업자 대상 학사학위전공 심화과정이 설치되어 있다. 전문대학은 2018년 기준으로 137개교가 설립·운영되고 있으며, 이는 전체 고등교육기관(340개교)의 40.3%에 해당하는 수준이다. 또한, 입학정원은 총 168,014명으로 고등교육 전체에서 34.5%를 점유하고 있다.

그림 3-1 일반대학과 전문대학의 학교 수 및 입학정원 변동 추이

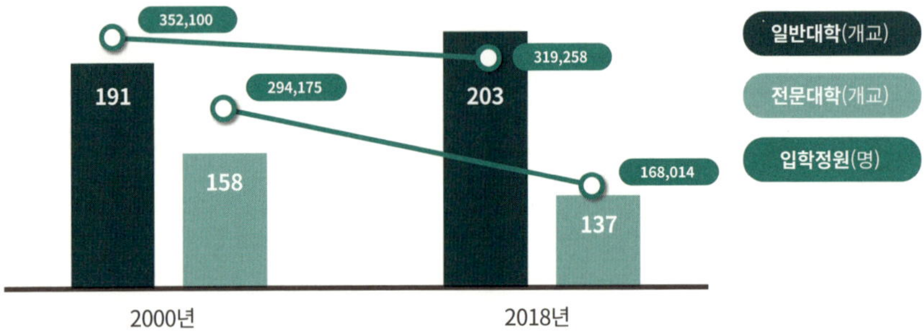

자료: 한국교육개발원 교육통계서비스(http://kess,kedi.re.kr/index)

한국폴리텍대학은 현재 전국에 8개 대학(수도권/제주, 경인, 강원, 충청, 전라, 대구/경북, 부산/경남, 특성화)과 34개 캠퍼스가 운영되고 있다. 재직자, 구직자, 성인학습자의 직업능력개발을 위하여 다양한 교육훈련 과정을 운영하며, 학위과정, 비학위과정, 단기과정, 다기능기술자과정, 학위전공심화과정, 기능장 과정 등을 제공하고 있다. 특히 양성훈련 프로그램에서는 민간부문에서 담당하기 어려운 국가기간산업, 신성장산업 분야의 다기능기술자, 기능인력 양성과 재직자 직업능력개발을 위한 향상훈련 등을 제공하고 있다.

그러나 고등직업교육 측면에서 전문대학과 한국폴리텍대학이 안고 있는 최대 현안을 몇 가지로 요약해보면 다음과 같다. 첫째, 고등직업교육 측면에서 전문대학과 한국폴리텍대학은 설립목적과 교육과정은 상이하나 지역을 중심으로 일부 중복되는 상황이며, 유사한 기능을 수행(두 기관 모두 학위 또는 비학위 직업교육 제공)하나 상호 연계는 미흡한 상황이다.

둘째, 전문대학과 폴리텍대학의 취업률은 양호한 편이나 유지취업률은 일반대학에 비해 상대적으로 낮은 문제가 있다. 이는 취업의 질(quality) 향상 및 괜찮은 일자리에 대한 발굴이 필요함을 시사한다. 2017년 기준으로 전문대학의 취업률은 69.8%, 폴리텍대학의 취업률은 79.5%로 일반대학(62.6%)보다 다소 높은 편이나, 취업자의 유지취업률은 일반대학에 비해 상대적으로 낮은 문제가 있다.

셋째, 평생직업교육 중심기관으로써의 역할이 강조되고 있으나, 전문대학은 학령기 학생 위주로 교육과정이 운영되어 성인학습자의 다양한 요구 충족에 한계를 보이고 있으며, 폴리텍대학 역시 공급자 위주의 직업훈련 프로그램을 제공하여 성인 학습자 등 다양한 수요자의 니즈에 적합한 프로그램을 다양화하지 못하고 있는 한계도 존재한다. 특히 전문대학의 경우 학위과정에 등록하는 성인 학습자의 비율은 수년째 정체 상태에 머무르고 있다.

넷째, 주5일제 근무의 확대로 인한 여가 활동 패턴 변화, 직업주기의 단축, 산업체 및 지자체 등과 연계한 다양한 평생교육과정 개설 등으로 평생교육 수요 창출이 예상되고 있으나, 대학부설 평생교육원[1]의 교육인원은 2010년을 정점으로 정체 혹은 감소 추세에 있다.

1 대학부설 평생교육원: 평생교육법 제30조에 따라 대학의 인적, 물적 자원을 활용하여 대학생 또는 대학생 이외의 자, 특히 성인을 대상으로 하는 시간제등록, 자격 취득을 위한 직업교육과정, 공개강좌 등 다양한 학위 및 비학위과정의 평생교육과정을 운영하는 학교 부설 시설

성인 직업훈련 단계 우리나라의 직업훈련은 근로자에게 직업에 필요한 직무수행능력을 습득 및 향상시키기 위하여 실시하는 훈련으로써 학교 졸업 후 입직 이후 혹은 학교가 아닌 기관에서 주로 성인을 대상으로 제공되는 프로그램을 의미하며, 고용노동부를 비롯한 다양한 정부부처에서 제공하고 있다. 직업훈련을 제공하는 기관은 크게 민간훈련기관과 공공훈련기관으로 구분할 수 있으며, 총 7,313개 기관이 운영되고 있다. 민간훈련기관은 사업주, 사업주단체 등의 시설 3,450개, 학원 1,602개, 지정직업훈련시설 748개 등 총 7,228개소에서 제공하고 있으며, 공공훈련기관은 폴리텍대학 37개, 한국기술교육대, 타부처·지자체 훈련기관 42개 등 총 85개 기관에서 제공하고 있다. 또한, 고용노동부를 통해 제공되고 있는 주요 직업훈련 사업은 대상에 따라 실업자 훈련과 재직자 훈련으로 크게 구분할 수 있다.

성인 대상 직업훈련 및 평생학습 측면에서 직면하고 있는 현안은 다음의 몇 가지로 요약해볼 수 있다. 첫째, 성인기 인적역량 확충에 필요한 평생학습 참여율이 저조하고, 이로 인해 중장년층의 급격한 역량 하락 현상이 발생하고 있다. 직업관련 평생학습 참여율은 2004년 12.7% 수준에서 2017년 17.3% 수준으로 상승하였으나, 전체적인 평생학습 참여율은 매년 35~40% 수준으로 나타나고 있으며(e-나라지표), 이는 OECD 국가에 비해 상대적으로 매우 낮은 수준이다. 특히 우리나라의 경우 나이 차이에 따른 스킬수준의 격차가 상당하다. 대부분의 국가에서 나이대가 늘어남에 따라 인적자본 감가상각률이 증가하기는 하지만, 우리나라의 경우 연령 증가에 따른 감가상각률이 매우 큰 편이다. 한국과 대비되는 국가가 영국인데, 한국과 스킬수준은 비슷하지만 감가상각률은 매우 낮은 편이다. 이는 영국의 경우 정규교육을 통해 축적한 인적자본은 한국에 비해 크지 않지만, 그것을 잘 관리하고 있고 오히려 추가적으로 축적되고 있는데 비해 우리나라의 경우 정규교육을 통한 인적자본 축적은 크지만 그것의 감가상각 역시 심각하다고 해석할 수 있다.

둘째, 학령기 중심의 취업준비 정책이 대부분으로 입직전 진로교육, 입직후 경력개발, 이·전직 및 퇴직 후에 이르기까지 개인의 생애단계별 맞춤형 지원정책이 다소 부족한 상황이다. 특히 직업훈련의 경우 생애단계별로 직무역량 습득 및 향상을 다양한 방식으로 지원하고 있으나, 고용보험 미가입 자영업자 및 특고 등 일부 제도적 사각지대도 존재하고 있다. 이는 대부분의 직업훈련 사업은 기업이 납부하는 고용보험기금이 기반이므로 고용보험 미적용자에 대한 제도적 사각지대와 훈련격차의 문제가 지속 발생하고 있는 것이 그 원인으로 볼 수 있다.

셋째, 중소기업 재직자들의 실질적인 능력개발 여건 및 훈련기회는 여전히 부족한 실정이다. 2015년 기준 사업주 직업능력개발 지원사업의 참여율을 보면, 대기업은 55.1%인데 비해 중소기업은 4.7%에 불과한 실정이며, 이러한 현상은 중소기업의 자체 여건 및 역량 부족, 장시간 근무, 후학습 체계 미흡 등의 다양한 원인에 기인한다고 볼 수 있다.

넷째, 직업훈련이 수요자(기업, 훈련참여자)가 아닌 공급자(훈련기관) 중심으로 운영되어 산업계 수요와의 괴리가 발생하고 있다. 이러한 현상은 훈련기관의 대부분이 민간기관이나 대부분 정부지원사업에 의존하고, 자체 경쟁력 확보를 위한 투자 확대보다는 영업활동에 치중하는데 그 원인이 있다고 볼 수 있다. 특히 연간 훈련인원이 100명 미만인 훈련기관이 전체의 절반 이상을 차지하는 등 훈련기관이 대부분 영세하고, 훈련의 전달자인 교·강사의 처우 및 역량 수준도 미흡한 상황이다.

표 3-2 생애단계별 평생직업능력개발의 추구목표 및 문제점 종합

단계별	중등직업교육	고등직업교육	성인직업훈련
추구 목표	• 직업기초역량 강화 • 직업교육의 비전과 성장경로 구축 • 진로지도 내실화 • 교수·학습 방법과 교육과정 혁신	• 고숙련, 전문인력 양성 체계 구축 • 제4차 산업 전공, 학과, 교육과정 제공 • 성인 평생학습 기능 강화	• 성인·신중년·취약 계층의 S-to-W, W-to-S 활성화 • 경력개발을 위한 맞춤형 컨설팅과 정보 제공 내실화
문제점	- 정책사업의 중복성 검토와 부처 간 협력 부족 - 직업교육의 비전 미흡 - 직업교육 학제의 경직성, 단계별 분절성 - 산학협력 기반 구축 미흡 - 전통산업 학과 집중 - 직업교육훈련의 사회안전망 기능 부실 - 고등직업교육의 정체성 불확실 - 공급자, 사업주 중심의 직업교육훈련 - 체계적이고 현실적인 성인직업교육 시스템 미구축 - 교원(교수자)의 전문성 미흡과 역량개발 체계 부족 - 직업교육훈련에 대한 재정지원 미흡 - 중소기업 등 재직자의 지속적 직업능력개발 체제 부실 - 직업교육훈련의 품질과 성과 미흡 - 직업교육 플랫폼 부재, 효율적 거버넌스체제 미흡, 컨트롤타워 부재, 재정지원 미흡, 중·장기적 직업교육정책 미흡, 기술변화 속도를 제도와 시스템이 따라가지 못함.		

자료: 정지선 외(2017). 미래사회 변화에 대응하는 평생직업교육 정책방향. 한국직업능력개발원.

II. 미래 발전방향 예측

1. 미래 사회 변화와 평생직업능력개발

2019년 국제노동기구 ILO는 창립 100주년을 맞이하여 일의 미래 보고서(Work For A Brighter Future: Global Commission On The Future Of Work)를 작성하였다. 이 보고서는 현재 진행되고 있는 여

러가지 변화를 인간이 기회로써 활용하기 위해서는 개인의 평생교육에 대한 권리를 보장받아야 한다고 주장하고 있다. 이는 신기술이 야기한 새로운 일에 대한 접근 가능성을 여는데 핵심적인 요소가 있다. 이 보고서에 따르면, 평생교육은 유아기 조기 기초 교육부터 성인 교육까지 공식적, 비공식적 교육과 함께 기초, 사회, 학습 인지능력과 특정 일자리, 직종에 필요한 기술을 아우른다.

특히, 평생직업능력개발은 일에 필요한 기술을 학습하는 것 이상을 의미한다. 청년과 실업자를 비롯한 고령자와 기타 취약계층을 노동시장으로 유입시킬 수 있는 경로를 제공하는 것이다. 이에 평생직업능력개발은 사회를 변혁하는 잠재력을 가질 수 있다. 교육훈련에 대한 투자는 사회의 이동성을 높이고 다양한 세대에 직업선택의 폭을 넓혀줄 것이다. 이렇게더 활기차고 다양성이 풍부한 사회를 만드는데 효과적인 평생직업능력개발을 위한 생태계의 구축은 공동의 책임으로 정부, 교육기관, 기업, 개인의 적극적인 참여와 협력이 필요할 것으로 전망된다.

2. 4차 산업혁명과 평생직업능력개발

미래 노동시장이 기술의 발전으로 인하여 급변할 것이라는 예측은 이제 현실이 되고 있다. 인공지능, 자동화, 로봇공학 등 기술의 진보는 새로운 일자리를 창출할 것이다. 그러나 미래의 새로운 기회에 대해 준비가 안 된 노동자들은 새로운 일자리를 차지하지 못하고 기존의 일자리도 잃게 될 것이다. 지금까지 통용되는 기술은 미래에 창출되는 일자리에는 무용지물이 되거나 사양 화 될 것임이 분명하다. 이러한 상태가 지속된다면 디지털 경제는 지역과 성별의 격차를 더욱 확대시켜 공정성 구축에 어려움을 겪을 수 있다. 지배적인 플랫폼 사업은 19세기 노동 관행을 내재하고 웹사이트와 앱 기반 크라우드워킹(crowd-working) 노동은 자칫 디지털 일용직 노동자를 야기 할 수 있는 것이다.

이러한 4차 산업혁명의 진전에 따른 산업·직업구조 전환, 필요 직무역량 변화, 일자리 감소 등의 문제점이 심화되면서 사회적 문제로 대두됨에 따라 직업능력개발의 적극적 대응이 시급해질 것이다. 이와 관련하여 평생직업능력개발의 관점에서 고려할 사항들은 다음과 같다. 우선 4차 산업혁명의 특성이 산업·업종, 직종의 성장과 쇠퇴를 예측하기 곤란한 불확실성과 복잡성, 그리고 급격한 변화 속도임을 감안하여, 산업계의 수요에 유연하고 탄력적으로 대응하는 인력양성 체계를 구축할 필요가 있다. 둘째, 단기 및 중장기적 관점에서 산업, 업종, 직종, 그리고 역량 등에 대한 수요 변화를 전망하고 효과적인 대응방안이 마련되어야 한다. 셋째, 직업훈련 체계에 의해서만 4차 산업혁명의 혁신을 담당할 직업능력을 개발할 수는 없을 것이므로 특성화고교와 대학 등의 공교육, 직업훈련, 평생교육이 긴밀하게 결합하여 상호 보완적인 인력양성 체계를 갖추어야 할 것이다. 넷째, 강의, 실습 등의 일방향의 교육 위주가 아닌 참여형의 프로젝트형·현장밀착형 방법 중심으로 교육수요에 적합한 교육방법을 채택하여야 한다.

3. 청년실업의 증가와 평생직업능력개발

ILO의 보고서는 오늘날 실업을 해소하기 위해 필요한 일자리는 1억 9천만 개이고 2030년까지 3억 4400만 개의 일자리가 창출되어야 한다고 제시하고 있다. 현재 학교를 졸업하는 청년들은 일자리를 구하고 있는데 이러한 구직과정에서 많은 청년들이 뒤처지고 있다. 청년실업이 증가하면서 이들의 잠재력을 적극적으로 활용하지 못하면, 청년 개인은 물론 사회적으로도 장기적이고 부정적인 결과가 초래될 것이다. 청년들이 순조롭게 노동시장으로 편입하고 경제활동에 적극적으로 참여하기 위해서는, 그들이 평생직업능력개발 교육훈련에 대한 접근성과 참여도를 높여줄 필요가 있다.

이를 위하여 청년들의 장기적인 경력 형성을 도모하고 각자의 상황에 따른 취업과 경력개발을 위하여 맞춤형 직업능력개발을 추진하는 것이 바람직할 것으로 보인다. 구체적으로 학교 교과과정에서 다양한 직업에 대한 이해를 위해 학교 등 관계기관과 연계하여 아동 및 학생 등에 대한 직장체험 및 만들기 체험, 기술 강습회 등을 관련 분야 전문가를 통해 실습 위주의 방법을 통해 제공할 필요가 있다. 또한, 취업 경험이 없거나 적은 청년은 일과 학습을 병행하는 프로그램을 통해 취업에 필요한 기술을 습득하고 공공직업훈련에도 참여하는 등의 경로로 취업 노력을 기울일 것으로 예상된다.

4. 인구의 고령화와 평생직업능력개발

고령 인구는 우리의 경제·사회적 자산으로, 그 중요성이 더욱 커지고 있다. 인구가 감소하는 사회에서 평생 직업사회의 실현과 기업의 생산성 향상이 요구되고 있으며 높은 취업 의욕을 가진 고령자의 활약의 장을 넓혀 강점을 발휘할 수 있어야 한다. 이를 위하여 직업능력의 축적을 도모하고 경력전환을 희망하는 중년의 직업능력개발을 추진하는 일이 필요하다. 따라서 중년층의 다양한 경험과 숙련된 기술 및 기능을 충분히 발휘할 수 있도록 중년의 경력형성을 지원하려 하며 이를 위해 청년기부터 지속적인 경력컨설팅의 기회가 제공되어야 한다.

이와 관련하여, 새로운 장소에서 활약하는 중년에 대해 지금까지의 경험 및 능력에 부족한 지식과 기술을 부여할 필요가 있다. 경험 교류회 등 재취업을 위한 준비 지원을 포함한 새로운 직업훈련과정 서비스 등의 지원책도 개발 및 검증하여 실시되어야 할 것이다. 또한, 퇴직 시기가 점차 연장되면서 고령자들의 경제활동을 지원하기 위하여 노동시간 단축과 원격노동과 같은 유연 노동제도가 도입될 것이다. 요약하자면, 고령으로 인한 어려움으로 새 일과 직장을 갖고 적응하여 일할 수 있도록 돕는 평생직업능력개발의 기회와 자원이 고령 인구에 제공되어야 한다.

5. 여성, 장애인, 비정규직 등 기타 취약계층과 평생직업능력개발

전 세계적으로 경제 및 사회의 활성화를 위해 여성의 직업능력개발 시책에서도 추진을 하려 노력하고 있으며, 여성의 다양한 욕구를 반영한 대책을 강구할 필요를 느끼고 있다. 따라서 육아 중인 여성의 재취업이 원활히 진행될 수 있도록 공공직업훈련과, 육아와 함께 수행할 수 있는 단기 교육과정의 구성과 훈련수강 시 탁아서비스 제공 등을 추진될 것이다. 그리고 한부모가정의 여성 또는 출산·육아 등 이직 또는 취업에 경력단절 여성을 대상으로 경력컨설팅을 통한 취업의 기회를 확보하고 개인의 사정을 고려한 적극적인 직업능력개발 기회가 제공될 것으로 예상된다.

장애인 구직자 수가 최근 계속 증가함에 따라 장애인의 특성과 요구에 따른 취업 및 직장을 위해 환경의 정비가 필요해질 것이다. 따라서 일반 공공직업능력 개발 시설에서 수용이 어려운 중증장애인에 대한 직업훈련, 장애형태에 따른 다양한 위탁훈련, 장애인을 위한 듀얼훈련 등에 대해 장애인의 고용촉진에 방향을 맞춘 훈련의 기회가 제공되어야 한다. 또한, 장애인 개개인의 직업능력 향상을 도모함과 동시에 기업과 사회가 가진 장애인에 대한 이해와 인식을 개선하여 장애인 고용촉진 및 장애인에 대한 지원 체제의 강화를 도모할 필요가 있을 것이다.

직업능력개발의 기회를 갖기 어려운 비정규직 노동자에 대하여 기업이 주체가 되어 인재를 양성하는 일도 필요할 것이다. 비정규직 노동자의 입장에서는 정규직으로의 전환 혹은 이직 시에 요구되는 직업능력의 개발은 중요한 일이다. 비정규직 근로자의 정규직 전환을 추진하기 위해 경력향상 보조금의 활용 등에 의한 직업훈련 기회의 확보와 보조금 신청 절차의 간소화 및 사업 홍보 등을 통한 활용 촉진이 있어야 할 것이다. 또한, 정규직으로 고용된 경험이 적은 사람을 고용의 안정을 위해 고용형 훈련의 추가 실시를 추진하며 이직한 비정규직근로자의 취업을 촉진하기 위해 구직자 지원 직업훈련 등을 활용한 직업능력개발을 실시하는 일이 바람직할 것이다.

III. 평생직업능력개발 해외사례

해외 사례에서는 평생직업능력개발은 기술발전이나 환경변화에 따른 유연하고 창조적인 역량개발을 위한 핵심적인 교육활동으로 여겨지고 있다. 그러나 국내에서는 여전히 평생직업능력개발의 필요성 인식은 제고되고 있지만 일모작 이후의 추가적이고 대안적인 교육훈련 활동 정도로만 여겨지고 있는 것이 현실이다. 평생학습 참여율과 국민소득이 정적인 상관관계에 있고 지식기반사회에서 전생애에 걸쳐 고용능력을 확보하기 위해 평생학습의 활성화가 중요하다는 사실을 고려한다면, 국가 경쟁력을 제고하는 전략으로 평생직업능력개발에 주력하고 있는 해외국가들의 사례를 참고할 필요가 있다.

평생직업능력개발은 개인과 사회의 경제적인 측면뿐만 아니라 사회통합과 사회혁신에 있어서도 대단히 중요하다. 전통적인 교육체계와 교육기관이 가진 한계와 경직된 구조에 대한 대안이 될 수 있을 뿐만 아니라, 교육훈련을 통하여 복지와 노동의 문제를 해결할 수 있고 나아가 사회통합의 도구로써 기능할 수도 있는 것이다. 실제 유럽의 평생직업능력개발은 그 뿌리를 여성문제, 노동자교육, 시민교육에 두고 있는데, 평생교육의 방향이 경제위기를 겪으며 실용적으로 변화하였고 직업교육이 강조되며 사회문제를 해결하는 도구로서 기능하고 있다.

1. 미국

미국은 기초교육 및 훈련을 통한 AI(Artificial Intelligence) 역량을 강화하는데 노력을 기울이는 국가 중 하나이다. R&D에 대한 집중에도 불구하고 AI 지원 인력 개발에 주요 역할을 부여하는 포괄적인 전략을 취한 것이다. 즉 R&D와의 명백한 관련성뿐만 아니라 기술 및 직업 교육과 관련한 고등 교육에 가장 많은 관심을 기울이고 있다. 특히, CT(Computational Thinking)를 학습자가 AI기반 사회에서 번창 할 수 있도록 하는 핵심 역량으로 보고 교육 커리큘럼에 CT를 통합할 계획을 수립하고 시행 중에 있다.

미국에서의 평생직업능력개발은 학력취득과 직업능력교육을 함께 추구하며 경제발전의 동력으로 추진되어 왔다. 성인교육 및 문해교육제도(AFLS, Adult Education and Literacy System)은 연방정부와 주정부 및 지방자치단체의 기금으로 지원되는 미국성인교육 전달

제도로써 원스톱 진로개발센터를 운용하는 등 지역의 여러 가지 직업 훈련 프로그램을 지원하고 있다. 이러한 미국의 평생직업능력개발은 정부 조직의 역할분담을 통하여 추진되고 있다. 교육부를 중심으로 노동부와 후생부 등이 담당하고 있는데, 연방정부는 법령에 의거하여 주정부의 평생학습정책을 지원하고, 이에 주정부의 지방 기관 및 단체들이 연방정부와 함께 평생학습정책을 기획하고 실행하고 있다.

교육부의 직업성인교육국은 주의 성인교육 프로그램을 확인하고 연방의 기금을 배부하는데, 중등후교육국은 소외계층 학생에 대한 중등 후 교육의 접근성 증대와 대학서비스 역량의 강화, 그리고 교사와 학생의 발달자원을 제공한다. 노동부는 직업능력투자법 제1장에 근거하여 기금 지원 및 지원된 프로그램에 대하여 책임을 지는데, 기금은 직업과 관련한 기술훈련 또는 직업준비훈련에 참여하는 성인직업훈련 활동을 위하여 사용한다. 후생부는 Head Start 프로그램과 빈곤가정에 대한 임시 보조 프로그램을 운영하고, 빈곤가정에 문해교육 서비스를 제공하고 있다.

2. 영국

영국에서는 과거 평생교육을 인문학 위주의 교양학습에 초점을 두었는데 1970년대 경제 위기를 극복하려는 노력에서 직업교육에 대한 투자를 확대하기 시작하였다. 이후의 평생교육은 계속적으로 노동시장의 요구에 부합하는 직업교육 기회의 제공하는 평생직업능력개발에 중점을 두는 방향으로 발전해왔다. 학습과 일터의 연계 그리고 개인의 발달을 도모하여 평생고용 가능성을 증진함과 동시에 지속적인 경제성장을 상정하는 시장중심형 학습사회를 추구하고 있는 것이다. 이렇게 평생교육의 목적을 시장에서 가용한 인적자원의 개발에 두고 있는데, 가시적 성과를 너무 강조하고 있다는 비판이 있을 정도로 시장지향적으로 알려져 있다. 다만 이러한 비판을 기반으로 시민단체 등 제3섹터 그룹을 중심으로 다양한 대안교육운동과 프로그램이 활발히 개발되고 운영되고 있다.

영국의 평생직업능력개발은 교육기술부 주축으로 추진되고 있다. 교육기술부의 평생교육국은 6개 부서(고등교육과, 계속교육과, 평생학습과, EU국제협력과, 지방개혁정책과, 과학기술과)로 구성되어 있는데, 6개 부서를 통하여 평생교육 활동을 관장하고 있다. 교육기술부는 기존에 교육부가 개편된 것으로, 교육훈련과 경제정책의 연계를 도모하기 위한 노력의 결과이다. 영국에서도 2000년 이전에는 중구난방식의 사업 추진으로 문제들이 발생하였지만, 2001년에 평생학습 추진 총괄기구인 학습 및 기술위원회를 설치한 이후 일관성있는 사업들이 추진되었다. 비정부 공공기관인 동위원회에서는, 16세 이상 학습자들의 모든 교육과 훈련을 기획하고 재정을 지원한다. 동위원회는 8개 권역 약 100여개의 지역 학습 및 기술위원회 네트워크를 통해 운영된다.

교육기술부의 평생학습추진전략은 모든 이들의 수월성을 제고하기 위한 잠재력 개발 및 기회창출 도모에 있는데, 이를 위하여 연령단계별로 나누어 성인의 능력향상과 학습기회 확대에 초점을 두고 있다. 특히, 비직업적 성인교육활동에 대한 재원을 축소하고 직업적인 계속교육의 발전에 중점을 두고 있고, 폴리테크닉대학, 산업대학, 오픈 유니버시티 등 대학의 적극적 참여를 유도하고 있다. 또한, 대학의 개방화를 통한 계속적인 전문 직업교육의 심화와 함께 지역사회 교육을 통한 학교와 지역사회의 연대 및 교육소외계층에 대한 노력을 기울이고 있다.

한편, 영국은 평생학습관련 세계 최대 비정부기관인 NIACE(The National Institute of Adult Continuing Education)의 역할이 크다. 이는 성인의 평생교육을 장려하기 위해 1921년에 설립된 비영리, 비정부 조직으로 영국 내 최대 평생학습 축제인 Adult Learners' Week와 같은 다양한 캠페인을 진행하고 있다. 이 조직에서 독립적으로 진행하고 있는 IFLL(Inquiry into the Future for Lifelong Learning)과 같은 조사연구를 통해 성인평생학습이 나아가야할 미래 방향성을 제시하고 평생학습 저널을 발행하여 전문가, 활동가, 정책수립자에게 큰 틀을 제공하고 있다.

3. 독일

독일은 국제학업성취도평가에서 매우 부진한 성적을 받고 교육개혁이 추진 중이지만, 독일의 국가경쟁력은 경제위기 속에서도 독보적인 모습을 보이고 있다. 이러한 이해하기 어려운 국가경쟁력의 원천은 효과적인 평생직업능력개발이라 할 수 있다. 독일에서는 초등학교 4학년을 마친 후 학생의 능력을 고려하여 담임교사와 학부모가 상담을 진행하여 학생의 진로를 결정한다. 학생은 대학진학을 목표로 하는 인문계 과정인 김나지움(Gymnasium) 혹은 직업학교 진학을 목표로 하는 하우프트슐레(Hauptschule)와 레알슐레(Realschule)를 택할 수 있다. 이와 같이 시작하는 독일의 평생직업능력개발은 연방교육연구부에서 담당하는데, 연방교육연구부는 직업연수를 포함한 계속교육과 평생학습 분야를 확장하고 교육정책 개발을 위한 기반을 마련한다.

연방교육연구부는 독일기본법에 따라 일반 및 직업교육정책을 수행할 의무가 있고 연방과 주정부 위원회의 협약에 의해 모두를 위한 평생학습 프로그램을 시행한다. 특히, 2000년에 국가적인 혁신 프로젝트로 학습도시 사업을 시작하였는데, 학습도시 프로그램의 지원주체는 연방교육연구부이지만 각 연방 주와 기타 유관기관과의 긴밀한 협력관계를 통하여 사업을 추진하고 있다. 교육 연구부는 2000년부터 2001년 2회에 걸친 공모를 통하여, 독일 전역에 73개 지역네트워크를 선정하여 학습도시 사업을 운영하고 있다. 구체적으로, 학습도시 사업을 통하여 새로운 학습문화를 창조하고 평생학습 요구와 동기유발을 강화하고자 하였는데, 성인계속교육 네트워크의 구축 및 조직개발 그리고 자기주도학습의 강화와 직업계속교육 등을 적극적으로 추진하고 있다.

또한 노동부 사회복지부에서는 2012년부터 실직자 또는 실직과 유사한 자격을 갖춘 개인에 대해 직업교육을 받을 수 있도록 각 고용기관 또는 직업센터로부터 교육바우처를 받을 수 있도록 하였고, 이 바우처는 평생교육을 지원하는 모든 교육기관에서 사용할 수 있도록 하고 있다. 이는 평생학습을 강조하고 실질적인 동기부여를 제공한 사례로 볼 수 있다. 시민대학은 독일의 평생교육기관 중 가장 널리 알려진 공적 교육기관이자 지역평생교육의 중심이다. 교육소외계층에게 보다 나은 교육을 제공하려는 목적으로 설립되었지만 현재 독일에는 1000여개의 시민대학이 운영되고 있으며 평생교육 이라는 이름으로 진행되는 프로그램은 취미교실부터 직업교육까지 연중 66만개에 달하며 16개 주에 걸쳐 900만명이 참여하고 있다.

4. 싱가포르

싱가포르는 교육정책 수립시에 개인의 성장보다는 국가발전을 위한 인간자본에 대한 투자라는 관점에서 접근한다. 평생직업능력개발에 대하여 아동기부터 지식 축적과 능력 중심 교육활동을 통하여 스스로 생각할 수 있는 인재를 양성하는데 중점을 두고 있다. 또한, 학교 졸업 이후 지속적인 훈련을 통하여 새로운 기술을 획득하고 혁신할 수 있도록 하는 학습 프로세스를 구축하였다. 이렇게 학습조직을 통하여 양상된 우수인력을 국가의 지적자본(talent capital)으로 제시하고 있다. 싱가포르의 교육훈련은 Minstry of Education과 Ministry of Manpower가 이끌고 있는데 전자가 공교육제도를 통한 교육훈련을 담당한다면 후자는 국가차원의 인력 종합계획을 수립 및 수행한다. Ministry of Manpower는 인력개발을 효율적이고 체계적으로 관리하기 위하여 노동부에서 개편된 조직이다. Minstry of Education이 청소년을 대상으로 한 중등단계의 직업교육훈련을 담당한다면, Ministry of Manpower는 고기술노동력 전환 프로그램이나 커리어센터 네트워크의 구축 및 고용정보 네트워크 관리 등의 성인을 대상으로 평생직업능력개발을 수행하고 있다.

싱가포르는 우수한 인적자원을 기반으로 성장해온 국가로 사회적인 관점에서 보다는 경제적 및 경쟁력 강화의 관점에서 평생직업능력개발을 접근하고 있다. 현재 싱가포르는 새로운 시대에 대한 노동력차원의 대비책과 경제의 글로벌화를 위한 경쟁우위 유지차원에서의 인적자원개발을 추진하며 Manpower 21이라는 정책을 추진하고 있다. 자국의 모든 잠재력을 현실화하여 모든 국민이 국가경제에 기여하는 기회를 창출하겠다는 비전을 가지고 있다. Manpower21의 6대 핵심전략 중 평생학습체제를 구축하고 국가기능인증시스템을 설립하며 원스톱경력관리센터를 설립한다는 평생고용가능성을 고려한 평생직업을 위한 평생학습을 추구하고 있다.

하지만, 싱가포르는 한국과 유사하게 교육열은 높지만 직업훈련에 대한 사회적 인식이 대체로 부정적이다. 또한, 한국과 유사하게 저출산과 고령화로 경제활동인구의 감소를 목전에 두고 있어, 이러한 평생학습체제 구축을 통하여 재교육과 재훈련을 통하여 국민 개개인의 생산성을 높이고 은퇴 연령을 늦추기 위하여 노력하고 있는 것이다. 이를 위하여 재무부, 산업부, 교육부, 노동부 장관, 산업별 사용자 및 노동자 대표, 교육훈련 기관 대표 등이 참여하는 조직을 설립하였고 평생교육훈련 예산을 연간 0.5조에서 1조원으로 확대하였다.

SkillsFuture Initiative 조직은 만 25세 이상 전 국민에게 약 42만원의 SkillsFuture Credit을 제공하여 평생직업능력개발을 독려하고 있다. 이와 함께 국민 개개인이 진로와 학습에 관한 최선의 의사결정을 내릴 수 있도록, SkillsFramework, MySkillsFutre, Education and Career Guidance, SkillsFutre Advisor등의 제도와 프로그램을 통하여 교육, 훈련, 노동 시장에 관한 다양한 정보와 컨설팅도 제공하고 있다. 한편, 공식 교육 시스템에 코딩 및 CT를 통합하기 위한 CODE@SG라는 광범위한 운동의 일부로, 다양한 프로그램을 운영하고 있다(Infocomm Media Development Authority, 2017). 이는 학습자의 CT 역량을 개발하기 위하여 2016 년부터 정보 통신 미디어 개발 당국 (IMDA)을 중심으로 시행되고 있으며 목표는 "미래를 위한 스마트 국가"를 구축하는 것이다.

5. 일본

일본은 전후 부흥기에 실업자 직업소개부터 시작하여 고도성장과 함께 기능 노동자의 양성훈련을 시작했고, 이후 전직훈련, 향상훈련으로 공공직업훈련의 중점을 옮겨오면서 급속한 기술혁신과 국제화의 진전 그리고 산업구조의 변화에 맞는 인적자원 축적을 도모하고 생산성 향상을 추구하고 있다. 현재 일본의 평생직업능력개발은 생애에 걸쳐 언제 어디에서든 학습하고 성과를 적절하게 발휘할 수 있는 환경으로 정비하여, 개인의 자질 및 능력 향상을 통해 사회 전체의 활성화를 도모하는 방향으로 발전해왔다.

일본은 직업능력개발훈련의 정책 개발 및 운영에 있어서 국가와 도도부현(시정촌을 포괄하는 광역의 지방공공 단체) 및 민간교육기관의 역할 분담을 명확히 하고 있다. 국가 직업훈련의 실행주체는 독립행정법인 고령 장애 구직자 고용지원기구가 되지만, 일부의 사업은 도도부현에 위탁하여 운영하고 있다. 민간기관도 도도부현에서 수행하는 직업훈련을 위탁받아 운영하고 있다. 고령 장애 구직자 고용지원기구는 후생노동성과 유기적으로 연결되어 직업능력개발대학 및 헬로워크를 통한 공공 직업능력개발 사업 전반에 대한 실행주체로서 역할을 수행하고 있다. 일본의 공공직업능력개발시설은 고령 장애 구직자 고용지원기구에서 운영하는 직업능력개발대학교(10개), 단기대학교(1개), 직업능력개발촉진센터(46개), 장애인직업능력개발교(13개)로 되어 있다. 그 외 도도부현에서 운영하고 있는 직업훈련단기대학교(14개)와 직업능력개발교(152개)가 있다.

일본의 평생직업능력개발은 공공과 민간 두 부문에서 함께 진행되는데, 공공직업능력개발은 사회운동으로 훈련의 참여를 유도하는 "헬로 트레이닝"이란 별칭으로 재직자, 이직자, 장애자, 학졸자 등에게 주어지고 있다. 또한 시정촌에서는 지역주민과 협력하여 사회 요청과 지역 주민 전체의 다양한 수요를 모두 충족시키기 위한 학습기회를 제공하고 도서관의 정비 등 지역 주민의 평생학습 지원, 평생학습을 통한 지역 만들기 등을 주체적으로 실시하고 있다. 민간의 직업능력개발은 기업이 스스로가 가장 중요한 역할을 수행하지만 최근에는 아웃소싱을 통해 직업능력개발을 도모하는 경우도 늘어나고 있다. 노동자의 커리어 형성을 촉진하기 위하여, 커리어 컨설턴트, 셀프 커리어 독(dock), 생애 커리어 플래닝 등을 진행하고 이를 지원하기 위한 잡(job) 카드 제도도 운영하고 있다. 특히, 저출산과 고령화가 진행되면서 이에 대응하기 위하여 전원참가 사회의 실현을 위해 고령자, 여성, 장애인은 물론 프리터-니트를 대상으로 하는 평생직업능력개발 사업을 추진하고 있다.

고령자에 대해서는 중년의 커리어 형성지원, 경험 교류회 등 재취업을 위한 준비를 포함한 새로운 직업 훈련과정 서비스 등의 지원책을 시행하고 있다. 여성의 노동시장 참여를 위하여 육아여성과 사회인의 리커런트 교육 강좌와 주말 및 야간강과, e러닝 강좌 등 전문실무 교육훈련 강좌의 다양화 및 편리성의 향상을 도모하고, 훈련시간의 단축 교육과정 개발 및 탁아서비스가 포함된 훈련이나 보육사 등의 직장 복귀를 지원하는 헬로 트레이닝을 충실히 하고 있다. 장애인에 대해서는 장애특성을 고려한 취업지원 강화를 위해 19개 장애인 직업능력개발교를 운영하고 직업능력개발 훈련에 특별한 지원을 필요로 하는 장애인에 중점을 둔 훈련을 실시하고 있다.

직업능력개발교(일반학교)에서도 지체장애인을 대상으로 한 직업능력개발 훈련을 실시하고 있으며 지체장애인을 수용하기 위한 체제의 정비도 실시하고 있다. 마지막으로, 프리터-니트에 대해서는 일본판 듀얼시스템 훈련을 통해 청년의 재취업을 지원하고 있다. 프리터(15-34세 파트타임 및 아르바이트 직원)에 대하여 청년 헬로 워크(전국 28곳)과 청년지원코너(전국 220곳)를 운영하고 있고, 니트(15-34세 무직자)에 대하여 지역청년지원스테이션(사포스테)을 전국 173개소 설치하였고 마을 자치회, 상공회, 교육기관 등과 긴밀히 제휴하여 청년들의 자립을 돕고 있다.

IV. 정책 제언

이상에서 살펴본 바와 같이 우리나라는 저출산·고령화로 노동시장으로부터의 퇴장 시기가 점차 늦춰지고 있으며, 동일 직장에서의 장기근속이 점차 어려워짐에 따라 인생 다모작을 위한 평생직업능력개발이 필요한 시점이다. 이에 국민이 평생에 걸쳐 직업능력을 개발할 수 있도록 충분한 기회를 제공할 필요성이 높아지고 있다. 이러한 맥락을 고려해보면 결국 '다시 사람에게 투자하는 대한민국'을 만들어야 한다. 즉, 모든 국민을 대상으로 전 생애에 걸친 학습기회를 제공함으로써 국가 혁신성을 대폭 제고하는 것이 미래 대한민국의 경쟁력과 국민의 삶을 담보하는 기제일 것이다. 이를 위해 '인생 다모작 시대를 대비한 평생직업능력개발 사회 구현'을 국가 차원의 비전으로 설정하고, 다양한 정책 추진 방안을 설계하여 운영하는 방안에 대한 검토가 필요하다.

1. 연령제한 없는 전생애에 걸친 평생직업능력개발 체계 구축

정부는 모든 연령대의 인구 변화를 정확하게 예측함과 동시에 기술 및 산업 수요 변화와 관련된 데이터를 축적하고, 인생 다모작 시대에 대비한 평생직업능력개발을 위한 비전을 수립하여야 한다. 즉, 정부는 국민이 전생애에 걸쳐 일과 삶의 균형을 이루도록 돕기 위해 '제1교육-일'은 물론 '제2교육(혹은 제3교육)_일'로의 연계를 강화하기 위한 평생직업능력개발 체계를 완비할 필요가 있다. 인생 다모작 시대를 대비한 평생직업능력개발은 고령자 뿐만 아니라 모든 사람들에게 해당되고, 사회 모든 측면에 영향을 미치기 되므로 정부에 광범위한 과제를 제기하게 된다. 향후 퇴직 문제 뿐만 아니라 교육, 결혼, 노동시간을 포함하여 폭넓은 분야에서 평생직업능력개발 지원을 위한 사회적 장치를 마련할 필요가 있다. 특히 주로 제1의 일자리를 가지도록 설계되어 있는 직업교육의 범위를 확장시켜 '제1교육-일' 이행시기에 이어 '제2교육(혹은 제3교육)-일'을 연계하는 평생직업능력개발 체계를 완비하여야 한다. 더 나아가 중·고령자, 경력단절여성 등 자신의 역량을 향상시키고자 하는 다양한 주체들이 참여할 수 있는 보다 유연한 경로개발이 중요하다. 또한, 국가가 다양한 다모작 교육 및 고용체계를 만들고, 인생 다모작을 가능하게 하는 체계적인 경력경로를 제시할 수 있어야 할 것이다. 이는 단순히 고령자들의 이모작 재교육 및 재고용 체계 뿐 아니라 청년들을 대상으로 하는 일모작 교육 및 고용 체계의 변화까지 포함한다.

2. 고교 직업교육 혁신을 통한 직업계고 학생의 미래 경쟁력 강화

고교 직업교육이 단기 인력수요 맞춤을 위해서 교육한다는 관점에서 전환하여 학생의 미래 경쟁력을 강조하는 방향으로의 패러다임 전환이 필요하다. 이러한 문제 제기는 고교 직업교육의 목적이 정부 정책에 의해서 자주 방향성이 변화하고, 단일하게 규정하기 어려운 복합적인 요소로 구성되어 있다는 점에 기인하는 것이다. 즉, 전인적 성장과 비판적 사고력 배양 등 교육의 내재적 가치를 중시하는 인문주의와 취업준비 및 기업체 맞춤형 교육을 강조하는 직업주의에 대한 이견이 존재한다는 점이다. 인문주의의 입장에서 보면 고교 직업교육이더라도 고교 단계 학교교육이므로 교양적 지식과 폭넓은 시야, 비판적 인식의 확대를 통해서 경쟁력 있고 자기주도적으로 직업생활을 할 수 있는 소양을 길러주는 것이 중요하다고 본다. 반면, 인문주의와 대비되는 기능주의 혹은 직업주의는 고등학교 직업교육을 통해서 노동시장에서 요구하는 기능을 습득하게 하여 인적자원개발에 기여하는 것을 주요 목적으로 인식한다. 따라서 향후에는 고교 직업교육의 목적을 기능 인력 양성을 통한 노동시장 이행 지원만이 아니라, 4차 산업혁명 시대에 부응하는 역량을 갖춘 창의적이며 자발적인 학습자, 비판적 시민의식을 가진 교양인 교육, 숙의 민주주의의 참여자를 교육한다는 목적을 적절하게 부각할 필요가 있다.

고교 직업교육단계에서 학생들의 기본권으로서 기초학력 보장이 요청된다. 이는 평생학습 시대에 경쟁력 있는 성인으로 살아가기 위해 핵심적으로 작용하는 요인이 기초학력이기 때문이다. OECD 국제학업성취도조사 PISA 자료를 통해서 보면, 한국의 직업계고 학생은 일본 및 독일에 비해 기초학력 미달 학생 비율이 높게 나타나고 있다. 직업계 고 수학 기초학력 미달 (1수준 미만) 학생 비율이 한국은 2015년 기준으로 15%인 반면, 일본은 4%, 독일은 2%로 큰 격차를 보이고 있고, 최근 10년 동안 기초학력 미달 학생 비율이 증가하고 있어서 주목할 필요가 있다. 따라서 우선 기초학력 부족 학생들의 실태를 파악하고, 이들의 기초학력을 보완하기 위한 획기적인 지원이 필요하다.

중등교육 단계에서 양질의 진로체험처 확대 및 맞춤형 프로그램

개발이 필요하다. 공공부문의 진로체험처 제공 의무화 추진과 동시에 각 기관 평가지표에 관련 내용을 반영하여 기관의 전문성을 반영한 진로체험처 제공을 유도하고, 교육부 체험기관 인증과는 별도로 민간기관의 진로체험에 인센티브를 제공한다. 또한, 양질의 진로체험처 제공을 위한 유인가와 진로체험처 관계자 대상 진로체험 프로그램 개발 및 운영 관련 역량 제고를 위한 워크숍, 연수 등 교육훈련 기회를 제공한다. 이와 더불어 중앙부처, 지자체, 공공기관 및 대학 등 체험 인프라 및 기관별 전문성을 활용한 초·중등 대상별 진로체험프로그램(콘텐츠) 개발 및 보급을 목표로 4차 산업혁명 시대 진로개발 역량 강화를 위한 체험프로그램 개발, 초·중등 창업 체험교육 프로그램 개발 및 활성화, 지역 간 진로체험 격차 해소를 위한 진로체험 프로그램 강화를 추진할 필요가 있다.

3. 지역 평생직업능력개발 중심기관으로서 고등직업교육기관 역할 재정립

전문대학과 폴리텍대학 등 고등직업교육기관에서는 생애단계별 직업교육 제도 및 프로그램을 운영하는 방안을 검토할 필요가 있다. 특히 학령인구 감소가 본격적으로 예상되는 시점에서 기존 학령기 학생 위주의 학사제도 운영 및 교육과정 편성·운영 방식에서 탈피하여 중년 실직자, 고령자 등 성인을 대상으로 한 다양한 프로그램을 개설하여 운영할 필요가 있다. 이를 위해 고등직업교육기관에서 현재 운영하고 있는 평생직업교육 제도 및 프로그램 활성화와 함께 외국의 우수한 평생직업교육 제도와 프로그램을 우리나라 상황에 맞게 재개발하여 도입하는 방안이 요청된다.

전문대학과 폴리텍대학 등을 중심으로 지역 단위의 평생직업교육 플랫폼을 구축·운영하는 방안도 검토 가능하다. 전문대학과 폴리텍대학을 비롯하여 지자체, RC, ISC, 산업체, 훈련기관 등이 공동으로 참여하여 지역사회 일자리 정책과 연계하여 평생직업교육훈련을 제공하는 방안이다. 이를 위해 지역사회 직업교육훈련의 컨트롤타워 역할을 전문대학과 폴리텍대학 캠퍼스를 중심으로 수행하고, 전문대학의 고등직업교육 역량과 폴리텍대학의 직업훈련 노하우를 접목하여 확장할 수 있다. 이를 통해 미래사회의 변화에 따른 평생직업교육훈련 시대에 부응할 수 있도록 일반성인, 경력단절 여성, 사회적 배려 계층 등을 대상으로 재교육, 계속교육, 심화교육 등을 제공할 수 있다.

성인학습자의 특성을 반영한 교수학습방법의 적용 및 학사제도의 유연화가 요청된다. 성인학습자의 특성을 감안하여 현업에 복귀해서 학습한 내용을 곧바로 활용할 수 있고, 학습동기를 최대한 유발할 수 있는 강의기법(예: 블랜디드 러닝, 플립러닝, 프로젝트 학습 등)의 확산 및 보급이 필요하다. 또한, 직장경험을 학점으로 인정하는 선행학습인정(RPL) 제도의 적용 및 확산도 함께 검토될 필요가 있으며, 성인의 직업능력 향상을 지원하기 위한 다양한 비학위과정(진출입이 자유로운 캠퍼스 운영)을 개설·운영하는 방안도 필요하다.

4. 기술 및 미래사회 변화에 부응하는 新직업능력개발체제 구상

신기술 관련 새로운 일자리가 요구하는 융합인재를 양성하기 위해 신기술 분야 훈련기회 확충 및 훈련방식의 전환이 요청된다. 이를 위해 관련 사업 확대, 신규사업 도입, 제도 개편 등을 통해 전체 직업훈련 중 신기술 분야의 훈련 비중을 점진적으로 확대해나갈 필요가 있다. 특히

4차 산업혁명의 흐름 속에서 재직자가 일자리를 잃지 않도록 기존 직무의 디지털화, 신기술 접목 등에 적절하게 적응할 수 있도록 지원하는 것이 매우 중요하며, 이를 위해 재직자를 대상으로 지원하는 다양한 훈련사업을 신기술분야 훈련 중심으로 재편하고, 재직자의 ICT 지식·정보 습득 기회를 확대할 필요가 있다. 또한, 디지털화 등 기술변화에 따른 훈련환경을 고려한 훈련방식으로의 전환이 필요하며, 일자리 창출, 소멸, 유지, 이·전직과 연계하여 신속한 훈련과정 개설이 가능하도록 일자리 연계 직업능력개발 시스템 구축이 요청된다.

'재학-구직-재직-재취업' 등의 생애단계별 평생고용가능성을 높이기 위한 국민의 생애 직업능력개발 지원을 통해 학습권 보장이 필요하다. 원하는 국민은 '누구나' 훈련을 받을 수 있도록 생애단계별 훈련 지원체계를 강화하고, 현행 직업훈련의 제도적 사각지대 해소가 필요하다. 그간 양적으로 팽창해온 구직자 및 실업자 훈련을 질적으로 개선하여 보다 생산적인 분야의 훈련을 확대할 필요가 있으며, 실업자훈련의 핵심인 '국가기간·전략산업직종훈련'을 일반 훈련과 차별화하여 훈련비, 훈련기간 및 훈련물량 등을 우대하되, 보다 엄격한 질 관리를 통해 훈련의 품질을 제고할 필요가 있다. 또한, 중소기업 재직자가 기업 안팎에서 지속적으로 직무역량을 개발할 수 있는 여건을 조성할 필요가 있으며, 2020년부터 도입한 평생내일배움카드제와 연계하여 중소기업 재직자의 중장기적인 역량개발 지원체계를 구축할 필요가 있다.

학습자의 실무역량 배양을 위해 일기반 학습(work-based learning)이 지속적으로 강화될 필요가 있다. 현재 우리나라에서 운영하고 있는 대표적인 일기반 학습으로는 고교 및 대학단계의 현장실습, 재직자 훈련 단계의 일학습병행제도 등이 있다. 일학습병행제도는 제도도입 초기에는 기업체 등 현장의 제도에 대한 이해 부족 및 자발적 참여에의 한계 등의 문제도 지적되었으나, 학습근로자, 기업 및 국가 차원에서 다양한 가시적인 성과도 거두고 있다. 특히 최근에는 일학습병행 근거법령인 「산업현장 일학습병행 지원에 관한 법률」이 제정됨에 따라 법적인 근거가 마련되어 학습근로자의 신분 및 처우 보장, 국가 차원의 자격 부여도 가능할 것으로 기대되고 있다. 다만, 이러한 제도가 단발성의 사업이 아닌 우리나라 고유의 직업교육훈련 시스템으로 정착되기 위해서는 제도 운영 방식을 기존의 Top-Down 방식에서 Bottom-up 방식으로 전환함으로써, 기업의 자발적인 참여 등 산업계 주도의 운영방식으로의 패러다임 전환도 필요한 시점이다.

성인 학습자의 다양한 학습결과를 누적적으로 관리하고, 이를 국가자격 등과 체계적으로 연계하여 역량을 인정해주는 시스템이 마련될 필요가 있다. 현재 우리나라의 성인 학습자는 정규교육, 직업훈련, 자격 취득 등의 다양한 방식으로 본인의 역량을 인정받고 있으나, 다양한 학습결과가 누적적으로 관리되지 못하다보니, 동일한 내용과 수준의 교육훈련을 중복적으로 이수하게 되는 문제도 자주 발생(학교교육 따로, 직업훈련 따로, 자격 취득 따로)하고 있다. 따라서 국가 차원의 역량 인정시스템을 체계화함으로써, 개인이 보유한 역량 및 학습결과를 누적적으로 관리 및 확인하고, 이를 국가자격 등과 연계하여 인정해주는 제도가 체계화될 필요가 있다.

5. 고령화 시대를 대비한 인생 제3기 교육의 활성화

고령자를 대상으로 한 생애전환기 진로설계 컨설팅 제공이 필요하다. 고령화에 따라 노년기가 연장되고 있어 인생 2모작, 나아가서 3모작을 준비할 필요성이 부각되고 있으나 이에 대한 지원은 미미한 실정이므로, 중장년의 생애 전환에 필요한 맞춤형 진로설계 컨설팅 서비스를 제공할 필요가 있다. 주된 내용은 중장년의 생애 전반에 걸친 경력 진단, 설계, 교육, 경력관리, 모니터링 등을 수행하는 프로그램을 개발하고 이를 운영하기 위한 지원체제를 구축하는 것이다. 구체적으로는 지방자치단체 및 공공기관에서 운영 중인 은퇴준비 프로그램을 분석하여 다양한 유형을 포함하는 체계적인 은퇴준비 프로그램 개발, 기업 맞춤형 프로그램으로 다른 직업으로 전환에 필요한 자기탐색, 직업선택, 직업훈련, 실무능력교육 등 단계적인 프로그램 개발, 시·도 평생교육진흥원-고용복지센터-중장년일자리희망센터 등이 협력하여 전직, 창업, 귀농·귀어·귀촌 등 중장년의 전직을 지원하는 프로그램 운영, 지역별 거점센터를 지정하고 지역 특성을 반영하여 각 지역의 특화 산업에 맞는 프로그램 운영, 노후준비의 주요 분야인 재무·건강·여가·대인관계에 대한 컨설팅을 종합적으로 수행할 수 있는 전문인력 양성 프로그램 개발 및 운영, 온라인 교육 기반의 다양한 교육운영 방식을 개발하여 운영하고 이를 지역별 거점센터의 오프라인 교육 프로그램과 연계하는 등의 방안을 고려해 볼 수 있을 것이다.

고령자의 특성을 감안한 맞춤형 교육이 이루어질 필요가 있다. 먼저 일모작 직장에서 오랜 기간에 걸쳐 전문적 직업경력을 쌓은 집단을 위한 재교육의 초점은 관리 및 서비스 부문에서 이모작 역량을 강화하는데 맞추어질 필요가 있으며, 이들이 보유한 역량과 경험, 노하우를 사회적으로 충분히 발휘할 수 있도록 지원(예: 중소기업체 일반행정 및 관리직 재고용, 기술기반 세일즈, 영업분야 취업지원, 전문 창업 및 전문 컨설팅 지원, 현장교육 및 사회교육 활동 지원 등)할 필요가 있다.

반면, 기술, 학력, 경력, 건강 등의 다양한 문제로 일모작 직장에서 전문적 경력을 충분히 쌓지 못한 집단을 위한 재교육은 자립능력 확보에 초점을 맞추어 능동적 경제활동의 주체로 거듭날 수 있도록 하기 위해 이루어질 필요가 있다. 이들에 대해서는 상대적으로 역량 배양을 위한 준비기간이 짧고, 다양한 일자리 기회가 존재하는 단순 생활서비스 업종(예: 도소매, 운수, 숙박, 요식, 사회복지, 시설관리, 사업지원, 단순 제조업 등)을 중심으로 취업 지원이 확대될 필요가 있을 것이다.

6. 코로나19 등 대비한 비대면 시대 평생직업능력개발 지원 전략 마련

코로나19는 일, 생활, 교육 등 삶의 모든 영역에서 비대면화의 경향이 강조되고 있는 만큼 평생직업능력개발 관련 정책을 마련함에 있어서도 비대면화 시대에 걸맞는 내용과 방향성 설정이 필요하다. 최근 코로나19에 대한 대응의 일환으로 부각되고 있는 비대면(non face-to-face) 문화의 확산은 코로나19 극복 이후에도 사회 전반의 급격한 변화를 시사한다는 측면에서 주목할 필요가 있다. 특히 비대면화로 인한 일자리 구조의 변화, 재택근무 활성화로 인한 근무환경의 변화, 다양한 스마트기기의 활용을 통한 새로운 학습방식, AR·VR, 디지털 기술 등으로 인한 교수학습방법의 변화, 창의적이고 선택의 폭이 넓어진 교육훈련과정의 변화 양상 등을 종합적으로 고려한 평생직업능력개발 체제의 패러다임 전환이 필요하다.

비대면 시대의 평생직업능력개발 지원 전략 마련을 위해 개별 교육훈련기관별 교육 여건, 인프라 및 실태를 점검하고, 비대면 플랫폼 활용 전략에 대한 검토가 필요하다. 최근 교육부에서 코로나19로 인한 온라인 개학을 추진한 이후 교육기관별로 원격교육 운영계획 수립, 파일럿 테스트 실시, 수업자료 제작 및 콘텐츠 확보 등에 많은 노력을 기울이고 있으나, 교육기관별 교육여건 및 계열·전공 분야 특성에 따라 실제 운영 상황은 차이를 보이고 있는 상황이다. 특히 실습 중심의 교육훈련이 강조되는 직업교육훈련기관(특성화고, 마이스터고, 전문대학, 직업훈련기관 등)과 현장교육(OJT)을 주로 제공하는 일학습병행제 등의 제도는 비대면 방식을 활용한 교수학습방법의 적용 및 활용에 많은 애로사항이 발생할 것으로 예상되고 있어 교육훈련기관별 여건에 맞춘 다양한 플랫폼 활용 전략 수립이 요청된다.

제3부

4차 산업혁명 해외사례

제4장

일본의 4차 산업혁명 대응과 인재육성

장상수 (일본 아시아대학 교수)

제5장

디지털 변혁과 코로나 시대의 독일의 인재경영

김성국 (이화여자대학교 명예교수)

일본의 4차 산업혁명 대응과 인재육성

I. 경제사회의 현상과 전망

1. 불안정한 미래사회

일본은 한국보다 먼저 저출산·고령화를 경험하고 있다. 총인구 감소 속에 청년층 감소, 고령층 증가로 경제성장력은 점점 감퇴되고, '잃어버린 20년'이란 자조적 푸념처럼 장기에 걸친 성장정체 상태를 보여왔다. 이러한 가운데 재정측면에서는 수입보다 지출이 점점 커지고 각종 사회보장제도의 뿌리마저 흔들리고 있다. 이대로 방치하면 국가 존망까지 우려된다는 점에 다수가 공감하지만 제도개혁으로 불이익을 입게 될 계층의 거센 반발과 정치적 지도력의 빈약이 맞물려 근원적 제도개혁은 거의 불가능한 상태인 가운데 부분적 제도개선만 거듭해 오고 있다.

2012년말에 출범한 아베정권은 경제성장을 통한 세수증대를 꾀한다는 이른바 아베노믹스 경제정책을 발표하고 지난 7년간 꾸준히 추진해오고 있다. 그 이전의 20여년간 500조엔 규모에 머물었던 GDP를 2020년까지 600조엔으로 키우겠다는 거시경제정책이다. 이를 실현하기 위해서는 무엇보다 일본기업의 국제경쟁력 강화가 시급하다는 판단이었다. 예컨대 한국기업에 비해 환율, 법인세, 국제통상협정, 에너지관련 비용. 노동관행, 환경문제 등 6가지 분야에서 일본기업들이 상대적으로 무거운 짐을 지고 있다는 이른바 '육중고(六重苦)'를 거론하면서, 이를 가볍게 해주겠다는 정책을 펼치고 있다. 한국의 이명박대통령이 펼친 경제정책과 흡사하다. 하지만, 아베노믹스도 지난 수십년에 걸친 저출산·고령화의 영향으로 경기부흥에 필요한 노동력 공급 부족에 추진력을 잃고 있다.

2. 저출산 · 고령화로 인한 노동력인구 감소

2019년 8월 현재 일본의 총인구는 1억2,622만명이다. 2010년을 피크로 매년 줄어드는 추세이며 앞으로도 반세기 동안은 계속 줄어들 전망이다. 2045년에는 1억642만명, 2065년에는 8,808만명으로서 반세기 이내에 총인구의 1/3이 줄어들 것으로 예측하고 있으며[1], 이보다 심각한 문제는 인구구조변화에 있다. 저출산·고령화가 더욱 심화되면서 노동력인구(15-64세)는 피크인 1995년에 비해 4188만명이 감소하는 반면 65세 이상의 고령층은 그 비중이 2015년의 26.6%에서 38.4%로 크게 상승할 것으로 보인다. 노동정책연구·연수기구의 인구 및 노동력 전망[2]에 의하면, 노동력인구는 2017년의 6,720만명에서 2040년의 5,846만명으로 감소하며, 노동력율은 60.5%에서 59.1%로 떨어질 것으로 나타나고 있다. 취업자수 또한 동기간 중에 6,530만명에서 5,644만명으로 줄어들고, 취업율도 58.8%에서 57.0%로 하락할 것으로 보인다.

---

1 총무성, 「국세조사」 및 「인구추계」. 국립사회보장·인구문제연구소, 「일본의 장래 추계인구(2017년1월추계) : 출생中位·사망中位추계」 (각년10월1일 현재인구)

2 독립행정법인 노동정책연구·연수기구, 「노동력수급 추계 ―노동력수급모델 (2018년도판)에 의한 장래추계―」, 자료시리즈 No.209, 2019.3.29.

이러한 인구구조변화는 경제성장에 필요한 노동력 인구의 공급을 줄이게 됨으로써 일손부족으로 인한 기업들의 흑자도산까지도 지적되고 있으며, 내국인의 노동력 부족문제를 해결하기 위한 일환으로서 외국인 기능실습ㆍ연수생을 받아들이고 있는 실정이다. 2010년의 약 7.8만명에서 2018년에는 약 33만명으로 급증하였으며, 전국의 농림수산, 건설, 제조업 등 노동집약 직종에서 최저임금 수준으로 일하고 있다. 이러한 구조적, 만성적인 일손부족을 해결하기 위한 방책 내지는 수단으로서 제4차산업의 신기술의 도입과 활용에 관심을 가지고 있다.

3. 제4차산업화의 진전과 고용구조변화

18세기말 이후의 제1차 산업혁명(수력이나 증기기관에 의한 공장기계화), 20세기초의 제2차 산업혁명(분업과 전력을 이용한 대량생산), 1970년대의 제3차 산업혁명(전자공학이나 정보기술을 이용한 자동화)에 이은 제4차 산업혁명(IoT, Bigdata, AI, 로봇 등을 이용한 기술혁신)이 진전 중이다. IoT, 빅데이터 등을 이용함으로써 공장의 기계가동 상황부터 교통, 기상, 개인건강 상태까지 각종 정보가 데이터베이스화되고, 인터넷으로 서로 연결되어 융복합적으로 해석 및 활용됨으로써 새로운 부가가치가 창출되고 있다. 또한 인공지능(AI)의 활용은 인간의 지시명령 없이도 컴퓨터가 스스로 학습하고 판단하는 상황까지 전개되고 있다. 로봇기술 진전은 더욱 복잡한 작업까지 수행하게 될 것이며 3D프린트의 발전은 복잡한 제품 제조까지도 가능하게 하고 있다.

이러한 기술혁신은 생산과 소비의 양면에서 변혁의 가속화를 가져오고 있다. 종래의 대량생산·획일적 서비스 제공은 물론, 개별적 주문형 생산·서비스의 제공, 자원·자산의 효율적 활용, 노동력의 보조·대체 등으로 나타날 것이다. 당연히 노동자들의 일하는 방식에도 큰 변화가 예상된다. 일본 정부는 아베노믹스의 일환으로 일하는 방식개혁[3]을 적극 추진 중인데, 실행계획[4]에서는 제4차 산업의 신기술을 활용한 재택근무나 텔레워크 등에 관한 정책 추진을 명기하고 있다. 후생노동성은 '유연한 근로방식 검토회'나 '고용유사(雇傭類似)근로방법 검토회'를 통한 보고서[5]와 '노동정책 기본부회(基本部會)'를 통한 'AI 등 기술혁신동향 및 고용과 노동에 미치는 영향'에 대한 논의결과를 공표하였다.

이들 일련의 보고서는 공통적으로 총인구 감소, 저출산·고령화가 지속되는 상황 속에서 AI 등의 적극적인 도입과 이용의 필요성을 강조하고 있다. 산업구조와 취업구조, 노동시장과 고용관행의 변화에 상응하는 대응 필요성을 기술하고 있다.

제4차 산업혁명의 핵심도구라 할 수 있는 빅데이터, IoT, AI, 로봇 등의 적극적 도입 및 활용과 관련하여, 선행국가들 사례를 보면 몇 가지 특징이 있다. 첫째, 재화·서비스의 생산·제공과 관련된 데이터의 다

---

3 일하는 방식개혁(働き方改革)은, "이 과제 해결을 위해, 일하는 사람이 처한 개개 사정에 부응하여, 다양한 일하는 방식을 선택할 수 있는 사회를 실현하고, 일하는 사람 개개인이 보다 나은 장래의 전망을 가질 수 있도록 하는 것을 지향하고 있다"고 명시. (후생노동성, https://www.mhlw.go.jp/stf/seisakunitsuite/bunya/0000148322.html)

4 일하는 방식개혁 실행계획(2017.3.28. 각의 결정)은 '동일노동동일임금 등 비정규고용의 처우개선, 임금引上 · 노동생산성 향상, 벌칙부여 시간외노동의 상한규제 도입 등 장시간노동 是正, 고용흡수력이나 부가가치가 높은 산업으로의 轉職 · 재취직 지원, 유연한 근로방식이 용이한 환경정비, 여성과 청년의 인재육성 등 활약하기 용이한 환경정비, 고령자 취업촉진, 질병치료와 일의 양립, 육아 · 介護와 일의 양립, 장애자의 취로, 누구에게나 기회가 있는 교육환경정비, 외국인 수용'을 과제로 삼고 있다.

5 노동정책심의회 노동정책基本部會 보고서 -일하는 사람이 AI 등 신기술을 주체적으로 활용하고, 풍요로운 장래를 실현하기 위하여- 2019.6.27.

양한 해석과 활용이다. 예컨대 제품이나 서비스의 관련 데이터를 이용한 보수·점검 및 고객불만해소, 네트웍을 통한 개별 주문형 상품제공, 웨어러블 기기에 의한 건강관리, 의료분야의 개인별 특화치료[6], 보안회사에 의한 독거노인 간병서비스제공 등을 들 수 있다. 둘째는 공유경제(sharing economy)이다. 인터넷을 통하여 이용자와 제공자를 신속히 연결시켜 줌으로써 개인이 보유하는 유휴자산(자동차, 주거공간, 의복 등)을 타인에게 제공하거나 여유시간을 이용한 겸업·부업의 서비스제공이다. 예컨대 집·주차장·회의실 등 공간공유(Airbnb), 의류 등 재화공유(mercari), 자동차 등 이동수단공유(UBER), 간병·육아·요리 등 스킬공유(CrowdWorks), 펀드공유(Crowd Realty) 등이다. 셋째는 AI나 로봇의 활용이다. AI를 이용한 자동운전 시행실험이나 자산운용, 로봇을 이용한 요양이나 간병보조 등을 들 수 있다. 마지막으로 핀테크(FinTech)[7]의 발전이다. 거래선 금융기관이나 크레디트카드 이용이력을 스마트폰 상에서 집약하는 서비스나 개인간 송금이나 대차를 중개하는 서비스, AI에 의한 자산운용서비스 등이다.

아래 표는 일본의 2017년과 제4차산업화가 진전된 2040년의 직종별 취업자수를 예측한 것이다. 일정의 성장을 전제로 한 경우에도 의료·복지와 교육·학습지원 이외 모든 산업에 걸쳐서 약 886만명, 제로성장의 경우는 1285만명의 일거리가 사라질 것으로 예측한다.

---

6 일본식 영어 표기로order-made Medicine.

7 FinTech는 Finance(금융)와 Technology(기술)를 조합한 조어(助語). 일본 金融廳금융심의회(2015)는 「주로, IT를 활용한 혁신적인 금융서비스사업」으로 기술. 2017년9월에는 핀테크기업이나 금융기관 등이 「FinTech실증실험허브」를 설치, 2017.11-2018.3의 실증실험 종료 후 결과를 공표.

표 4-1 산업별 취업자수의 증감 (2017년 대비 2040년 증감, 단위 : 만명)

농림수산업	-95	도매·소매업	-237
광업·건설업	-195	김융보험·부동산업	-19
제조업	-99	음식점·숙박업	-30
식료품·음료·담배	-10	의료·복지	120
일반·정밀기계기구	-2	교육·학습지원	14
전기기계기구	-4	생활관련 서비스	-28
수송용기계기구	-8	기타 사업 서비스	-54
기타 제조업	-76	기타 서비스	-39
전기·가스·수도·열 공급	-4	공무·복합 서지스·분류불능 산업	-121
정보통신업	-87	산업계	-886
운수업	-13		

4. 노동 및 고용의 사회적 변화

제4차 산업혁명 (또는 Society 5.0[8])의 진전은 일본의 고용사회에 큰 변화를 초래할 것이다. 그 대표적 변화로 아래의 4가지로 집약할 수 있다. 첫째, AI나 로봇 등의 활용이 점차 확산됨으로 인한 사람의 역할 변화이다. Frey와 Osborne 연구[9]에 의하면 일본은 49%, 독일은 42%의 일이 AI 등 신기술로 대체되어 소멸된다고 한다. 물론 다른 연구결과도 적지 않다. '노동정책 기본부회' 보고서에 의하면, AI 등으로 대체되는 것은 직업 전체가 아니라 직업을 구성하는 개개 과업(task)이라고 지적한다. 여타 몇몇 연구조사에서도 상당수 일본기업이 실제로 AI를

8 Society 5.0에 대해서는 뒤에서 기술함.

9 Carl Benedikt Frey and Michael A. Osborne, 「The Future of Employment: How susceptible are jobs to Computerisation?」 September 17, 2013. 논문 요지는 ①향후 10~20년 사이에 자동화될 가능성이 높다(70% 이상). ②일은 전체의 47%. ③운송이나 물류에 관련된 일은 태반이 소멸. ④서비스업도 상당 부분이 소멸. ⑤금후 노동시장에서 살아남기 위해서는 높은 창조성(creativity)과 사회적 기능(social skill)이 필요.

도입 · 활용하고 있지만, 아직까지 기술적 실업문제는 가시화되지 않는 것으로 나타났다. 물론 장기적 영향에 대해서는 알 수 없지만, 단기적으로는 오히려 작업효율성이 향상되거나 일손부족 등의 문제를 해결해준다는 장점이 오히려 크게 부각되고 있다. 장기적으로는 단순정형적 업무는 AI나 로봇으로 대체될 것이며, 사람은 기획이나 개발 등 보다 창의적이고 부가가치가 높은 일에 집중할 것이다. 이때, AI 등 신기술은 이러한 사람의 지적 창조활동을 보조하는 역할이 더욱 커질 것으로 예견된다.

둘째는 ICT나 모바일 기기 등의 발전으로, 디지털 세계에서 완전히 처리가 가능한 일과 그렇지 않은 일이 분별된다. 그 결과로서 원격지근무 등 시간적, 공간적으로 보다 유연한 근로방식이 확산되어 언제 어디서나 근무할 수 있게 된다. 우한 폐렴과 같은 사태가 텔레워크나 재택근무를 촉발시킨 계기가 되기도 하였다. 이는 WLB(Work Life Balance)의 진전, 장애인이나 고령자의 취로기회 확대 등의 장점이 지적되는 반면, 24시간 인터넷 연결상태인지라 장시간의 과중노동으로 이어질 수 있다는 우려가 지적된다.

셋째는 클라우드 워크처럼, 디지털·플랫폼을 통한 새로운 근로방식이다. 개인사업주 내지 독립자영업자로 일할 경우, 자신의 형편이나 재량으로 일할 수 있다는 장점이 있는 반면에, 일거리 수주가 불안정할 수 있고, 부상이나 질환, 실업이나 고령화에 대한 안전망이 취약하다는 등의 단점이 우려되기도 한다. 플랫폼을 통한 근로방식은 빈곤화의 원인이 될 수 있다는 우려의 목소리마저 들리고 있다.

마지막으로 개인정보의 보호문제이다. 모바일PC나 태블릿과 같은 정보단말기, 혹은 웨어러블 단말기 등이 직장에 널리 도입되면, 사용자가 종업원의 개인정보에 접촉할 기회가 크게 높아지고 나아가 빅데이터로 축적될 수 있다. 예컨대 로봇 등 기계가 개개인 특성에 맞추어서 일하는 방식을 보조하거나, HR Tech활용시에는 AI가 종업원의 빅데이터를 분석함으로써 인사업무 효율화를 꾀한다는 이점이 있다. 하지만, 개인정보의 빅데이터화는 사용자에 의한 감시와 AI의 자동 프로파일링은 부당한 차별의 원천이 될 수 있다는 점 등이 외국에서는 논란이 되고 있다.

표 4-2 제4차산업화에 따른 노동에의 영향

AI, 로봇 이용	장점	작업시간・부담 효율화, 인력(후계자)부족 해소 등
	단점	기계에 의한 과업대체 리스크(기술적 실업)
ICT진보로 유연한 노동방식 확대	장점	근로자의 '시간主權'확보(WLB실현), 다양한 인재능력발휘
	단점	24시간 접근가능성으로 과중노동의 리스크
플랫폼경제 등장 (클라우드 워크)	장점	자율적인 노동방식의 실현
	단점	Digital precariat (디지털 비정규직)화의 리스크
노동자개인정보의 빅데이터화	장점	기계에 의한 노동자의 일하는 방식 서포트 등
	단점	프라이버시 침해, AI의 프로파일링(profiling)에 의한 사회적 차별 리스크

5. 독일의 제4차산업혁명과 일본의 소사이어티5.0의 양립

일본에서는 독일의 Industry 4.0과는 다른 개념의 Society5.0이란 용어를 널리 사용하고 있다. '제조업의 디지털화와 컴퓨터화에 의한 자동화를 지향한다'는 점에서는 공통되지만, Industry4.0이 제조업 중심인데 비해서 Society5.0은 사회 전반을 대상으로 하는 보다 포괄적인 개념이다. 제5기 과학기술기본계획에서는 Society5.0을 지향해야할 미래의 일본사회모습으로 제창하고 있다. 즉 “사이버공간(가상공간)과 피지컬공간(현실공간)을 고도로 融合시킨 시스템으로 경제발전과 사회적 과제해결을 양립하는 인간중심의 사회”로 정의한다[10]. 한편, 총무성[11]은 제4차산업혁명을 “2010년대 현재, 디지털기술의 진전과 더불어 온갖 것이 인터넷으로 이어지는 IoT의 발전으로 인하여, 한계비용이나 거래비용이 계속 낮아져, 새로운 경제발전이나 사회구조의 변혁을 유발한다”고 가술하고 있다. Industry4.0이나 Society5.0은 다같이 빅데이터, 인공지능(AI), IoT, 로봇 등 신기술의 적극적인 도입과 활용을 통하여 경제성장과 사회발전을 도모한다는 점에서는 공통된다.

6. 인공지능(AI)의 전략수립과 인재육성

통합이노베이션 전략추진회의(2019.6)에서는 ‘AI전략2019’[12] 발표를 통해 Society 5.0을 실현하기 위해서는 AI가 반드시 필요하다는 인식을 표명하면서, 절대 부족한 AI인재의 육성 및 확보를 제언하였다. 앞서 동년 3월에 정부는 ‘인간중심의 AI사회 원칙’을 정리하면서, ①인간의 존엄이 존중되는 사회(Dignity), ②다양한 배경을 갖는 사람들이 다양한 행복을 추구할 수 있는 사회(Diversity & Inclusion), ③지속성이 있는 사회(sustainability)라는 3가지 기본이념을 책정하였다. 아울러 명시한 4대 전략목표와 AI시대에 상응한 인재상으로서 다음과 같이 제시하였다.

---

10 내각부, 홈페이지. https://www8.cao.go.jp/cstp/society5_0/index.html

11 총무성, 「제4차산업혁명에 있어서의 산업구조분석과 IoT·AI 등의 진전에 관련한 현상 및 과제에 관한 조사연구」 보고서(2017.3), 주식회사 미츠비시총합연구소, p.7.

12 통합 이노베이션 전략추진회의결정(2019.6.11), 「AI전략2019 -사람·산업·지역·정부 모두에 AI-」

표 4-3 AI분야 3대전략과 인재상

<전략목표>
1. 세계에서 가장 AI시대에 대응한 인재를 육성하고, 세계로부터 인재를 불러들이는 나라가 될 것. 나아가 이를 지속적으로 실현하기 위한 시스템을 구축할 것. 2. 實세계 산업에서의 AI응용의 최고주자가 되고, 산업경쟁력의 강화가 실현될 것 3. '다양성을 내포한 지속가능한 사회' 실현을 위한 일련의 기술체계가 확립되고 그것들을 운용하기 위한 시스템이 실현될 것 4. 리더십을 발휘해 AI분야의 국제적인 연구·교육·사회기반 네트웍을 구축하고, AI의 연구개발, 인재육성, SDGs의 달성 등을 가속화할 것.
<AI시대에 대응한 복합적 人材像>
1. 최첨단의 AI연구를 하는 인재 <연구 인재> 2. AI를 산업에 응용하는 인재 <응용 인재> 3. 중소의 사업소에서 응용을 실현하는 인재 <개발 인재> 4. AI를 이용하여 새로운 비즈니스나 창조(creation)를 하는 인재 <사업화 인재> 5. 각 카테고리마다 두터운 인재층의 육성과 확보를 강조.

주; < > 내는 필자가 편의상 부여한 인재유형임

연구개발 목표를 설정 및 산업화 로드맵을 수립보다 이를 어떻게 실현할 수 있느냐가 중요하다. 일본 정부로서는 각 산업분야에서 AI기술의 문제해결능력(AI관련 다양한 지식과 범용적 능력), AI기술의 구현화 능력(컴퓨터 사이언스 지식과 프로그래밍 기술), AI기술의 활용능력(사회과제에 적용할 능력)을 갖춘 인재육성이 시급하다고 강조하였다. 민관 일체적 노력을 강조하면서, Society 5.0실현을 위한 정부의 서포트 역할로서는 다음을 나열하고 있다. 한편 민간부문에서는 전략의 이해와 AI사회원칙의 준수아래, 우수인재확보를 위한 국제경쟁력이 있는 보수체계의 도입, 타국과의 국제제휴나 다양한 이해관계자와의 협동을 추진할 필요가 있다고 지적하고 있다.

표 4-4 Society 5.0실현을 위한 정부의 서포트 역할

- 전략의 책정과 그 실현을 위한 로드맵의 책정
- 제도적·정책적 장해물의 신속한 제거
- 복수의 이해관계자 사이의 과제해결을 위한 네트웍의 구축
- 국내외를 포함한 인재육성
- 사회구조 변혁 및 국가 존속을 위한 사회 실용화
- 기반적인 연구개발, 차세대의 기초연구
- AI이용/활용의 가속화를 지향한 공통적인 환경정비
- 윤리, 국내 및 국제적인 거버넌스 체제의 형성
- 글로벌 네트웍의 허브 만들기

II. 노사정(勞使政)의 제4차산업 인재육성 정책

1. 정부

내각부 주도 아래 총무성, 문부과학성, 경제산업성, 후생노동성이 중심이 되어 제4차산업혁명시대(또는 소사이어티5.0시대)에 대비한 인재육성제도 및 각종 시책을 강구하여 실시하고 있다. 궁극적 목적은 일본경제의 지속적 성장이다. 기업들의 국제경쟁력을 강화하기 위해서는 모든 분야나 업종에서 전개될 제반 경제사회 활동에 빅데이터 등 신기술을 도입하여 활용할 필요가 있다. 따라서 그에 필요한 인재의 체계적 육성과 확보가 중요한 국정과제로 자리잡고 있으며, 아베 총리를 위원장으로 하는 산학관(産學官) 공동의 전문가회의를 개최해오고 있다.

아베정권이 2012년말에 출범한 이후 전반기에는 「일본재흥전략」(日本再興戰略, 2013~16년), 「산업경쟁력 강화를 위한 실행계획」(2013~17년), 「산업경쟁력 강화를 위한 중점시책 등에 관한 보고서」(2015~17년)를 각의에서 결정하고 국회에 제출하여 왔다. 2017년 이후는 경제재흥의 기반이 일단락되었다는 판단 아래, 미래의 경쟁력 확보를 위한 「미래투자전략」을 매년 각의결정하고, 「새로운 경제정책 패케이지」(2017.12)나 「혁신적 사업활동에 관한 실행계획」(2018.6) 등을 책정하여 실행으로 옮겨왔다. 2016년 9월 이후 제4차 산업혁명을 비롯한 장래의 성장견인 분야로의 과감한 투자를 가속화하기 위한 관련 회의를 정기적으로 개최해오고 있다.

표 4-5 아베노믹스 성장전략과 제4차산업혁명시대에 대비한 미래전략회의의 주요 의제

개최	일자	주요의제
42	2020.7.30	COVID-19感染症시대 및 그 이후의 새로운 사회상 검토를 향한 토론 테마
41	2020.7.17	① 경제재정운영과 개혁의 기본방침2020(안). ② 성장전략실행계획안
40	2020.7.3	• 성장전략실행계획안
39	2020.6.16	① 겸업·부업의 촉진 ② 핀테크/금융 ③ 디지털 광고시장 ④ 금후 위드 코로나, 포스트 코로나 시대의 성장전략입안을 위한 방향성
38	2020.5.14	① COVID-19감염증 확대에 대한 대응 ② 저속·소형의 자동배송 로봇
37	2020.4.3	① COVID-19감염증에 관한 대책 구체화. ② 6G(Beyond 5G)추진. ③ 오픈 이노베이션추진 ④ 기가스쿨(학교현장에 있어서의 오더 메이드형 교육) ⑤ 고용을 지키기 위해 기대되는 인재상과 육성.
36	2020.3.5	• 서플라이 체인. 광고 등. 캐쉬 레스. 중소기업 생산성향상. 환경·에너지.

개최	일자	주요의제
35	2020. 2. 7	• 새로운 성장전략 실행계획 책정을 향한 금후 추진방안
34	2019.12.19	• 새로운 성장전략 실행계획 책정에 관한 중간보고(案)
33	2019.11.12	① 디지털시장의 룰 정비. ②핀테크／금융분야의 법제 개정
32	2019.10.29	① Society 5.0시대의 고령운전자에 의한 교통사고 대책 검토 ② 5G의 가속 및 포스트5G의 모습 검토 ③ 지역의 모빌리티 등의 인프라 유지와 독점금지법의 특례법제의 구체화 ④ 중소기업의 거래구조와 생산성 향상책의 추진방안
31	2019.10. 3	① 기업내부 경영자원의 새로운 분야로의 투자촉진 ② 디지털시장의 룰 정비와 장래 규제의 정치화(精緻化)
30	2019. 9.19	① 금후 성장전략의 주요 검토과제 ② 디지털시장의 룰 정비의 방향성
29	2019. 6.21	① 성장전략실행계획안 ② 경제재정운영과 개혁의 기본방침2019(案)
28	2019. 6. 5	① 파리협정에 기초한 성장전략의 장기전략안 ② 성장전략 실행계획안
27	2019. 5.15	① 全세대형 사회보장의 고령자고용 촉진 및 중도채용·경험자채용 촉진 ② 성장전략 총론의 논점
26	2019. 4. 3	• 지역·합승버스 등의 경영통합·공동경영에 관하여
25	2019. 3.20	• 전세대형 사회보장에 있어서의 질병·개호의 예방·건강인센티브
24	2019. 3. 7	① 모빌리티 ② 코퍼레이트 거버넌스
23	2019. 2.13	① 디지털 시장의 룰 정비 ② 핀테크／금융분야
22	2018.11.26	• 경제정책 방향성에 관한 중간정리안에 관하여
21	2018.11. 6	• 지방시책에 관하여
20	2018.10.22	① 고령자고용촉진 및 중도채용 확대·신졸자 일괄채용 개선검토 ② 질병·개호 예방
19	2018.10. 5	• 성장전략 방향성(案)에 관하여
18	2018. 6.15	① 「경제재정운영과 개혁의 기본방침2018」(案)에 관하여 ② 「미래투자전략2018」(案)에 관하여

개최	일자	주요의제
17	2018. 6. 4	① 「미래투자전략2018」(素案) ② 에너지·환경투자를 통한 성장실현에 관하여
16	2018. 5.17	① AI시대의 인재육성 ② 차세대 헬스케어 시스템 구축 ③ 지방에서의 생산성혁명 (林業の成長産業化)
15	2018. 4.12	• Society 5.0의 지방에 있어서의 사회 실용/국제 전개
14	2018. 3.30	① Society 5.0의 이동혁명(자동주행) ② 행정분야의 생산성혁명
13	2018. 2. 1	• 생산성혁명 팩케이지 추진에 관하여
12	2017.11.17	• 생산성혁명에 관하여
11	2017. 9. 8	• 성장전략의 과제와 금후 추진방안
10	2017. 6. 9	• 「미래투자전략2017」(案)에 관하여
9	2017. 5.30	• 「미래투자전략2017」(素案)
8	2017. 5.12	① 제4차산업혁명의 추진을 향한 제반 과제 ② 공적자산·서비스의 민간개방
7	2017. 4.14	• 새로운 의료·개호·예방 시스템의 구축을 향해
6	2017. 3.24	① 로컬 아베노믹스의 심화(스포츠, 농업ICT) ② 이노베이션의 에코시스템 구축
5	2017. 2.16	① 제 4 차산업혁명의 추진을 향한 검토과제에 관하여 ② 자율주행에 의한 이동혁명에 관하여
4	2017. 1.27	① 기업관련제도 개혁·산업재편에 관하여 ② 규제개혁·행정절차 간소화·it화의 일체적 추진에 관하여 ③ 「2016년도 산업경쟁력강화를 위한 중점시책 등에 관한 보고서」(案)「산업경쟁력 강화에 관한 실행계획」(案)「지금까지의 논의 경위와 향후의 검토 방향성」에 관하여
3	2016.12.19	• 공적자산의 민간개방에 관하여
2	2016.11.10	• 미래투자회의 추진에 관하여, 의료·개호의 미래투자와 과제
1	2016. 9.12	• 미래투자회의의 개최에 관하여, 건설업의 미래투자와 과제

2019년 6월에 각의에서 결정한[13]에 기초하여, 동년 12월에 발표한 「새로운 성장전략 실행계획 책정에 관한 중간보고」에서는 향후 추진방안으로서 Society 5.0 실현을 포함하여 아래와 같은 방안을 제안하고 있다.

표 4-6 「새로운 성장전략 실행계획」 책정을 향한 향후 추진방안

1. 스타트업 기업, 오픈 이노베이션 활성화 • 구미기업에 비해 낮은 Mark-up율(부가이익율=이익÷원가×100) 제고를 위한 방책으로서 아베노믹스로 축적된 내부유보자금을 프런티어부분에 투자하거나 연구개발에 활용하도록 하는 방안 검토. - 대기업과 스타트 업 기업의 연계촉진 - 대기업과 스타트업 기업간의 계약의 적정화 - 기업가치 향상을 위한 스핀 오프를 포함한 사업재편 촉진을 위한 지침 책정 등 환경정비 • 스핀오프를 활용한 분리 건수는, 2010~2018년간, 미국은 273건, 일본은 제로.
2. 중소기업이나 低생산성 부문의 생산성 향상 - 대기업과 중소기업의 공존공영(상생경영) - 대기업과 하청기업과의 개별 거래 적정화 - 개호(介護)나 음식업•화물수송 등의 생산성향상 • IT툴 도입지원 등을 다년간, 계속하여 실시하는 시스템 구축을 전제로, 低생산성부문으로의 지원이나 요양 현장의 로봇•ICT도입 가속화 등을 검토. - 임금인상이나 최저임금의 적정화 검토 • 중소기업이나 소규모사업자가 임금인상하기 쉬운 환경정비, 적정 최저임금의 검토.
3. 겸업과 부업을 촉진하는 제도 정비
4. 프리랜서 등 고용이 자유로운 근로방식 환경정비 • Gig Economy확대는 고령자 고용기회를 창출하고 그로 인한 건강수명 연장, 사회보장관련 재정건전화 기여 등의 이점이 있으므로 프리랜서 관련 환경정비를 위해 각 부처가 공조.
5. 학교 현장의 주문형 교육 (GIGA School Global and Innovation Gateway for All) 1) Society5.0시대에 「아이들 능력을 최대한 이끌어내는 배움」을 실현하기 위해서는 교육 현장의 1인1대의 단말기 환경정비와 아울러, 디지털 교과서나 AI drill 등을 활용한 주문형 교육, 우수 외부인재활용 등 소프트한 측면의 개혁이 불가피.
6. 대학교육과 산업계, 사회인의 창조성 육성 2) 제 4 차산업혁명은 노동시장의 분극화를 초래. 중산층 축소와 저임금 및 고임금층 증가. 3) 제 4 차산업혁명이 진전될수록 창조성, 감성, 디자인성, 기획력과 같은 기계나 AI로 대체할 수 없는 사람의 능력이 부가가치 창출의 원천. 분극화 억제와 고부가가치화를 위하여, 아래 정책을 검토. - 중도채용과 경험자채용 확대. Society5.0시대의 대학 및 대학원교육과 산업계의 관계 재정립. 분극화에 상응한 사회인 창조성 육성을 위한 교육.

13 「성장전략실행계획」 「성장전략 실행계획」 수상관저 홈페이지. (https://www.kantei.go.jp/jp/singi/keizaisaisei/pdf/ap2019.pdf)

7. 디지털 시장 대응
- 디지털시장의 룰 정비
  - 자주성을 존중한 룰 제정을 전제로, 디지털 플랫폼 사업자와 이용사업자의 거래관계 투명화 등
- 디지털 광고시장의 투명성과 공정성 제고
- DFFT(Data Free Flow with Trust)실현을 향한 국제적 논의와 WTO의 데이터 유통 룰 정비
- 디지털 기술의 사회 실용화를 감안한 규제의 정치화(精緻化)
  - 모빌리티, 핀테크•금융 및 건축 3분야 중심으로 중장기적 관점에서 규제와 과제의 근본적 체크
- 5G의 가속 및 포스트 5G의 정보통신시스템 및 반도체 개발, 제조기술 개발
  - 포스트 5 G의 정보통신시스템과 반도체기술의 개발, 및 제조기술의 개발을 추진.

8. 지역의 인프라 유지
  - 합승버스사업자나 지방은행 등의 지역기반기업은 그 서비스의 중요성을 감안, 합병이나 공동경영으로 경영역량 강화, 생산성 향상을 도모하여 지속적으로 서비스를 제공.
  - 슈퍼시티 구상의 조기실현(주민 등의 합의를 반영하여 역내 독자로 복수의 규제개혁을 동시에 일체적으로 추진하는 것을 가능케 함. Society5.0의 미래사회).

9. Cashless 확산
- 지방자치단체의 공공료금의 캐시리스化 추진
- 전력공급정지 등 재해시의 캐시리스 대응 검토
- 가맹점 수수료・입금수수료의 개정, 입금 사이클 검토

10. Fin-tech／금융
- 관련법제의 개정 등
- 제4차산업혁명의 진전에 상응하는 결제 인프라 검토

11. 에너지・환경
- 야심적 목표를 세워, 관민 공동으로 에너지・환경분야의 혁신적 이노베이션을 견인.
  - 재생가능에너지의 주력電源化(태양광, 지열, 풍력 기술 등), 디지털기술을 이용한 강인한 전력망 구축(차세대축전지, 에너지제어시스템 등), 低코스트 水素공급사슬 구축(CO2없는 수소제조코스트 1/10의 실현 등), 인공 광합성 등 이산화탄소 유효이용의 CCU（Carbon Capture, Utilization; 탄소의 회수, 이용）기술 실용화 등

12. 게놈의료의 추진
- 게놈 의료 등 최첨단의료 도입에 대한 검토.

13. 해양・우주
- 해양 : 해양 플라스틱 쓰레기대책（生분해성 플라스틱 등의 대체소재 개발）등
- 우주 : 우주스테이션의 정비나 달표면 유인탐사 등 신규 국제프로젝트에 일본 기술로서 기여. 또한 우주쓰레기 대책 등에 벤처 활용, 및 새로운 우주 비즈니스를 키우는 환경 만들기

14. 차세대 인프라
  - PPP/PFI수법의 도입 가속화를 위해, 「유지관리」로 한정되어 있는 Concession 방식의 사업범위를 「건설」「개보수」까지 확대할 것을 검토

15. Mobility
  - Society5.0시대의 고령자운전으로 인한 교통사고대책 추진
  - 인구 과소(過疏)지역의 이동수단 확보 (자가용 유상 여객운송제도 시행 등)

16. 농업
  - 수확작업용 로봇이나 농약산포용 드론 등 첨단기술을 활용한 농업지원 서비스의 육성・보급.

출처: 내각부,「성장전략실행계획」(2019.12)을 참고로 필자가 가필첨삭.

그리고 각 부처는 책정된 정책을 반드시 실현하겠다는 의지표명과 아울러 주요 성과지표(KPI)를 설정하고, 책정 → 실행 → 점검 → 개선(PDCA) 활동을 전개하고 있다. 예컨대 Society 5.0시대를 실현하기 위한 인재육성과 관련된 주요 성과지표를 발췌하여 보면 아래 표와 같다.

표 4-7 Society 5.0시대 실현을 향한 인재육성 주요 지표(KPI의 주요 진척 상황)

주요 KPI	비고
2020년도까지, 무선LAN의 보통교실 정비를 100%로 한다	2017년도 38.3%
2020년도까지, 학습자용 컴퓨터를 3개반(班)에 1개반분을 정비한다	2017년도 아동학생 5.6명에 1대
2023년도까지, 새로운 IT패스포트 시험 수험자수를 50만명으로 한다	2019년도 개시
2020년도까지, 제4차산업혁명 스킬 습득강좌 인정수를 100강좌로 한다	2019년4월 54강좌
2022년도까지, 대학•전문학교 등 사회인 수강자수를 100만명으로 한다.	2016년도 약50만명

출처 : 성장전략 포털사이트, 「성장전략 Follow-up」(2019.6.21)

한편, 산업계의 인재육성 및 활용과 관련한 지원정책들을 살펴보면, 데이터 사이언스나 AI를 응용한 중소기업 경영과제 등을 발견하고 해결하기 위한 「과제해결형 AI인재육성」(AI Quest)에 관해서는 2019년도부터 실증과 아울러 인증제도를 검토하여, 2020년도부터 실시할 예정이다.

고도의 수학적 재능을 가진 인재를 발굴하여, AI기술을 비롯한 정보처리기술의 혁신인재로 육성해가는 「미답(未踏) IT인재발굴 및 육성사업」은 2019년도에 검토를 시작하여, 2020년도 이후에 실시한다.

현행 「異能vation[14] 프로그램」은 파괴적 이노베이션을 창출하기 위한 과제의 발굴 및 기업의 비즈니스화에 대한 도전을 지원한다. 어린이, 고령자, 사회인, 장애인 등이 프로그래밍 등 ICT스킬을 서로 배우고 지역에서의 활약을 돕는 「지역 ICT클럽」은 그 운영 등에 관한 가이드라인을 책정하여 전국적으로 전개한다. 사이버 시큐리티 인재에 관해서는 수요와 공급 사이의 메칭을 촉진하기 위해 직무·역할과 기능·자격 등의 연결, 및 공통언어화 등과 아울러 정보계·제어계에 정통한 중요 인프라·산업기반 등의 핵심인재에 관한 육성은 지자체와 공조체제를 갖춘다.

2019년6월에 각의 결정된 「통합 이노베이션 전략2019」[15]에서는 지(知)의 원천, 지의 창조, 및 Society 5.0사회로의 실용화에 있어서 특히 중점을 두어야 할 분야로 AI, 생물공학, 양자기술, 환경에너지, 안전 、안심, 농업 등을 열거하고 있다. 제4차산업혁명시대에는 모든 산업에서 IT나 데이터와의 기술적 융합은 불가결하며, 이러한 가운데서 새로운 부가가치 창출과 국제경쟁력 강화, 나아가 지속적인 경제성장을 추구하여야 한다. 그러기 위해서는 무엇보다 IT를 구사하는 가운데 창조성 발휘나 부가가치 창출이 가능한 인재육성이 시급하다는 인식이 지배적이다. 인재 육성은 3개 계층, 즉 톱 레벨 인재, 미들 레벨의 IT전문인재, 그리고 기초적인 IT리테라시를 갖춘 기업인으로 구분하고, 각각에 관하여IT 、데이터 분야를 중심으로 한 교육 및 인재육성의 전략을 제시하고 있다.

---

14 異能vation이란, 일어(異能)와 영어(vation)의 造語. 異能의 발음이 '이노우'임. ICT분야에서 지구규모의 파괴적인 가치창조를 위해, 가능성이 큰 기상천외의 기술과제에 대한 도전을 지원하는 프로그램.

15 통합 이노베이션전략 2019, 2019.6.21. 각의 결정. https://www8.cao.go.jp/cstp/togo2019_honbun.pdf

그림 4-1 제4차산업혁명을 향한 인재육성 종합 이니셔티브(미래사회를 창조하는 AI/IoT/빅데이터 등을 견인하는 인재육성 종합프로그램)

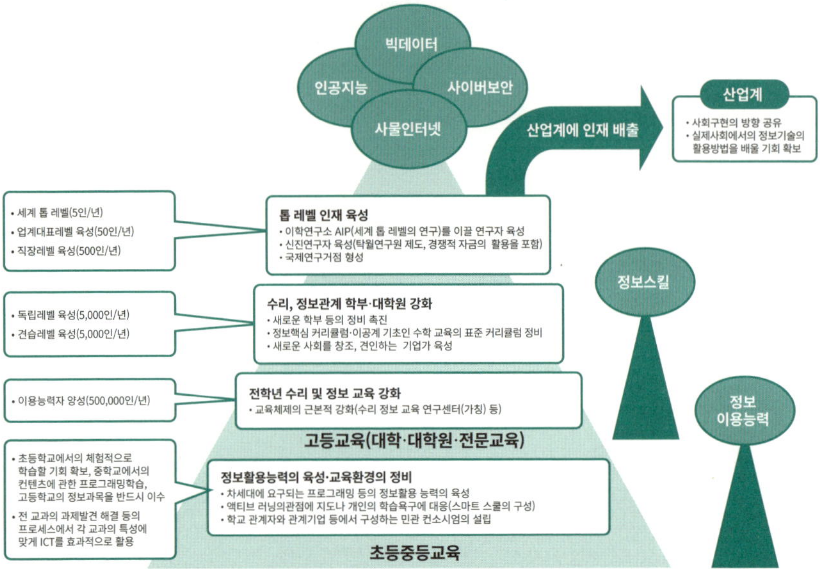

출처:문부과학성, 제4차산업혁명(Society5.0)을 향한 인재육성에 관하여-데이터관련 인재육성 프로그램소개-(2017.10.30)

일본 정부로서는 제4차산업혁명에 대비한 「스킬 습득강좌 인정제도」를 도입하고 있다. 이는 IT·Data를 중심으로 장래의 높은 성장성과 고용창출이 예견되는 분야에서, 사회인이 고도의 전문성을 체득하여 커리어 업을 도모하는 전문적·실천적인 교육훈련강좌로서, 경제산업대신(經濟産業大臣)의 인정을 받아서 실시되는 제4차산업 인재육성 지원제도이다.

인정대상 분야로서는 ①AI, IoT, Data science, Cloud(디자인사고, agile개발[16] 등 새로운 개발수법과의 조합을 포함), ②고도의 보안

16 2000년대 이후, 시스템이나 SW개발에 있어서 등장한 새로운 개발수법. 용어 그대로 환경이나 고객니즈 변화에 기민하게 대처하기 위해 짧은 개발기간을 채용함으로써 리스크를 최소화하려는 개발수법의 하나.

이나 네트워크, ③IT의 이용·활용(자동차분야의 모델베이스 개발, 생산시스템 디지털설계 등)이다. 단, ①과 ②의 경우, 기초나 초급의 IT 스킬은 대상에서 제외한다.

강좌의 요건으로서는 ①육성할 직업, 능력과 스킬, 훈련내용의 공개, ②필요한 실무지식, 기술과 기능의 공표, ③실습·실기·연습 또는 발표 등이 포함되는 실천적인 강좌가 커리큘럼의 절반 이상일 것, ④심사, 시험 등으로 훈련성과의 평가, ⑤e-러닝 등 사회인이 수강하기 쉽도록 강구할 것, ⑥사후평가시스템을 구축하고 있을 것 등이다. 경제산업성 장관이 인정한 교육훈련강좌 가운데 후생노동성이 정한 일정요건을 충족하고, 아울러 전문실천교육훈련(專門實踐教育訓練)으로서 후생노동성 장관의 지정을 받은 강좌는 다음 제도를 이용할 수 있다.

표 4-8 후생노동성 「교육훈련급부제도」 와의 연계

	전문실천교육훈련 급부 (專門實踐教育訓練給付)	인재개발지원 조성금[17]
지급대상	재직자나 이직 후 1년 이내인 자가 수강한 경우, 훈련비용의 일정율을 본인에게 지급. 또 45세 미만의 이직자가 수강할 경우에는 2022년 3월말까지 기본수당일액(基本手當日額)의 80%를 훈련수강기간 중 2개월마다 지급.	종업원에게 수강을 받도록 하거나 수강을 지원한 경우, 사용자는 훈련경비나 훈련기간 중의 임금 일부에 대해서 조성금을 받을 수가 있음.
지급조건	급부금을 받기 위해서는 고용보험 지급요건기간이 3년 이상(첫 회 2년)일 것	人材開發支援助成金 특정훈련코스
급부내용	수강비용의 50%를 6개월마다 지급. 단, 연간 40만엔이 상한. 수강종료 후 1년 이내에 고용보험 피보험자로서 고용되거나 계속 고용된 경우는 수강비용의 20% (연간 상한16만엔)를 추가로 지급.	경비조성;45% 중소기업 이외는 30% 임금조성;760엔(1인1시간당) 중소기업 이외는 380엔 생산성요건을 충족하면 할증됨. 30%→45%,45%→60% 380엔→480엔,760엔→960엔.

(人材開發支援助成金)출처; 후생노동성, 인재개발지원조성금(특정훈련코스, 일반훈련코스, 교육훈련휴가부여코스)의 안내.

17 보조금과 조성금은 모두 정책실현을 위한 지원금으로 返濟가 불필요. 조성금은 요건만 충족하면 누구나가 받을 수 있는 반면에, 보조금은 예산 한도가 정해진 까닭에 신청하면 누구나 받을 수 있는 것이 아님.

AI 등의 도입 및 확산은 필연적으로 현재의 근로방식이나 고용형태의 변혁을 초래할 것이다. 이에 대비한 능력개발지원제도를 정리한 것이 아래 그림이다.

그림 4-2 제4차산업혁명으로 바뀌게 될 근로방식 개혁을 위한 능력개발지원제도

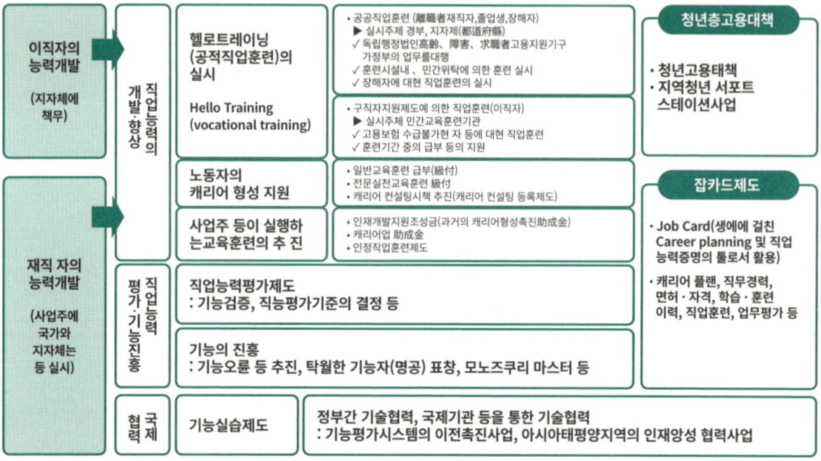

출처:노동정책 심의회 노동정책 기본브회 보고서 참고자료

문부과학성은 "Society 5.0은 AI, 빅데이터, IoT, 로봇 등 첨단기술이 고도화되고 이들 기술이 모든 산업이나 사회생활에 접목됨으로써 사회 모습 그 자체가 연속적이 아닐 정도로 극적으로 변하는 것을 시사하는 것이며, 제5기과학기술기본계획(2016.1.22 각의 결정)에서 제창한 사회 모습이다. 초(超)스마트사회[18]라 할 수 있는 Society 5.0의 도래로 인하여 창출될 새로운 서비스나 비즈니스로 우리 생활은 극적으로 편리하고 쾌적해질 것이다"고 기술하고 있다.

18 초(超)스마트사회란, "필요한 재화 · 서비스를 필요한 사람한테, 필요한 때에, 필요한 만큼 제공하고, 사회의 다양한 니즈에 세심히 대응할 수 있으며, 모든 사람이 질 높은 서비스를 받을 수 있어, 나이나 성별, 지역, 언어 등의 다양한 차이를 극복하여 활기차고 쾌적하게 살 수 있는 사회"로 정의함. <과학기술기본계획,2016.1.22 각의결정, p11.>

이러한 미래사회에 요구되는 인재상으로서는 기술혁신이나 가치 창조의 원천이 될 비약지(飛躍知)를 발견하고 창조할 인재와 이들 성과와 사회과제를 연계시켜 플랫폼을 비롯한 뉴비즈니스를 창조할 인재로 제시하고 있다[19]. 이러한 인재들이 공통적으로 겸비해야 할 능력으로서는 ①문장이나 정보를 제대로 읽고 이해하여 대화를 나눌 능력, ②과학적으로 사고하고 음미하며 활용할 능력, ③가치를 발견하고 창출하는 감성과 호기심, 탐구능력을 들고 있다.

표 4-9 문부과학성의 Society 5.0을 향한 선도적 프로젝트

공정히 개별 최적화된 배움을 실현하는 다양한 학습의 기회와 자리를 제공	① 학습의 개별 최적화나 나이 · 학년 초월한 협동학습을 위한 시범사업 전개 • 개별최적화; 스포츠, 문화, 특활, 자원봉사, 및 기초적 독해력, 수학적 사고력 등 • 협동학습; 영어 등 어학(나이나 학년이 아닌 어학 능력 중심의 반 편성) ② Study log 등을 축적한 배움의 포트폴리오 활용 ③ EdTech와 빅데이터를 활용한 교육의 질 향상, 학습환경 정비충실
기초적 이해력, 수학적사고력 등의 기반적인 학력이나 정보활용능력을 습득	① 어휘(語彙)이해, 문장 구조적 파악, 독해력, 계산력이나 수학적 사고력 등 기반적 학력의 정착을 중시한 신학습지도요령의 확실한 습득 ② 초중고를 통한 Data science나 통계교육 충실로 정보활용능력 습득 ③ 기반적 학력 내실화를 위한 학교지도체제 확립, 교원면허제도 개선
문과와 이과의 분단으로부터 탈피	④ 고교의 문과 · 이과의 분단을 허물어 모두를 배우는 인재를 육성 ⑤ 대학에서도 전공을 초월해 신기술에 대한 학습기회를 확충 ⑥ 지역의 특장점을 배워 지역사회를 활성화할 인재육성

표 4-10 제4차 산업시대에 있어서 인재육성정책의 방향성

교육 및 인재육성	• 새로운 비즈니스를 창출하는 인재육성을 위해서는 현행 교육이나 인재육성을 발본적으로 변혁할 필요성이 있음 • 구체적으로는 ①Top class의 인재육성, ②대학 · 사회인교육을 통한 미들 스킬 인재확충, ③초등과 중등 교육에서 기초적인 자질과 능력의 육성을 일체적으로 전개할 것 - Middle skill 예시 ; ①IoT, AI 등을 활용한 비즈니스 기획, ②High skill의 일을 지원하는 업무, ③개인의 센스나 아이디어를 살린 고객특화, ④휴먼 인터 랙션

19 문부과학성, 「Society 5.0을 향한 인재육성 -사회가 바뀐다, 배움이 바뀐다-」, Society 5.0을 향한 인재육성에 관련한 大臣감담회, 및 새로운 시대를 풍요롭게 살 힘의 육성에 관한 省內 태스크포스, 2018.6.5.

노동시장 및 고용제도	• 성장산업이나 사업으로의 신속한 노동이동을 촉진하는 지원제도. • 시업이나 업계단위의 재편, 신진대사를 활성화하는 제도 구축. - 개인의 실적, 평가, 능력과 시장가치와의 연계성 강화 - 새로운 기업과 개인의 관계에 상응하는 사회제도 구축
노동시장의 다양화촉진	• 성별, 연령, 국적 등을 초월한 글로벌 경쟁력을 갖춘 인재확보 - 재류자격제도 개정 및 로컬 인사제도나 시스템의 글로벌화 (직무내용 애매모호성, 장시간노동, 연공급, 언어장벽, 본사의 커리어패스 결여 등) - 국내외 노동시장에서의 중도(경력사원)채용 확대 • 저출산 고령화에 따른 노동력인구 감소완화를 위한 여성과 고령자의 고용확대와 이들에 적합한 노동환경 정비

그림 4-3 신시대의 학습을 지원하는 첨단기술활용 추진시책 실현을 위한 일정표

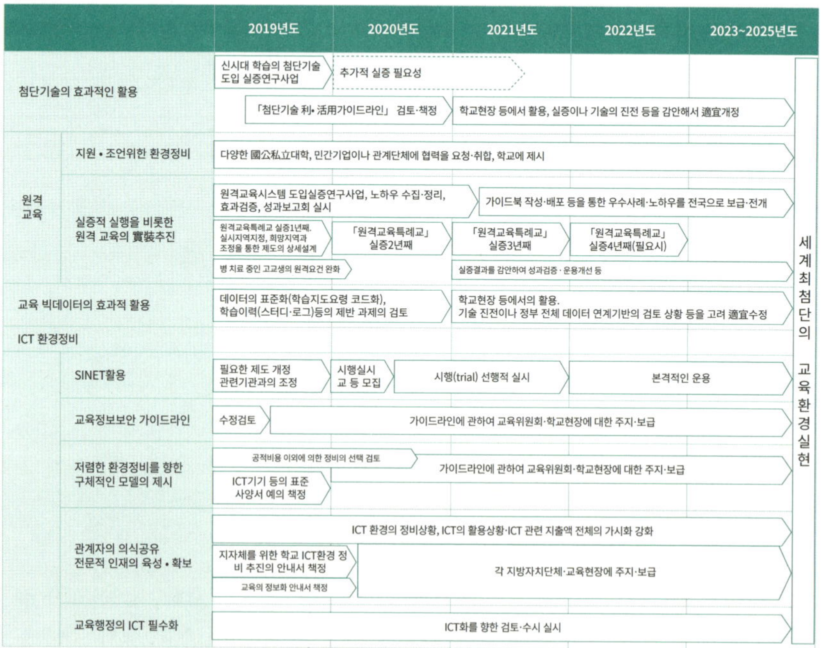

출처: 文部科學省, 「신시대의 배움을 지원하는 첨단기술활용추진방안」 (최종 종합)

2. 지방자치단체

동경도

제4차산업시대의 첨단기술인 AI, IoT, 빅데이터, 드론과 스마트 글라스, 캐시리스 등을 다양한 사업분야에서 적극적으로 도입하여 활용할 것을 지향하고 있다. 예컨대 AI는 방범이나 방재, 환경대책관련 사업에서, IoT와 빅데이터는 복지를 비롯한 육아, 의료와 건강, 고용과 노동, 관광 · 문화 · 스포츠, 도시개발, 방범이나 방재, 환경, 산업진흥 등의 분야에서 활용하는 방안에 대하여 정책적으로 지원하고 있다.

한편, 도청 직원들의 역량개발이나 향상에도 노력하고 있다. 2009년 발표 「동경도IT인재육성실행프로그램」[20]을 보면, 직원들 육성방침으로서 3C(Challenge, Collaboration, Career up) 즉 도전, 협동, 직무를 통한 성장을 키워드로 IT인재육성에 임하고 있다. 동경도 산하기관인 「동경도 중소기업 진흥공사」에서는 도내의 중소기업들이 IoT, ICT, AI 등을 도입하는 데 대한 지원과 더불어 운영인력의 스킬 양성 등 인재육성 지원시책도 펼치고 있다.

표 4-11 동경도 중소기업진흥공사의 인재육성사업 내용

인재육성사업	강좌 등 명칭	기간, 비용 등
ICT도입 인재육성사업	• ICT이해심경(深耕)강좌 • ICT기술도입강좌	1일, 무료, 경영인재 2일, 무료, 경영인재 및 실무자
ICT툴 도입조성사업	• 도입경비의 일부 조성 (조성율 1/3~1/2)	ICT,IoT,AI,RPA 등의 기술을 활용한 생산성향상에 필요한 기기
IoT, AI도입지원사업	• IoT, AI경영상담창구 • IoT, AI보급계발세미나 • 합동연구회 • IoT, AI도입전 적정화 진단•도입기기 진단	무료 약3시간, 무료 약3시간, 무료 1사당 최대6회, 무료

20 동경도총무국(東京都総務局), 「동경도IT인재육성실행프로그램」 ,2009.2

인재육성사업	강좌 등 명칭	기간, 비용 등
로봇도입•활용 지원사업	• 로봇세미나 • 로봇합동연구회 • 로봇도입기업 등 견학회 • 로봇도입전 적정화진단	약3시간, 무료 약3시간, 무료 1일, 무료 (화낙 본사공장 등)

지방 경제산업국

큐슈(九州)경제산업국에서는 AI인재육성「Data scientist강좌」등을 개설하여 인재육성을 서포트하고 있다. 그 일례가 경제산업성 시책 중의 하나인 '제4차산업혁명 스킬 습득강좌 인정제도'에 기초한 인재육성프로그램이다. 큐슈경제산업국은 민간전문기관과 연계하여 실시하는 프로그램의 요지를 보면 다음과 같다.

정부 추진의 Society 5.0을 실현함에 있어서 AI활용은 필수적이다. 따라서 데이터 사이언티스트 육성은 선결과제라는 인식에서, 학생과 일반사회인을 대상으로 주말 2일간 무료로 인재육성 프로그램을 운용 중이다. 사회인으로서는 도소매업, 음식업, 정보서비스업, 부동산업, 숙박업 등 데이터의 활용을 검토하고 있는 업종의 담당자이다. 교육내용은 데이터사이언스 입문(Data scientist 커리어, Data science업계 현황, Data scientist의 직무이해, 영상판정 어플리케이션 실용화와 Data scientist의 역할 등), 영상판정 어플리케이션 실용화를 위한 수순(Python에 의한 기계학습 첫걸음, 이용 어플리케이션의 사양과 실장을 위한 수순), 영상판정 어플리케이션 실용화 준비 및 실연(實演), 강평 등으로 구성되어 있다.

3. 산업계

제4차산업시대에 일본기업이 살아남기 위해서는 ①업무지식이나 노하우의 공유 및 전달, 재구성을 위한 데이터를 경영의 중핵으로 할 것, ②데이터를 매개로 한 에코시스템을 구축하기 위해 과감히 오픈화를 추진할 것, ③현장이 起点이 된 사람 중심의 자율적 조직을 강화하고 권한을 위임할 것, ④놀이 요소나 다양성을 수용하여 지적창조성을 높일 것, ⑤시스템사고나 디자인사고의 인재를 늘려서 '정답'없는 세계로 나아갈 것 등을 지적하기도 한다.[21]

한편, 첨단 디지털기술을 이용한 새로운 비즈니스모델 창출이나 기존 제품 및 서비스의 경쟁력을 강화하기 위한 DX(Digital Transformation)가 기민하게 추진되어야 한다는 지적도 있으나, 일본기업 경영진은 '돌다리도 두드리고 건넌다'는 지나친 신중함과 집단적 의사결정관행 등으로 급속한 환경변화에 제때 대응하지 못하고 기회를 놓치는 경우가 많은 것으로도 지적되고 있다. 이러한 문제의식을 바탕으로 산학관(産學官) 협동으로 DX추진시책을 강구하고 있다. DX추진관련 정성지표 가운데서'인재육성 및 확보'와 관련된 것들을 보면, 기존시스템의 유지보수업무를 벗어나 DX분야로 인재를 이동시키거나, 스킬 표준이나 강좌인정제도에 의한 인재육성, Agile 개발실천에 의한 사업부문 인재의 IT인재화 등을 권장하고 있다.

경제산업연구소 조사[22]에 의하면, 2010년대 중반 이후 인더스트리

21 경제동우회, 회원세미나1296회(2017년도제14회), 제4차동경도총무국(東京都総務局), 「동경도IT 인재육성실행프로그램」,2009.2산업혁명에서 일본기업은 살아남을 것인가? ~이기기 위한 처방전~, p.23. https://www.doyukai.or.jp/publish/uploads/docs/2018_02_06.pdf

22 독립행정법인 경제산업연구소, 「일본의 제4차산업혁명에 있어서의 IT, IoT, Bigdata, AI 등 디지털기술의 보급동향」, RIETI Policy Discussion Paper Series 18-P-019, 2018년12월

4.0은 점차 확산되는 추세이다. 2017년 조사에서만 2700개의 프로젝트가 추진 중이었다. 주로 핵심분야인 가치사슬(Value chain), 제조 및 가공, 유통, 생산계획과 같은 분야에 집중되어 있다. 자금과 인력에 여유가 있는 대기업일수록 적극적이며, 제조업에서는 생산성 향상에, 금융보험업과 정보통신업에서는 신가치창조에 중점을 두고 있다. 한편, 후생노동성 조사[23]를 통하여 IT유저 기업들의 IoT, AI, 빅데이터, 로봇, 클라우드 등 신기술에 대한 인지도와 그 활용도를 보면, 업종과 직종에 따라 큰 차는 보이나, 종합적으로 볼 때 인지도는 6~9할로 높지만 실제 활용도는 1할 미만으로 낮다. 제4차산업의 중추적 신기술을 활용하는 이유로서는, 업종과 직종을 불문하고, 업무의 합리화나 신속화가 가장 높고, 그 다음으로 코스트 삭감, 공유능력의 확충 등으로 나타났다.

필요한 스킬 습득 등 인재육성은 공공직업훈련을 널리 활용하는 것으로 나타났다. 표 계산 툴, 문서나 자료작성 툴, 커뮤니케이션 툴, 업무시스템과 관련하여서는 기본조작레벨이나 응용조작 레벨의 의존도가 높으며, 고도활용레벨은 전문기술직이나 사무직에서 비교적 높게 나타났다. IoT, 빅데이터, AI, 로봇과 관련한 강좌 수강은 3~5할의 다수가 의향이 없으며, 개요레벨, 조작레벨, 고도활용레벨의 순으로 낮아지고 있다. 가치창조레벨은 거의 제로에 가깝게 나타났다.

일하는 방식의 개혁과 MINDS운동

MINDS(Millennial Innovation for the Next Diverse Society)란, 제조·금융·운수·식품·IT 등 이업종의 기업 10개사에 소속하는 밀레니

23 후생노동성, 「2017년 기초적 IT리터러시의 학습 커리큘럼에 관한 조사연구사업」, IT유저기업에서의 IT이용/활용에 관한 조사, 앙케이트 결과보고서 (업종별·직종별 집계편) ,2018年3月.

엄 세대[24] 사원들이 모여, 이상적인 근로방식을 실천하고 그 결과를 자사나 지역사회로 환원시켜가고자 하는 목적 아래, 電通디지털과 일본마이크로소프트를 운영사무국으로 하여, 2019년 1월에 발족하였다[25]. MINDS는 「모든 개인이 각자 스타일로 일하는 사회를 실현한다」는 미션과 「업계, 회사의 틀을 넘어선 밀레니엄세대로부터 다양성이 있는 근로방식을 일본사회에 침투시킨다」는 비전을 표방하고 있다. 즉, 제4차산업혁명시대를 주도해갈 밀레니엄세대가 근로방식의 혁신과 다양화를 통하여 생산성 향상과 코스트 절감을 꾀하여 기업과 국가 경쟁력 강화에 기여하겠다는 의도이다. 그 활용요소로서 빅데이터, 인공지능, IoT, 로봇 등을 융합 및 접목시키고 있다.

표 4-12 분과회의 테마와 활동 목적

테마	활동 목적
시간・장소에 제약을 받지 않는 유연한 근로방식	워케이션(workation)의 효과측정을 통해 워케이션의 유효성을 검증. Workation=Work + Vocation.
열심히 계속 배울 수 있는 마인드세트	어떻게 하면 계속 배울 수 있는가를 검증. 계속학습은 보람이 있는 일을 얻기 위해 필요.
일생일사(一生一社)가 아닌 유연한 소속 방식	복수의 소속 선택(부업<겸업<複業)이 당연할 수 있도록 하기 위한 계기를 만듬.
공평하고 납득되는 평가	다양한 근로방식에 대한 공정하고 납득되는 평가를 탐구
다양한 선택을 할 수 있는 근로방식의 동기부여	일하는 동기의 가시화 및 개인이 높은 근로동기를 가질 수 있는 시스템의 명확화

24 MINDS는 연령을 기준으로 세대를 ① Baby boomers(52세 이상;리모컨), ② Generation X(35-52세;마우스), ③ Millennials(18-35세;터치), ④ Generation Z(18세 이하;보이스)로 구분. 35세 이하 노동인구가 2025년에는 세계 노동인구의 75%를 차지함.

25 발족멤버는 電通디지털, 日本마이크로소프트, 아지노모토, JR東日本, 三菱자동차공업, 일본항공, 카부돗토콤(カブドットコム)증권, 파나소닉 코네쿠팃도 소류숀즈社의 이상 8사였으나 그 이후에 日鐵興和不動産, 三菱地所, 기린 홀딩스, 東洋엔지니어링, 日本通運 등이 참여하여 13사(2020.2.17)로 구성.

그림 4-4 MINDS의 개념도

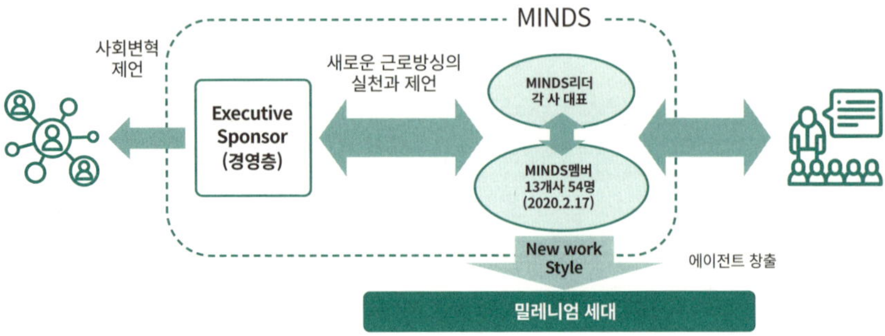

디지털 인재의 육성과 확보

경단련 조사[26]에 의하면, 일반사원을 대상으로 디지털 스킬이나 리테러시(literacy)에 관한 연수프로그램을 검토(20.8%)하거나 제공(35.5%)하고 있는 기업은 56.3%이며, 연수내용은 주로 디지털기술 전반의 동향, 데이터 분석, 보안(security), 디자인 사고, 디지털 마케팅, 프로그래밍의 순이다. 한편, 디지털화를 담당하는 AI 엔지니어나 데이터 사이언티스트와 같은 전문인재의 확보나 육성(복수응답)에 대해서는 사외로부터의 채용(36.5%)과 사내에서의 육성(36.0%)이 거의 비슷한 수준이며, 업무위탁 등으로 대응하겠다는 곳도 38.7%로 3등분되는 실상이다.

사외로부터 전문인재를 채용할 경우, 이들에 대한 처우방식을 보면 기존 일반사원과 동일한 인사임금제도를 적용하는 곳이 65%를 차지하며, 계약할 때 개별적으로 처우수준을 결정(29%)한다는 거나 별도의 인사임금제도를 적용(6%)한다는 곳은 35%이다. 글로벌 스탠다드와는 다소 거리가 먼 일본적 고용관행이 여전히 뿌리깊게 남아있다고 할 수 있다.

26 일반사단법인 일본경제단체연합회, 「인재육성에 관한 앙케이트 조사결과」(2020.1.21). 2019.7.19-동년9.6사이에經團連의 기업회원1412사를 대상으로 실시하여 368사로부터 유효한 응답을 받아 분석함

디지털化를 담당할 전문인재로서 필요한 직종(복수응답)을 보면, 데이터 애널리스트(68%)를 비롯하여, 데이터 사이언티스트(62%), AI 엔지니어(56%), 엔지니어(51%), 비즈니스 디자이너(50%), 프로듀서(46%), 프로그래머(40%), 아키텍트(32%), UX디자이너(27%)의 순으로 나타났다.

4. 노동계

노동계는 전반적으로 제4차산업혁명에 대하여 전향적 자세를 보이고 있다. 최대 전국노조인 렌고(連合)는 2010년대 중후반부터 제4차산업혁명에 대한 조합원교육, 우수사례연구 등을 공유하거나, 정노사(政勞使) 3자협의체를 통한 관련법령 개정건의 등의 활동을 전개해오고 있다[27].

2016년7월, 렌고는 「2017년도 중점정책」 결정에서 가장 중점을 두어야 할 7가지 정책을 설정하였다. 그 가운데 하나가 제4치산업혁명에의 대응이다. 그 요지는 '기업에서 IoT, AI, 빅데이터 등을 이용한 이노베이션으로 새로운 가치를 창출하고자 하는 설비투자나 연구개발의 지원', '사이버공격에 산학관이 협력하여 대책을 강구하고 아울러 조기의 정보공유나 기술개발, 인재육성을 할 것, 그리고 '근로자의 재교육기회 확충, 기업의 직업능력개발에 대한 지원강화 등 중장기적 커리어형성 지원이나 WLB추진을 위한 환경정비를 할 것'을 표명하였다.

일본의 노동단체는 위기의식속에 상생의 길을 모색하고 있다고 하겠다. 즉 제4차산업혁명시대의 글로벌경쟁에서 기업과 국가가 지속적으로 성장해 가기 위해서는 정부와 학계, 연구기관, 산업계와 노동계 등

27 (公財)連合총합생활개발연구소, 「IoT나 AI의 보급에 따른 노동에의 영향과 과제 −신기술도입의 현상·노동조합의 대처와 기대되는 역할-」, 連合總研Booklet No.15, 2018年11月15

이 연계하여 총체적으로 대처해 나가야 한다는 인식을 보여주고 있다.

5개 산별[28]로 구성된 전일본금속산업노동조합협의회(JCM, 회원수 2000만명)는 2019년 9월 3일, 정기대회에서 제4차산업혁명에의 대응을 새로운 운동방침으로 추가하였다. 독일의 선행경험에 관해 1년여 연구하면서 IG메탈과의 전문가회의 개최, 및 국내 경영자단체나 관계부처와의 연계를 통하여 노동자 관점에서의 적절한 대응을 취하고자 체제구축에도 노력하여 왔다.

관련된 운동방침으로 '자동화 추진은 심각한 일손부족에 대응하기 위한 유효한 대응수단이지만, 이로써 고용이 소실될 불안감이 있다'거나 '육체적 · 정신적으로 부하(負荷)가 큰 일의 부하를 경감시켜 줌으로써 일하는 보람 증진, 장해자나 고령자의 일할 기회 증대가 기대된다'는 등 장단점을 열거하면서 '모든 사람이 일의 변혁에 대응할 수 있도록 교육훈련이나 인재의 적절한 재배치 등 공정한 이행'을 전제로 '제4차산업혁명을 찬스로 포착하여 적극적으로 추진하는 입장을 명확히 하고, 생산성 향상이나 일하는 방식 개혁으로 이어 나간다'고 표명하고 있다.

표 4-13 노동현장의 신기술도입과 그 영향 <노동조합의 인터뷰 결과>

노조 명칭	업종 및 조직	노동조합 현황	노조의 인식(단점)	노조의 인식(장점)
미츠비시후소우	다임러그룹의 자회사. 노사협의회 설치	노조원수: 약7000명 지부: 전국 8개소 전임자: 본부 13명	기계화나 자동화로 인한 감원 고용보장 속에 신기술도입을 지원	새로운 서비스 제공 일하는 방식 다양화
NTT동일본 본부	통신업 노사협의회 설치	노조원수: 41000명 (10년전 57000명) 지부: 전국 6개소	신기술과 사람의 협업을 통하여 인원감소나 배치전환을 완화, 해소	위성사무소 설치 콜센터의 음성인식기술 도입으로 부하경감 RPA로 업무의 표준화 및 효율화

28 자동차총련(自動車總連), 전기연합(電機連合), JAM(Japanese Association of Metal, Machinery, and Manufacturing workers), 기간노련(基幹勞連), 전전선(全電線)

노조 명칭	업종 및 조직	노동조합 현황	노조의 인식(단점)	노조의 인식(장점)
미츠이스 미토모海上	손해보험업 노사협의회 설치	노조원수: 20116명 (10년전 14436명) 1본부46분회16지구회 전임자15명(3명 직원, 2명 損保勞連파견), 비전임자14명	Digitalization은 중점 전략과제의 하나 고용조정없는 신기술도입을 지향	AI대체직무의 엄선 및 고부가가치로의 인력이동 환경변화에 전향적으로 대응하여 일하는 보람 등 증진
전국생명보험노동조합 연합회	생명보험사업 노사협의회 설치	노조원수: 243799명 (10년전 251158명) 10년 전에 한명도 없었던 파트 · 계약직이15585명 증가. 1본부98지부 전임자16명 비전임자16명	업무효율화와 업무서포트를 위한 신기술도입 추진 신기술도입은 전부분에 영향을 미침(감원 등)	새로운 비즈니스창출과 고객서비스 향상. 기계와 사람의 일을 구분하고 신기술이 인간의 일을 보조. AI나 IoT의 전향적인 도입과 활용

III. COVID-19의 장기화와 제4차산업의 연계

COVID-19의 장기화는 경제주체의 행태에 변화를 초래하고 있다. 가계(소비자)는 아마존, 쿠팡 등의 인터넷을 이용한 소비 행태를 보이며, 기업체나 공공기관은 인터넷을 이용한 텔레워크 등으로 일하는 방식이 크게 변하고 있다. 대학교를 중심으로 교육방식도 줌(ZOOM)이나 미트(MEET) 등을 매체로 한 원격교육이 널리 확산되고 있다.

경제동우회의 보고서[29]에 의하면, COVID-19의 장기화가 경영에 미친 바람직한 영향으로서는 첫째가 '툴을 이용한 커뮤니케이션 활성화 및 업무 합리화'(78.6%)를 들었으며, 이어서 '통근비나 오피스 광열비 등 코스트 절감(23.1%)', '종업원 만족도 향상과 인재확보(15.4%)', '인사관리방식의 개선(13.7%)' 등의 순이다. 반면, 바람직하지 않은 영향으로서는 첫째가 '조직내외에서의 커뮤니케이션 감소 및 원격근무로 대응 곤란한 업무의 지연이나 정체'(63.6%)를 들었고, 이어서 '인

29 經濟同友會, 「2020년9월(제134회)景氣定點觀測앙케이트調査結果」(2020.9.9)

사관리의 곤란(29.5%)', '수당 신설, 원격근무를 위한 인프라정비 등으로 인한 코스트 증가(15.4%)', '출근이 불가피한 종업원의 불만 증대(10.2%)' 등의 순으로 나타났다.

전염성 예방을 위한 새로운 근로방식의 도입이라 하더라도 장점과 약점이 양립함을 알 수 있다. 이는 주로 직무 특성에 따른 차이로 보인다. 예컨대 재택근무의 경우 가능한 직무와 불가능한 직무가 있고, 혼자서 독립적으로 완결될 수 있는 직무가 있는가 하면 전후 연관된 업무관련자가 한곳에 모여 팀으로 해결하여야 업무효율성이 극대화될 수 있는 직무나 과업이 있는 것이다. 인사제도나 노무관리와 관련하여서는 직무형 인사제도로의 이행, 직무수행 형태별 처우 등 제반 인사관리, 재택근무에 따른 노동시간관리 및 동기부여시책, 신입사원 OJT 등 교육프로그램 개편, 현장 근무자들의 불만관리 등이 새로운 해결과제로 지적되었다.

1. COVID-19가 일하는 방식에 미친 영향 : 텔레워크의 현상

게이오(慶應)대학의 조사[30]에 따르면, 전국 텔레워크 이용율은 COVID-19가 발생하기 이전의 1월에는 6%였으나, 확산 초기의 3월에는 10%, 그리고 긴급사태선언 중인 4~5월에는 25%까지 상승하였다. 그러나 긴급사태선언이 해제된 6월에는 17%로 낮아졌다. 수도권의 경우도 전국과 동일한 패턴을 보이지만, 이용율은 전국평균을 크게 웃돈다. 4~5월에 38%, 6월에 29%로 전국평균보다 10%포인트 높은 수준이다. 조직의 규모가 클수록 이용율이 높게 나타났으며, 산업별로는

30 大久保敏弘, 「제2회 텔레워크에 관한 취업자실태조사(速報)」 (2020.6.30) 표본수가 가장 많은 조사보고서로서 다각적인 분석을 실시함. https://www.nira.or.jp/pdf/report202006-1.pdf

정보통신업을 선두로 정보서비스·조사업, 금융·보험업, 교육·학습지원업, 전기·가스·수도·광열업, 제조업 등의 순으로 나타났다. 비정규직의 이용율이 정규직에 비해 크게 낮은 것으로 나타났는데, 이는 대부분 육체적 노동자이거나 대면서비스업에 종사하기 때문으로 해석된다.

렌고(JTUC)의 조사[31]에 의하면, 텔레워크 근무자의 7할 이상이 근무일의 절반 이상을 재택근무 등 텔레워크를 하고 있다[32]. 그리고 종래 오피스의 통상근무보다 장시간 노동하였다는 응답이 과반수를 넘었고, 시간외나 휴일노동을 하였지만 65%는 신고하지 않았으며, 56%는 회사에서 이를 인정하지 않았다고 응답하였다. 초과근로 잔업수당을 신고하지 않은 이유로서는 '신고할 분위기가 아니다'(27%), '시간관리가 이루어지지 않고 있다'(26%)고 응답하였다.

여러가지 문제점이 지적되고 있지만, 그럼에도 불구하고 텔레워크의 계속 여부에 대해서는 82%가 텔레워크의 계속을 희망하였다. 특히 30대 여성층에서는 90%가 계속을 희망하였다. 그러나 초등학교 이하의 자녀를 두고 있는 근로자의 경우는 81%가 텔레워크의 어려움이나 고충을 나타내었다.

텔레워크의 메리트로서는 '출퇴근하지 않기 때문에 시간을 유효하게 이용할 수 있다'(75%), '자유스런 복장으로 일할 수 있다'(48%) 등을, 디메리트로서는 '근무시간과 그 이외 시간의 구별이 어렵다'(45%), '운동부족'(39%), '상사나 동료와의 커뮤니케이션 부족'(38%) 등을 지적하였다.

끝으로 텔레워크를 지속적으로 제대로 실시하기 위해서 해결하여

31 連合(JTUC), 「텔레워크에 관한 조사2020」(2020.6.30)

32 게이오대학 조사에서는 주3일 이상의 텔레워크가 1월 45%, 3월 54%, 6월 62%로 집계됨.

야 할 선행과제들로, 다음과 같은 것들이 거론되었다. 먼저 조직원들의 의식개혁부문에서는 무엇보다 CEO를 비롯한 경영진의 의식개혁(31%>상사·동료26%>자기자신21%)이 필요하다는 인식을 보였다. 인프라 등 환경정비와 관련하여서는 경비부담(29%), 보안대책(27%), 가내 작업환경(27%), 통신환경 충실화(24%), 노무관리와 관련하여서는 적절한 노무시간관리(24%)와 안전위생관리(12%) 등을 지적하였다.

마이나비(mynavi)의 조사[33]를 통해, 텔레워크를 하지 못하는 이유를 보면, 회사로부터 PC나 휴대폰 미지급(36%), 관련 매뉴얼의 미정비(30%), 경영자의 실시반대(22%), 업무관련 정보의 사외반출금지(21%), 우편물 수취나 발송업무가 있어서(18%), 화상회의 등 툴의 미도입(13%), 고객과의 면담(13%) 등을 지적하고 있다.

2. 텔레워크와 ICT 툴의 활용

당연한 결과이지만, 텔레워크가 오피스근무보다 사용하는 ICT툴이 다양하며 그 이용율이 높다. 상기 게이오대학 조사에서 「2020년 6월1일 시점에서 오피스 근무하거나 텔레워크를 할 경우, 어떠한 ICT 툴을 이용하는가」 하는 질문에 대해 아래와 같은 결과를 얻었다.

이용율이 높은 순으로 보면, TV회의나 Web회의(63%), Chat이나 SNS에 의한 사내정보공유(36%), 근태관리·그룹웨어(31%), 파일공유·공동작업(30%), 전자결제(14%), 리모트 액세스(14%) 등이다. 한편, 텔레워크를 이용하지 않는 근로자는 전반적으로 이용률이 매우 낮았다. 그 어떤 툴도 이용하지 않는다는 응답자가 64%에 달하였다.

33 https://news.mynavi.jp/article/20200911-1294887/ 조사기간;2020.8.27-28일. 대상자는 수도권의 22-69세 429명 회사원.

그림 4-5 텔레워크 유무별 사용하는 ICT 툴의 이용률(단위;%, n=10,904)

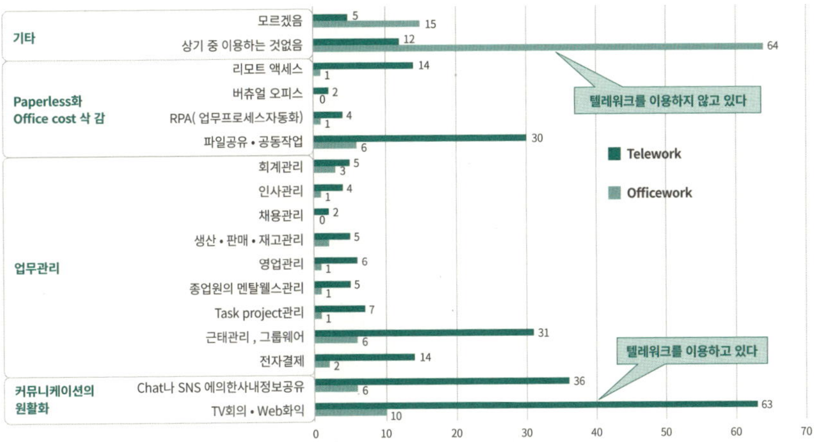

IV. 정책제언

국가경제 및 기업의 지속적 성장은 인적자원의 경쟁력에 달려있다. INSEAD의 글로벌인적자원경쟁력[34](2018-2020년)을 보면, 한국은27위로 일본의 21위보다 낮다. 양국간의 평점 차이도 2013년이래 거의 같은 격차를 유지하고 있다. 세계 1위의 스위스와는 그 평점(81.3점) 차이가 20점 이상 벌어진다. 결코 인적자원의 경쟁력 수준이 높다고 볼 수는 없다.

그러한 가운데서도, 90년대 초반부터 20여년 동안에 걸쳐서, 일본 경제가 성장정체에 머문 반면에 한국경제는 높은 성장을 이룩하였다. 그 까닭은 디지털시대로의 변혁에 대한 대응의 차이가 있었기 때문이다. 일본의 경우는 대기업의 전문경영자들이 급속한 환경변화에서도

34 Global Talent Competitiveness Index (GTCI).

지나친 신중함을 보이면서 시기를 놓친 것과는 달리, 한국의 대기업 소유경영자들은 성장 호기로 받아들여 무모하다고 할 정도로 과감한 의사결정과 투자를 단행함으로써 기회선점에 성공하였고, 국가경제성장을 견인할 수 있었던 것이다.

오늘날에도 똑 같은 상황이 눈앞에 펼쳐지고 있다. 디지털화가 더욱 심화된 제4차산업혁명이 급속도로 진전 중이다. 위기를 기회로 만들어서 기업과 국가가 지속적으로 성장하기 위해서는 무엇보다 4차 산업혁명시대를 선도하겠다는 사회적 공감과 상생적 협동정신이 필요할 것이다. 이러한 비전과 미션을 달성하기 위해서는 4차 산업혁명시대가 요구하는 인재상의 확립과 선제적 확보가 불가결하다는 점이다. 국내노동시장 혹은 기업내부에서 자체적으로 육성하든지, 아니면 글로벌노동시장에서 (표현이 지나칠 것이지만) 수단방법 가리지 말고 모셔와야만 한다. 정부나 기업이 제 아무리 뛰어난 전략을 수립하였다고 할지라도 그것을 실현해 줄 인재가 없다면 그야말로 그림의 떡에 지나지 않기 때문이다.

미래사회에서 부(富)를 창출하는 가장 큰 원천은 지식과 정보라고 한다. 그리고 지(知)를 창출하는 주체는 사람이지만, 사람의 역량과 가치에는 천차만별(千差萬別)에 천양지차(天壤之差)가 있다. 시대와 전략에 부합되는 인재들에 의해 지(知)는 더욱 정제되고, 서로 다른 지와 지가 충돌하고 융 · 복합되는 과정속에서 새로운 부가가치는 창출된다. 어느 나라에도 없는 새로운 재화와 서비스를 창출함으로써 높은 독점적 이윤을 누릴 수 있고, 그만큼 그 나라의 국고도 여유로워져 갈 것이다.

4차 산업혁명시대가 필요로 하는 지식이나 기술을 겸비한 인재를 확보하는 데는 몇 가지 방법이 있을 수 있다. 첫째는 내부에서 자력으로 육성하는 방법이고, 둘째는 외부에서 삼고초려(三顧草廬)하여 모셔오는 방법이다. 환경변화 속도가 빠를수록 전자보다 후자가 유효하다. 내부에서 육성하는 사이에 글로벌시장은 블루오션(blue ocean)에서 레드오션(red ocean)으로 바뀔 것이고, 뒤늦게 뛰어들어봐야 고생만 실컷 하고 손에 남는 것도 별로 없기 때문이다. 특히 인건비가 높은 나라의 기업이라면 더욱 그러할 것이다.

여기서 세번째 방법으로서 유력한 수단이 지(知)의 네트워크를 구축하는 것이다. 그 일례가 오픈 이노베이션이다. 누구나가 필요로 하는 인재는 공급측면에서 절대부족한 상황이기 때문에 모두가 자기회사 종업원으로 확보하기란 불가능하다. 한편, 글로벌 핵심인재들은 각종 규정이나 룰에 의해 언행의 제약을 받거나 문화나 가치관 충돌이 불가피한 조직에 전속(專屬)되기를 원하지 않는다. 특히 덩치 큰 대기업이나 관료조직이 그러할 것이다. 반면에 규모가 작은 기업체로서는 금전적, 비금전적으로 이들의 니즈를 충족시켜줄 만큼의 여유가 없다. 따라서 한사람의 핵심인재가 다수의 복수 조직과 개별 안건별로 필요한 지식이나 기술을 제공하고 그 대가를 받는 지식거래계약을 체결하는 방법이다. 최근, AI분야의 대학 교수를 복수의 민간기업들이 개별 연구프로젝트를 수행하는 것도 이러한 범주에 속한다.

상기 3가지 방법을 놓고 볼 때, 일본은 여전히 첫번째 방법에 의존하는 경향이 강하다. 신규졸업생을 채용하여 내부에서 육성하는 관행이기 때문에, 뛰어난 전통기술은 갖고 있지만 외부와의 융복합하는 마인드와 역량의 결핍으로 글로벌시장을 선점하는 데는 뒤떨어진다는 국내 비평을 받고 있다. 대기업일수록 외국이나 국내 타기업으로부터의 경력사원 채용비율은 낮은 편이다. 따라서 지(知)의 융합범위도 좁다. 딜로이트 토마츠의 조사[35]에 의하면, 제4차산업혁명으로 기대되는 성과를 보면 그 첫째가 수익확대(일본97%, 글로벌 91%), 그 다음이 고객과의 관계강화, 생산성과 효율성 향상, 리스크 관리향상, 코스트 삭감 등의 순으로 응답하고 있다. 반면에 우수인재의 확보와 정착(일본1%, 글로벌 31%)의 응답율은 매우 낮게 나타났다. 특히 일본경영자들은 '거의 성과가 없다'는 인식을 강하게 보였다.

제4차산업혁명(Society5.0)시대에 필요한 인재육성정책과 관련하여 일본의 특징을 간략히 정리해 보면 다음과 같다.

첫째는 총리 주관의 전문가회의를 통해 입안된 정책을 내각에서 결의하고, 실행 진척도를 체크하여 그 결과를 국회에 보고하고 있다. 중장기적 인재육성정책은 학교교육을 중심으로 한 문부과학성이 주무부처이고, 산업현장에서 필요한 단기적 인재육성정책은 상대적으로 경제산업성과 후생노동성이 주무 부처로서 그 역할을 수행하고 있다.

둘째는 정부의 정책 수립과 관련한 각종 전문가회의에는 관료 이외의 학계와 산업계, 필요시에는 노동계 인사 등이 참여하고 있다. 예컨대 아베노믹스 경제정책 초기에는 경제의 호순환을 조기에 실현시키고자 「정노사(政勞使)회의[36] 」를 신설한 바 있다. 원활한 정책실현을 위해서는 노동계와의 대화와 의견 수렴은 불가피하다는 기본 인식이다.

---

35 2019년9월, 구미와 아시아의 19개국의 대기업 경영진 2029명(일본은 146명)으로부터 받은 회답을 분석. https://www2.deloitte.com/jp/ja/pages/about-deloitte/articles/news-releases/nr20200121.html

36 한국의 「경제사회발전 노사정 위원회」와 같은 상설정부기관은 없음. 용어도 노사정(勞使政)이 아닌 정노사(政勞使)로 표기하여 정부 주도를 시사함. 「경제의 好循環 실현을 향한 政勞使會議」는 2013년에 5회, 2014년에 4회, 2015년에 1회 개최한 후 해체됨. 그 이후는 각종 전문가회의 구성멤버로서 노동계가 참가하여 의견을 개진함.

셋째는 정부는 물론, 지자체(47개 都道府縣) 역시 더 큰 부가가치 창출을 위해서는 제4차산업혁명(또는 Society 5.0)을 적극적으로 받아들일 필요가 있으며, 그 주체가 될 인재육성을 위해서 다양한 보조금이나 조성금을 마련하여 지원하고 있다.

끝으로 COVID-19의 장기화는 일본의 제4차산업화 내지는 소사이어티5.0의 실현을 좀더 앞당길 것으로 생각된다. 한국에 비해 디지털화나 ICT활용도는 뒤떨어지지만, 반성과 재기의 기회로 인식하고 국가 예산의 확대[37] 및 산관학(産官學)협동체제 강화, 관련 벤처기업 활성화 등에 치중하고 있다. COVID-19의 예방과 조기 종식을 위하여, TTIT [38]프로세스에 있어서 빅데이터, 인공지능, IoT, 로봇, 5G 등의 첨단기술을 융합한 해결책을 모색하고 있으며, 실현 속도는 느리지만 가시적 성과를 올리고 있는 것으로 평가받고 있다.

---

37 문부과학성, 「제 6 기 과학기술기본계획을 향한 사고(연구역량의 향상과 신형 코로나바이러스 감염증에의 대응)」, 2020년5월8일. https://www5.cao.go.jp/keizai-shimon/kaigi/special/reform/wg7/20200508/shiryou1-3.pdf. 13-23쪽 참조. 일본 정부의 COVID-19관련 연구개발비는 1000억엔 미만으로 결코 많다고는 할 수 없음. 2020년 5월 27일, 각의 결정한 제2차 추경예산안에서 COVID-19관련 연구개발비로 609억엔을 계상. 2월에는 진단법, 치료법, 및 백신의 개발 등을 위해 약20억엔을 편성.

38 PCR 등 검사(Test)-추적(Trace)-보호(Isolate)-치료(Treat)를 의미하는 약자(略字)

디지털 변혁과 코로나 시대의 독일의 인재경영

I. 들어가며

2011년 경부터 독일 사회는 '사회 4.0(Gesellschaft 4.0)'로 돌입하였고, 종래의 컴퓨터와 인터넷을 활용한 기술과 경제에 따른 '사회 3.0'에서 한층 더 발전된 사회가 되었다. 3.0과 4.0을 구분짓는 가장 분명한 것은 '디지털화(Digitalisierung)'라고 말할 수 있다(Kollmann & Schmidt, 2016). 디지털 정보기술은 사실 1990년대 초에 개발, 도입되기 시작한 기술이다. 이 기술은 그동안 소수의 전문가들에 의해 활용되다가 지난 2000년대 중반 인공지능(AI)과 사물인터넷(IoT: internet of things)과 결합되면서 시너지 효과가 생성되어 사람들의 일상생활과 밀착된, 혁신적 기술로 크게 주목받게 되었다. 디지털화는 인터넷과 사물인터넷을 기반으로 하여 정보와 지식, 그리고 상품거래가 개인이 아니라 많은 개인들과 기관들로 형성된 네트워크 속에서 흘러가는, 변화된 시스템을 의미한다. 사람들은 이러한 디지털 변환(digital transformation)을 체험하면서 디지털이 독일의 사회, 경제, 정치계에 많은 부분을 바꾸는 것을 실감하고 있다.

독일 경제의 주요 주체인 기업과 정부는 디지털 변환의 시대에 어떠한 인재를 개발하고 활용하여야 하는가에 대해 문제의식을 갖게 되었고 이에 대한 대책 마련에 부심하고 있다. 이 글에서는 디지털화가 독일 사회에 끼친 영향에 대해 살펴보고, 독일 정부와 기업의 인재 경영의 변화된 모습과 미래전략에 대해 살펴보고자 한다. 무엇보다도 독일식 4차 산업혁명이라 할 수 있는 '산업(Industrie) 4.0'의 추진 배경과 내용, 그리고 정부·기업·대학의 협업으로 추진되는 노동시장과 인재육성 정책인 '노동(Arbeit)4.0'을 함께 살펴봄으로써 디지털 변혁의 시대에 독일이 노동과 일자리, 그리고 인재를 어떻게 경영하고 있는지를 알고자 한다.

또한 2020년 3월부터 독일 사회에 충격적인 영향을 미치고 있는 코로자 19 팬데믹(pandemic)의 위기가 독일 사회와 기업에 어떤 변화를 주고 있으며 조직과 개인들은 어떤 대응을 하고 있으지, 그리고 코로나 19 이후의 독일 사회와 인재경영 지평의 변화에 대해서도 살펴보고자 한다.

II. 독일 Industrie 4.0

1. 독일 Industrie 4.0의 추진 배경

2011년 4월 4일, 독일의 하노버 시에서는 세계 최대의 산업박람회라 불리는 하노버 박람회(Hannover Messe)의 개최를 알리는 개회식이 진행되고 있었다. 참석자는 독일의 연방 총리 앙겔라 메르켈과 프랑스 총리 프랑수아 피용을 비롯한 각국 대사 등 외교사절, 국내외 정치 지도자 및 경제계 지도자, 기업경영자들이 운집해 있었다. 4월 4일부터 8일까지 전 세계에서 6,500개 기업, 총 23만여 명의 관람과 참가가 예상되는 하노버 박람회는 2011년도 파트너 국가인 프랑스의 정치인들과 기업인들이 참가하여 박람회의 열기를 뜨겁게 달구고 있었다.

개회식에는 초청 연사인 독일 인공지능연구센터의 CEO인 볼프강 발스터(Wolfgang Wahlster) 교수의 발제가 있었다. 발스터 교수는 발표에서 독일과 프랑스와 같은 선진국들이 고임금의 압박 속에서 글로벌 경쟁력을 확보하기 위해서는 가상과 현실세계를 연결하는 인터넷 기반 혁신기술 (예를 들면 사물인터넷 기술)을 개발, 활용함으로써 가능하다고 전제하고, 최근 정보기술의 발전으로 주문자의 참여에 의한 협업생산(make-to-order)과 플랫폼 사업이 현실화되고 있으며 이러한 유연한 제조공정은 패러다임 변화(paradigm shift)이며, 산업의 혁명이며 앞으로 이 혁명에 성공적으로 대처하고 대안을 마련하여 국가경쟁력을 키우기 위해서 정부·기업·대학의 협업을 통해 공동으로 전략을 수립할 필요가 있다고 설파하고 이를 위해서 '산업(Industrie) 4.0' 프로젝트를 출범시킬 것을 제안하였다. 하노버 박람회에 참석자 대다수는 처음으로 '인더스트리 4.0'이라는 단어를 듣게 되었고, 그 용어의 의미에 대해 알고 싶어 했으며 세계 언론은 하노버 박람회에서 처음 일반에 공개된 새로운 산업혁명의 메시지인 '인더스트리 4.0'에 대해서 앞다투어 보도하기 시작했다.

하노버 박람회가 열리기 며칠 전, 독일의 공학전문 주간지 VDI-Nachrich-ten에는 IT와 인공지능(AI) 연구에 있어서 독일 최고 전문가라고 할 수 있는 세 전문가들이 공동으로 쓴 기사에서 '인더스트리 4.0' 프로젝트의 의미와 필요성을 역설하였다. 그들은 헤닝 카거만(Henning Kagermann)교수, 볼프-디터 루카스(Wolf-Dieter Lukas) 교수, 그리고 볼프강 발스터 교수이다. 카거만 교수는 물리학자로서 독일의 소프트웨어 기업 SAP의 공동 창업자이며 기업회계처리 소프트웨어를 개발하여 독일의 SAP를 세계 1위의 ERP 기업으로 성장시켰다. 그는 2011년 당시 독일 공학한림원(ACATECH) 원장직을 맡고 있었다. 루카스 교수도 물리학을 전공하였으며 막스 플랑크 연구소(Max-Planck-Institut)에서 연구원으로 근무하다가 독일정부의 교육연구부(BMBF) 부장으로 자리를 옮겨 정보 통신기술 분야에서 연구행정을 이끌었다. 2019년부터 그는 독일교육연구부 차관급 고위직에 있으며 베를린 공대 IT 혁신공학부의 명예교수로도 활동하고 있다. 볼프강 발스터 교수는 오랫 동안 독일 자를란트 대학의 정보과학부 교수로 재직하였고 1988년부터 독일 인공지능연구소의 CEO를 맡고 있는 인공지능 전문가이다.

위 세 사람은 평소부터 업무적으로 긴밀한 소통을 해 온 사이로서 정부, 기업, 그리고 대학교에서 정보통신기술을 개발, 운용, 교육하는데 협업을 해 오면서 날로 새로운 기술이 등장하는 IT 분야에서 독일의 제조기업들이 애플, 구글과 같은 미국의 거대 혁신기업들과 경쟁하여 살아남기 위해서는 독일의 제조기업들을 플랫폼 기업으로 변화시켜 인터넷 기반에서 생산자와 소비자가 긴밀히 소통하여 소비자 개인의 욕구에 민감하게 반응하여 신속하고 저렴한 제조과정을 통해 경쟁력을 제고시키는 유연 생산방식이 경쟁력 문제를 해결하는 답이라는데 의견을 모으고 이러한 새로운 방식의 제조혁신을 '인더스트리 4.0'으로 개념화하였다. 이들은 자신들이 개념화한 'Industrie 4.0'에 대한 대국민 홍보 차원에서 저명 공학관련 주간지 VDI-Nachrichten 2011년 4월 1일 자에 공동으로 기고하여 일반 대중들에게 자신들의 의견을 적극적으로 알림으로써 공론화의 첫 발걸음을 내 디뎠다.

2011 하노버 박람회에서 다시 만난 세 사람은 박람회에 모인 정치인, 경제인, 일반 시민들에게 독일식 4차 산업혁명인 'Industrie 4.0'이 무엇이며 이것이 왜 필요한지에 대해서 전방위로 설득하고 홍보하였다. 평소 정부 프로젝트를 수행하면서 이미 서로 잘 알고 있는 사이인 앙겔라 메르켈 총리를 비롯하여 정부 고위관료들, 독일을 대표하는 제조기업 보쉬(Bosch)의 지그프리드 다이스 CEO를 비롯한 최고경영자들에게 'Industrie 4.0' 프로젝트의 필요성을 역설하고 동참을 설득하였다. 이들의 제안은 큰 반향을 일으켰다. 우선 메르켈 총리가 'Industrie 4.0' 프로젝트를 정부, 기업, 대학이 협업으로 추진하겠다는 긍정적인 반응을 보였고, 좀 더 구체적인 실행계획을 제출할 것을 세 전문가들에게 요청했다. 이에 따라 2012년 10월에 세 사람은 추진제안서를 독일 정부에 제출하였으며, 2013년 4월에 개최된 하노버 박람회에 '미래 프로젝트 4.0 최종보고서'를 제출함으로써 '인더스트리 4.0'의 본격적 추진을 위한 기반이 마련되었다.

'Industrie 4.0'라는 제조업을 중심으로 한 디지털 변혁에 수많은 독일의 제조기업들이 참여하여 그들의 경험을 공유하였으며, 정부 백서, 기업체의 각종 보고서를 통해 추진 결과가 공유되었다. 스포츠용품 제조업체인 아디다스는 AI와 3D 프린터를 활용한 주문자 참여 유연 생산 방식인 'Speed factory'를 통해 원가 절감과 납기일 단축을 통한 경쟁력 창출에 고무된 독일기업들은 'Industrie 4.0'을 강력하게 추진하고 있다. 지멘스와 보쉬는 센서와 사물인터넷을 활용하고 'Smart factory' 실현을 통한 공정혁신에 성공하여 생산성을 획기적으로 높이고 있다. 'Industrie 4.0'은 이제 서비스업과 금융업에도 확산되어 독일은 미국 혁신기업들의 파괴적 혁신(disruptive innovation)에 성공적으로 대처하여 경쟁력을 키우고 있다.

독일 'Industrie 4.0' 프로젝트가 정부 주도로 시작되었다고 보는 시각도 있지만, 최초 이 프로젝트를 개념화하고 기획한 사람들은 한 명만 제외하고 모두 대학교수이거나 민간기업 CEO들이었다. 이들은 정부의 고위 관료들과 긴밀하게 소통하면서 혁신의 방향을 top-down 과 bottom-up을 믹스하는 협업체계를 형성하는 데 성공하였기 때문에 빠른 시일내에 'Industrie 4.0'이 민간기업과 대학에 확산할 수 있었다.

2. 'Industrie 4.0' 출범 이후 변화되는 독일 사회

'Industrie 4.0'의 디지털 변환이 가능하게 한 기술의 진보는 독일의 경제는 물론 노동시장에 본질적인 변화를 가져왔다. 분명해진 사실은, 로봇과 소프트웨어가 미래에는 공장이나 사무실의 단순반복적 업무들을 대체한다는 것을 독일 사람들이 깨닫기 시작했다는 것이다. 빅 데이터를 처리하고 분석하는 컴퓨터는 사람보다 훨씬 정확한 의사결정을 내릴 수 있다는 것도 사람들은 알게 되었다. 독일 프라운호퍼(Fraunhofer) 연구소의 한 임원은 '인더스트리 4.0'이 본격적으로 추진된다면 현재 독일에서 사무실에 근무하는 관리업무를 담당하는 화이트칼라 노동자들의 50%는 가까운 미래에 다른 직업을 찾아야 할 것이라는 의견을 제시했다(Kollmann & Schmidt, 2016). 디지털 변환이 본격적으로 추진되면 직업 전환을 원하는 노동자들이 증가하면서 유연 노동과 재교육에 대한 수요도 증가할 것으로 예상된다.

독일의 노동시장과 직업연구소 (IAB)의 조사에 의하면, 제조 공장의 디지털화가 진전되면 2025년에는 독일에서 60,000개의 일자리가 사라질 것으로 추산하고 있다(Spiegel Online, 2015). 이러한 일자리 감소 추세에 대비하는 데는 노동자의 입장에서는 두 가지 대응책이 가능할 것이다. 첫째는 디지털 변혁이 요구하는 새로운 업무능력을 신속히 획득하여 미래의 직업 선택과 수행에 대비할 수 있도록 하는 것이다. 둘째, 현 직업내에서 디지털 관련 재 교육기회를 잡는 것이다. 특히 디지털 변혁시대에 현직자들을 한 재교육 기회는 노동의 권리에 포함되는 사안이라고 할 수 있다. 독일 정부는 첫 번째 대안, 즉 직업세계에 진입하기 전, 초등학교 때부터 디지털 교육을 실시하는 것과, 중.고등학교에서 정보과학(Informatik) 관련 과목을 배우는 것을 의무화하는 것을 디지털 변혁에 대비한 독일 정부의 인재경영 정책의 핵심 대안으로 검토하고 있으며, 이에 대해 사용자들도 이해관계에 도움이 된다는 생각을 하기때문에 직원들에 대한 디지털 재교육을 강화하고 있으며 노사는 최소한 하루에 하루 정도 교육을 실시하는 것이 바람직하다는 공통적 입장을 가지고 있다(Kollmann & Schmidt, 2016).

독일의 대표적 Industrie 4.0 참여 제조기업 보쉬는 사물인터넷(IoT) 네트워크 사업을 강화할 목적으로 인터넷과 소프트웨어 전공 대학졸업생들을 과거와는 많은 숫자를 채용하고 있다. 2016년에만 전술한 전공 분야 대졸생들을 14,000명 채용한 것으로 알려졌다. 독일의 경우 전자공학, 기계공학, 경제정보학 전공자들에 대한 수요가 증가하고 있으나, 디지털 혁신기술에 정통한 핵심인재(talent)를 영입하기는 쉽지 않은 실정이다. 핵심인재들은 글로벌 기업들이 모두 선호하는 인재이기 때문이다. 연간 매출 2억5천만 유로 이상 기업 2,000개 기업의 의사결정 권한 가진 경영자들을 대상으로 실시한 조사에 의하면, 디지털 변환을 추진하는데 가장 큰 장애물은 '기존 구조들의 방어기제'라고 응답하였다. 즉 기업내 기존의 임직원들과 조직이 새로운 기술을 도입하여 조직변화를 하고자 하는 기업의 전략에 반대하거나 버티는 방어기제를 작동시킨다는 것이다. '조직문화가 전략을 아침 식사로 먹어치운다'는 독일기업에 만연해 있는 속설이 디지털 변환시대에 독일기업들이 경험하는 딜레마를 잘 설명하고 있다.

단순반복적 업무를 로봇이나 소프트웨어를 활용하여 자동화하는 것은 디지털 변혁의 초기단계에 불과하여 Industrie 4.0이 더욱 진전되면 디지털 기기들이 인간의 정신 능력, 특히 판단력을 대체하는 수준까지 향상될 수 있다. 좋은 예가 미디어 산업에서 인간이 수행하던 기사의 작성이나 편집을 인공지능이 대체하는 현상이 일상화되고 있다. 사람들은 사람이 쓴 기사와 인공지능이 작성한 기사를 구분하지 못하는 지경에까지 이르렀다. 이제 신문이나 방송사의 중견 기자나 편집 간부들도 감원대상이 될 수도 있다.

인더스트리 4.0 시대에 각광을 받는 사람들도 있다. 디지털 능력을 갖춘 전문인력에 대한 숭가 증가하면서 IT기업들이 이들을 채용하려고 하지만 디지털 전문인력의 공급은 한정되어 있어서 수급의 불균형이 심화 되고 있다. 이러한 현상은 독일 노동시장에 국한되지 않고 전 세계적인 현상이다. 글로벌 노동시장에서 다시금 'War for Talents', 즉 핵심인재 확보 전쟁이 벌어지고 있는 것이다.

디지털 혁신기술의 등장으로 많은 일자리가 사라지고 있지만, 새로운 일자리가 많이 창출되는 것도 사실이다. 미국의 경우 4차 산업혁명의 바람이 불고 있는 현재 전체 일자리의 65%가 정보과학 관련 일자리들로 채워지고 있으나, 25년 전에는 그런 일자리는 존재하지도 않았다. 독일 노동시장에서 자동화와 파괴적 혁신기술로 인해 일자리의 감소는 불가피한 일이라고 판단된다. 디지털화되지 않는 기업은 인더스트리

4.0 시대에 살아남을 수 없기 때문이다. 디지털화가 되지 않으면 일자리가 보전되는 것이 아니라 일자리가 더 큰 폭으로 감소될 것이다.

3. Industrie 4.0 추진의 걸림돌

그러나 독일에서 디지털 변혁을 추진하기 위한 'Industrie 4.0' 프로젝트가 진정한 성공을 거두기 위해서는 노동시장과 노동자, 그리고 일자리, 나아가서는 인재를 확보하고 키우는 일에 성공을 거두어야 하는데, 2011~2013년 사이 독일의 인재경영의 현주소는 실행보고서가 지향하는 목표에 못 미치는 수준이었다. 독일 시사주간지 FOKUS의 IT 전문기자인 홀거 슈미트는 2016년 기고문에서 '독일 대기업의 60%가 디지털 변환을 제대로 추진하지 못하고 있다'고 비판하여 여론을 환기시켰다. 문제는 기업뿐만 아니라 학교와 대학의 여건이 디지털 변환을 본격적으로 추진하기에는 미흡한 수준에 머물러 있었다.

디지털 기본교육의 필요성 제기

독일의 교육연구부 (BMBF)는 컴퓨터와 정보기술에의 안전한 접근이 전체 교육철학을 위해 특히 중요하다고 인식하고, 컴퓨터와 정보관련 능력을 국제적으로 비교할 때 독일 학생들의 수준은 그리 우수하지 않은, 중간 정도인 것으로 파악했다. 이같은 사실은 2013년에 시행된 국제 컴퓨터 및 정보 독해능력 조사 (International Computer and Information Literacy Study (ICILS)결과가 뒷받침하고 있다. 이 조사 결과에 따르면, 독일의 8학년 (중학교 2학년)의 컴퓨터 및 정보 관련 성취도 평균점수는 523점으로서 체코(553), 캐나다(547), 호주(542), 덴마크(542), 폴란드(537), 노르웨이(537), 네덜란드(535)에 비해 떨어지는 점수이며, 한국(536점)과 비교해서도 13점이나 떨어지는 점수였다.

ICILS 조사를 독일에서 시행한 두 연구 책임자들은 '독일의 8학년 생들의 컴퓨터 및 정보 성취도 평균점수가 시사하는 것은, 이들이 21세기의 개인적, 직업적, 사회적 생활여건에 성공적으로 참여하는 것이 어려울 수 있다'고 경고하였다. 그러나 이러한 경고에도 불구하고 독일의 교육당국자는 학생들의 컴퓨터 및 정보관련 역량을 제고하는 교육에는 별 관심이 없는 듯하다. 2014년 IT 정상회담이 독일 함부르크에서 개최되었는데 독일의 교육부 장관은 디지털 교과목을 신설하기 위해 고대 그리스어 교과목을 포기하는 것을 고려하기 어렵다는 의견을 피력할 정도로 사안의 심각성에 대해 무지함을 드러냈다. 독일의 학교 교육에서 디지털 교육을 강화하지 않는다면 독일은 '디지털 원주민(digital natives)' 나라와 겨루어 국가경쟁력이 저하될 수 밖에 없을 것이라는 전문가들의 충고가 최근 쏟아져 나오고 있다.

디지털화와 학교 교육

학교 교과과정에서 디지털 과목을 도입하는 사례를 국제비교해 보면, 우선 프랑스에서는 코딩(coding)과 프로그래밍을 중학교 1학년부터 교과목으로 가르치고 있으며, 핀란드와 벨기에는 코딩 및 프로그래밍 교육을 초등학교 과정에서 실시하고 있다. 일본과 미국은 정보 기술(information technology) 과목을 초등학교 교과과정으로 가르치고 있다. 특이한 사례로는 유럽의 에스토니아에서는 초등학교 1학년부터 프로그래밍 과목을 교육하고 있다고 한다. 그러나 독일에서는 초등학교와 중학교 과정에서 코딩과 프로그래밍을 적극적으로 가르치지 않고 있으며 디지털 통계학 정도의 교과목만을 교육하고있는 실정이다. 정보화 사회를 위한 기본적인 과목으로 알려지고 있는 이른바 'MINT'(수학, 정보과학, 자연과학과 기술) 과목 교육과 실습이 미흡한 것도 지적된다.

디지털화와 대학 교육

독일 정보과학 협회 (Gesellschaft für Informatik)의 자료에 의하면, 독일의 150개 대학들에는 정보과학과 관련된 교과과정이 다양하게 개설되어 있는 것으로 되어 있다. 그러나 이들 대학이 노동시장에 충분한 숫자의 정보과학 분야의 졸업생을 배출하고 있지 못하고 있다는 지적이 있다. OECD의 보고에 따르면, 독일에서 ICT (Information, Communication and Telecommunication)분야 전문가의 노동시장 점유율 3.48%인 것으로 드러났다. 국제적으로 비교하자면, 핀란드의 경우는 6.05% 로서 비 부문에서 최고의 성적을 보이고 있다. 스웨덴은 5.25%, 영국은 4.75% 그리고 미국은 4.07%를 보이고 있다. 독일의 경우는 벨기에, 호주, 노르웨이에 비해 부진하여 국제적으로 16위의 순위를 점하고 있다. 이화 함께 독일의 대부분 대학에서 대학생을 위한 창업 관련 교과목을 개설하거나 금전적 지원 상황도 미국에 비하여 낮은 수준에 머물러 있는 것으로 조사되고 있다. 이에 독일 정부는 디지털 변혁 시대에 국가가 필요로 하는 인재를 확보, 개발, 활용하기 위한 마스터플랜 수립을 생각하게 되었다.

4. 독일의 Arbeit 4.0 추진 경과

독일노동사회부(BMAS)는 디지털 혁신이 진행될 경우 독일에서 2030년까지 27개 산업에서 75만개의 일자리가 소멸되는 반면 13개 산업에서 100만 개의 일자리 새로 창출되어 25만 개가 순 증가하게 될 것이라고 전망했다. 일자리의 양이 크게 줄지 않는다고 하여도 일자리의 구성요소의 변화 취약한 고용형태의 확산 이와 관련된 임금 및 소득의 불평등 및 노사관계의 불안정성은 피하기 어려울 것으로 전망된다.

독일 정부는 Industrie 4.0 프로젝트의 출범 이후 일자리 위기 해결과 인재경영을 위한 대책에 부심하였고, 정부, 기업, 대학 및 연구소들의 협업에 의해 노동(Arbeit) 4.0 이라는 개념을 설정하고 2015년 정책백서도 발표하였다. 디지털화가 직업 세계와 노동시장에 변화를 야기시키고 있으므로 독일 정부(노동사회부)는 디지털화에 따른 일자리의 증감, 디지털 플랫폼의 등장에 따른 경제화 산업의 변화, 빅데이터와 개인 정보 보호, 인간과 기계의 관계 변화, 근무시간 및 장소의 유연성 등에서 독일 노동자들을 보호하고 사회가 필요로 하는 일자리와 인재를 공급하는 방안에 대해서 밑그림을 그린 것이 Arbeit 4.0 이라고 말할 수 있다. 또한 독일의 Arbeit 4.0 은 디지털 변환시대에 제조업에게 기회를 주고 국가적으로 핵심 인재를 키워나가고자 하는 국가적, 기업적 노력의 결정체라고 할 수 있다.

스마트 워크 (Smart Work) 활성화

2000년대 들어 극심한 경기 침체와 실업률 증가로 골머리를 앓아 왔던 미국·일본·유럽의 선진국들은 대부분이 유연근무제(이른바 'smart work')를 통해 노동시장의 효율성을 도모하고 있다. 연평균 노동시간이 경제협력개발기구(OECD) 국가 중 가장 적은 독일 (2015년 기준 1,371시간), 한국(2019년 기준 1,967시간)에서는 저출산 해법으로 노동시간 단축을 추진하고 있다. 최근에는 이러한 각국 정부의 정책에 맞춰 글로벌 기업들의 동참도 늘고 있다. 특히 인터넷과 IT기기가 발달하면서 시공간의 제약이 사라진 만큼 재택근무, 스마트워크센터 활성화 등 스마트 워크가 활발히 추진되는 추세이다.

독일은 디지털화로 노동자와 사용자 모두 노동시간과 공간의 유연성을 일정 부분 확보할 수 있었다. 재택근무 또는 원격근무, 유연노동시간 제도가 그것을 가능하게 했다. 근로시간과 장소의 유연화는 노동에 대한 노동자의 자기 결정권을 강화하는 기회를 제공하고 일과 삶의 양립에 대한 해결책을 마련하였으며, 상시적 커뮤니케이션이 가능한 노동환경을 조성하여 노동의 탈경계화가 가능해 졌다. 그러나 업무와 개인 생활, 일고 여가, 직장과 가정의 경계가 모호해지면서 노동자의 스트레스가 오히려 가중되는 역효과도 불러 일으켰다.

크라우드 워킹 (Crowd Working)의 활성화

초 연결 사회를 특징으로 하는 디지털 변화시대에 대안적 노동형태로 부각되는 것 중에 대표적인 것이 크라우드 워킹(crowd working)이다. 크라우드 워킹은 개인이 인터넷에서 제공되는 비정규적이고 한시적 업무를 사이버 공간에서 수행하여 부차적인 수입을 얻는 것을 말하는데 근무시간과 형태에 있어서 자유로운 가상근로(cyber work)라고 할 수 있다. 이는 불완전한 고용으로서 사용자 입장에서는 편리한 점이 있겠으나 정규 노동시장을 교란할 수도 있는 위험성을 지니고 있는 것도 사실이다.

Crowdworking은 Clickworking 또는 Crowdsourcing이라고도 하는데, 일을 다중(mass), 즉 노동시장의 불특정 다수에게 아웃소싱하는 것을 말한다. 일을 아웃소싱하는 사람은 crowdsourcer라고 하며 노동시장에 자유롭게 참여하여 crowdsourcer로부터 일을 맡아서 수행하는 무명의 노동자들을 crowdsourcee 또는 crowdworker라고 부른다. Crowdworker 들은 crowdsourcer로부터 직접, 그리고 자유롭게 접근하고 소통하면서 노동을 하고 그 대가로 경제적 이익을 취한다. 원칙적으로, 직업소개소나 노동알선 에이전트를 통하지 않는다. Crowdworking 을 하는 목적은, 과업을 저렴한 가격에 집단지성(collective intelligence)을 활용하여 수행함으로써 이점을 얻는데 있다. Crowdworking 은 원칙적으로 보상을 지급하는 형태(paid)이지만 때로는 unpaid로, 수행되는 경우가 있으며, 조직의 내부 직원들을 대상으로 수행되기도 한다.

국제노동기구(ILO)의 조사에 의하면, 현재 세계적으로 20만 명 정도의 크라우드 워커가 활동하고 있으며 11개의 Crowd Platform이 운영되고 있다. 독일의 최근 통계에 의하면. 독일에는 현재 75만 명의 Crowd-workers 가 활동 중이며, 이 가운데 50% 정도가 정신적 노동을 담당하고 있다고 한다. Crowdworking이 독일에 처음 도입되었을 때만 해도 별로 주목 받지 못했으며, 정규 노동시장에 비해 의미없는 시장으로 여겨졌으나, 최근 독일의 최대 은행인 Deutsche Bank가 8,000명의 크라우드 워크를 모집, 활용하여 새로운 금융상품 개발을 위한 아이디어를 수집하는 일을 하게 되면서 주목을 받고 있다. 노동법적으로 검토할 때, 기업이 crowdsourcer 로서 외부의 독립적 개인과의 거래에는 노동법적인 문제가 발생하지 않으나, crowdworker를 기업의 근로자로 채용하여 업무를 수행하도록 할 경우에는 근로형태와 시간에 따라 비정규직 또는 정규직 근로자로서 처우해야 하는 문제도 있다.

기업이 혁신과 연구개발 과정에서 crowdworking을 활용하는 경우도 있다. 이 경우 신상품의 잠재적 구매자인 미래 고객들에게 자사의 시제품을 사용해보고 테스트한 다음 결과와 평가를 기업에 피드백해주는 crowdworking도 증가되고 있다. 이 것은 기업이 자사 제품에 관심이 있거나 관련이 있는 잠재적 고객으로 범위를 한정한 경우이다. Crowdworking은 기업이 플랫폼을 마련하고 그 위에 생산자, 소비자, 일반 대중이 네트워크를 이루어 의사소통을 하는 장으로 활용하는 방식으로 이루어지고 있다.

최근 독일을 비롯한 유럽에서는 Crowdworking 을 알선, 중계하는 네트워크가 형성되었는데 'Twago' 와 'Clickworker' 가 대표적이다. 두 네트워크는 일을 맡기는 측, 즉 'crowdsourcer' 와 일을 받아 수행하는 'crowdworker' 사이에서 일감을 알선하고 중계하는 일을 통해 수수료를 받는 방식으로 영업을 하고 있다. 법적 계약의 유무에 따라 두 네트워크는 차이가 있다 (Simon, 2016; Kreutzer et al., 2017). 'Clickworker' 는 일감을 주는자와 받는 자 사이에서 허브(hub) 역할을 담당하고, crowdsourcer 와 crowdworker 간에는 계약을 체결하지 않는다. 이와는 대조적으로, 'Twago'는 일감 알선에 있어서 기술적인 인프라만 제공하며, 세 당사자 (Twago, crowdsourcer, crowdworker) 간에 플랫폼 등록과 활용, 일감의 알선에 관해 계약을 체결한다.

플랫폼 노동의 확산과 노동의 인간화

4차 산업혁명의 특징 중 하나는 가상의 세상과 플랫폼의 연결이다. 플랫폼 작업에 적합한 노동형태는 긱 노동(gig work)이다. 긱 노동은 기업이 사후 결합이 가능한 형태로 세분화한 소규모 과제를 수행할 시점과 기간을 정하고, 고용형태도 기업 내부에서 계획과 조직에 따라 노동하는 정규직이 아닌 기업 외부의 다수의 개별 계약직이나 임시직을 활용하고 대가를 보상하는 노동 형태이다. 플랫폼 비즈니스를 수행하는 기업은 인건비 등 원가 절약, 근로자의 경영참여 회피, 노동 및 사회법 관련 규정의 적용 제외 등 다양한 이익을 누릴 수 있다. 플랫폼 노동, 긱 노동 등 새로운 고용형태는 시간과 공간의 제약을 상대적으로 덜 받으며 일할 수 있다는 장점이 있지만, 노사관계와 사회보장 제도의 개념을 부정하는 방향으로 발전할 가능성도 높다.

'Arbeit 4.0'을 통한 노동의 유연화의 최종목표는 노동의 인간화에 있다. 파괴적 기술혁신의 도입에도 불구하고 노동의 인간화 목표는 파기되거나 무시되어서는 성공하기 어렵다. 노동의 인간화(humanization of work)는 1970년대 초반에 북유럽국가들을 중심으로 본격적으로 논의되기 시작하였다. 노동의 인간화는 종래의 노동이 비인간적으로 설계되어 노동이 행해진다는 인식에서 출발한다. 능률의 논리를 앞세운 테일러리즘(Taylorism)에 입각한 전통적 노동 및 직무설계는 인간성을 고려하지 않는 비인간적인 노동이며, 이에 따라 노동에서 인간이 소외되는 현상이 발생한다고 주장한다. 노동의 인간화는 노동의 주체인 인간에 초점을 두어 인간의 동기부여와 만족의 제고, 성장 발전 및 자아실현에 기여할 수 있게 노동을 재설계하는 것이라고 할 수 있다. 결국, 노동의 인간화는 노동하는 사람의 자아실현에 대한 요구, 자율성, 발전 가능성에 중점을 두어 작업조건과 직무를 설계하는 것이다.

4차 산업혁명 논의 과정에서 기술의 진보, 생산공정, 효율성, 그리고 그에 따른 노동의 유연성 등에 대한 논의가 많지만 정작 '좋은 일자리'에 대한 논의는 적다는 것은 사람들로 하여금 미래의 일자리에 대해 암울한 전망을 하게 만든다. 노동의 유연성의 최종 목표는 노동자의 니즈를 최대 만족시키는 근로 환경조성이며 인간의 최고 존엄성과 정체성 확립에 기여하는 일자리를 창출하고 확보하는 일일 것이다. 과거와 같이 경직된 근무시간과 장소에서 노동을 규정대로 수행해야 하는 상황을 개선하여 노동의 유연성을 발휘하는 것은 노동자에게 유리한 형태로 진행될 때 효익이 될 수 있는 것이다. 따라서 노동의 유연성을 도입하는 한편, 노동자의 건강을 보호하고 노동강도의 고도화로 인한 스트레스 방지 대책에 대해 법적으로 제도화하고, 'On Demand 서비스업'에 대한 보호와 더불어 노동정책과 소비자 보호정책의 조화하는 것은 궁극적으로 노동의 인간화로 가는 길을 닦는 일이다.

독일정부 (경제에너지부, BMWi)의 '노동의 미래' 백서의 내용을 살펴보면, Arbeit 4.0 위한 노동의 인간화의 추진 방향을 다음 3가지로 원칙으로 제시하고 있다.

첫째, 사회기술시스템 (socio-technical system)을 추구한다. 4차 산업혁명이 요구하는 산업 노동시스템은 인간, 조직, 기술이라는 다른 요소로 구성되어 있다. 이 3요소가 상호작용하는 사회기술시스템이 되어야 한다. 인간-로봇-기술과 같은 Cyber Physical System (CPS)가 실현되어야 한다. 사회기술시스템이란 한 마디로 말해서 '인간이 소외되지 않은 기계 시스템'이라는 의미이다. 4차 산업혁명의 파괴적 혁신의 선봉에 서 있는 첨단 기계와 시스템이 도입이 된다고 하더라도 인간의 사회적, 심리적 특성에 잘 적응하여 시너지 효과를 낼 수 있는 통합된 시스템으로 운영되어야 기계화도 인간화도 성공할 수 있다는 의미이다.

둘째, 완전한 직무 (whole job concept)를 추구한다. 지나친 분업을 지양하고 직무를 수행함에 있어서 근로자는 직무의 시작과 끝에 대한 정보를 가지고 있어야 한다. 즉 계획, 조직, 지휘, 조정, 통제라는 경영과정 전체에 대해서 알고 있어야 노동소외 (work alienation)가 일어나지 않는다. 이른바 분업을 통한 'De-skilling (기술능력의 저하)' 은 우리가 추구해야 할 방향이 아니다. 기술력이 저하되어 단순한 기능만 수행하게 된 인간은 결국 노동소외를 겪게 되고 4차 산업혁명에서 인간은 도태되고 만다. 산업화 초기의 'De-skilling" 과 인간소외 현상이 4차 산업혁명 시대에 되풀이 되어서는 안된다는 것은 역사적 교훈을 통해 얻을 수 있는 지혜이다. 셋째, 차별적-동태적 노동시스템 (differential-dynamic work system) 노동의 차별적 측면이란 개인이 다양하고 차별적 능력을 발휘할 수 있도록 직무시스템을 설계해야 한다는 것을 말한다. 노동의 동태적 측면이란 단순한 작업을 반복하는 것은 인간의 창의력을 저하시키고 직무 스트레스를 높이며 노동소외를 심화시킬 수 있다. 따라서 직무순환, 직무충실화 등을 통해 De-skilling을 방지하고 흥미와 작업동기를 유발하는 방향으로 직무를 동태적으로 설계해야 한다는 것을 말한다.

유럽연합(EU)의회는 2019년 crowd worker 또는 cloud worker (시간과 공간을 초월하여 일하는 노동자) 같은 전형적인 플랫폼 노동자(노무제공자)의 권리를 옹호하고 그들의 고용관계를 보호하기 위한 목적으로 의 불확실성을 해소하기 위해 「투명하고 예측 가능한 근로조건에 관한 지침」(Transparent and Predictable Working Conditions in the EU)」을 제정하였다. 유럽연합 의회는 제정 배경과 목적으로 디지털화 또는 새로운 고용형태의 출현 등 노동시장의 변화를 대응하기 위해 제정한다고 밝히고 그 배경으로서 새로운 고용형태의 출현은 전통적인 고용관계와 달리 고용관계의 예측 가능성을 어렵게 만들고, 노무 제공자에게 적용 가능한 권리와 사회적 보호 등에 관한 불확실성을 야기할 수 있기 때문에 이에 고용관계의 예측 가능성을 확보하고 불확실성을 해소하기 위해 본 지침이 마련된 것이라고 설명하였다. 이 지침은 지침은 유럽연합 내 플랫폼 노동을 포함한 모든 유형의 고용형태인 시간 계약 노동, 가사노동, 간헐적 노동, 바우처 기반노동, 훈련생, 견습생 등에 적용된다. 이 지침이 발효되면 EU내 모든 유형의 노무제공자는 서면으로 된 근로조건 등 정보를 제공 받을 권리, 수습기간 제한, 추가(병행) 직업 선택권, 예측 불가능한 계약의 경우, 일 시작 전에 합리적인 기간을 알 권리를 보장하며, 온 디멘드(호출) 계약 등 남용금지, 다른 고용형태로의 전환 요청권, 사용자로부터 의무적 훈련을 무료로 받을 권리 등을 보장받고 있다(대한민국 국회 입법조사처, 2020). 이 지침은 플랫폼 노동이라는 새로운 고용형태에서 발생 가능한 법의 사각지대를 해소하고 새로운 고용형태를 보호할 수 있는 것으로서 독일도 위 취지를 참고하여 하원에서 입법화를 추진하고 있다.

4. 독일기업 인재경영의 미래

독일의 국가적 인재경영의 한 축을 담당하는 기업에서는 어떻게 미래 인재를 육성하기 노력 하는지를 살펴보기로 했다. 민간의 역동성과 민첩성(agility)이 디지털 변혁에 매우 중요한 결정요인이 되기 때문이다. 이 연구를 위해서 독일기업의 인사관리 담당자들이 다수 가입한 협회의 움직임을 조사해 보았다. 독일 인사관리자협회의 활동이 미래 인재육성과 관련한 연구와 노력에 있어서 두드러졌다. 2018년 5월, 독일 인사관리자협회 주최 연례 콩그레스(Congress)가 베를린에서 열렸다. 독일 인사관리자협회 (DGFP: Deutsche Gesellschaft für Personalführung e.V.)는 1952년 창립된 비영리조직으로서 독일기업의 인사관리자들을 위한 네트워크이다. 현재 약 4,000명의 인사관리자들이 회원으로 가입되어 있는, 독일에서 가장 크고 권위 있는, 인사 실무자들을 위한 협회조직이다. 2018년 콩그레스의 주제는 '미래를 위한 탐색여행(Navigating the FUTURE)'이었는데 미래의 인적자원관리는 물론 미래 조직의 모습에 대한 다양한 발제와 심도 있는 토론이 이어졌다.

이 콩그레스에서 독일의 인사전문 컨설팅 회사인 페르조니오(Personio)는 '조직과 인사의 미래에 관한 9가지 명제'라는 발제문을 발표하여 회원들은 물론, 언론의 큰 관심을 모았다. 이 발제문은 콩그레스의 주제에 가장 부합되는 메인 발제로서 독일의 인재경영의 미래에 대해서 의미 있는 시사점을 주고 있는 이 발제문을 정리해서 소개하고자 한다.

발제문은 다음과 같은 질문으로 시작한다. "우리가 미래에 만약 화성(火星)에 가서 살게 된다면, 지구의 인사관리자들이 거기서 지금처럼 살아남을 수 있을 것인가?" 매우 도발적인 질문에 당황한 참석자들은 한동안 술렁거렸고 발제자는 이내 답을 내놓는다. "화성으로 가는 우주선에 한 기업 조직을 통째로 싣고 갈 수는 없기 때문에, 그곳에 가면 자연스레 조직은 해체되거나 없어질 것이다. 그래서 미래에는 인사관리 부서를 필요로 하지 않게 될 것이고, 대신 사람들은 대체물로 '휴먼 커넥션 (Human Connection)'을 가지게 될 것으로 전망된다. 휴먼 커넥션이란 사람을 말하는 것이 아니라 네트워크를 의미한다. 이 거대한 네트워크를 이해하고 운영하고 지속적으로 개발하고 조정하는 행위자(Actor)는 계속 요구되는데 이런 일을 하는 행위자를 사람들은 '휴먼 커넥터(Human Connector)'라고 부르며 지금까지 인사관리자들이 하던 일들을 대체하게 될 것이다.

미래에는 네트워크가 중심이 되는 세상이 되는데, 오늘날도 이러한 미래사회의 일부를 예견할 수 있는 신호(sign)들이 도처에서 감지된다. 예를 들면, 독일 베를린 같은 대도시에서 개인 승용차를 구매하는 시민들을 이제 찾아보기가 어렵다. 그들은 있는 자동차를 팔고 카셰어링(carsharing) 네트워크에 가입하여 개인의 교통 문제를 해결하려고 하는 경향을 보이고 있다. 또 회사 사무실이나 작업 데스크를 다른 사람들과 공유하는 일은 이미 일상이 되었으며, 중소 도시들에서는 시민들이 단거리 이동을 위해 자전거를 공유하고 있다. 미래사회의 특징은 바로 공유 경제와 공유 사회, 즉 네트워크이다. 미래의 조직도 하나의 네트워크이며 인사관리도 그 안에서 이루어진다. 그런데 미래 조직내 인사관리의 모습과 기능은 오늘날과는 많이 달라져 있을 것이다. 이제 조직과 인사가 미래에 어떻게 달라질 것인지를 아홉 가지 명제들을 중심으로 설명하고자 한다.

미래에는 조직이 더 이상 존재하지 않는다

미래에는 회사와 같은 조직체는 해체되고 모든 거래와 업무는 프로젝트 베이스로 행해진다. 생산과 서비스는 네트워크 속에서 생성되고 처리된다. 종래의 마케팅부 과장과 같은, 고정된 역할이나 직위가 없으며 프로젝트에 따라 근로자의 역할과 직위가 그때그때 정해질 뿐이다. 통상적 의미에서의 '관리자(manager)'는 존재하지 않으며 프로젝트 내에서 개인이 담당해야 하는 제한적 역할과 활동이 주어질 뿐이다. 직원 채용도 필요에 따라 수시로 이루어진다. 일일 또는 주간 노동시간의 제한은 없으며, 정해진 프로젝트 완료시점까지 일을 해서 결과물을 내도록 되어 있다. 급여에 있어서 최저임금이나 기본급 같은 기본소득 보장제도는 없으며 철저히 프로젝트에 참여한 성과와 기여도에 따라 보상을 받는 시스템으로 운영된다. 전통적인 조직 운영원리인 '명령과 통제(command and control)'는 오히려 조직의 기능을 마비시킨다는 이유로 폐지된다. 이러한 미래 조직을 한마디로 정의하자면, '사회보장보험 의무를 지는 프리랜서들의 네트워크'라고 말할 수 있다.

미래 조직에는 제너럴리스트가 필요없다

미래 조직에는 모든 근로자가 프리랜서일 뿐만 아니라 역할에 있어서도 모두가 전문직(specialist)의 일을 수행하게 된다. 따라서 특별한 전문분야 없이 일정한 근무기간이 경과하면 로테이션으로 다른 직군과 직무를 담당하게 되는 제너럴리스트(generalist)는 사라지게 된다. 전통적인 인사관리는 사라지고 대신 고성능 인공지능(AI)과 알고리즘(algorithm)이 프로젝트에 투입될 인력의 전문성과 자격 및 능력요건 관련 데이터를 분석하여 배치한다. 또 개별 근로자의 활동 데이터를 분석하여 기여도와 급여를 측정하고 계산한다. 근로자가 프로젝트의 목표달성과 직접 관련이 없거나, 자신의 전문분야와 관련성이 떨어지는 업무를 수행하면 인공지능이 이를 포착해서 경고메시지를 보내기 때문에 근로자들은 네트워크 내에서 업무와 관련된 전문분야의 일에 집중하게 된다. 결국 제너럴리스트가 설 자리가 사라지게 된다.

미래조직의 교육훈련은 내부적 코칭으로 해결한다

미래 조직에도 교육훈련이 필요하다. 신입 인력 교육이나 새로운 프로젝트 팀 배치를 위해 기존 인력에 대한 재교육 수요가 발생하면 '휴먼 커넥터'들이 요구되는 전문성을 고려하여 적절한 전문가집단 (expert group)에 피 교육생들을 보내 코칭을 받도록 하는데 훈련 방식은 'HR coaches HR', 즉 외부의 도움이 없이 내부인력끼리 다른 구성원을 코치하는 방법으로 수행된다. 코칭내용에 있어서 강조점은 '투명하고 진정성이 있는 소통능력'이다. 네트워크 조직에서는 구성원들 간 소통능력이 필수적인 자질이기 때문이다.

미래 조직의 선발기준은 문제해결 능력이다

미래의 모집과 선발에 있어서 종래의 스펙(외국어 능력, 학벌 등)은 고려되지 않는다. 대신 휴먼 커넥터들은 지원자가 프로젝트 수행 중 맞닥뜨리게 될 도전요인들에 대처하고 반응하는, 문제해결 능력이 있는지를 면밀하게 살핀다. 문제해결 능력의 내용도 종래와는 차이가 있다. 미래 조직의 선발에서 중시하는 것은 프로젝트의 복잡성이 증가함에 따라 다양하고 복잡한 프로그램이나 데이터를 처리하는 해결하는 능력이다. 따라서 지원자가 복수의 프로그램 언어에 능통한 지 여부와 복잡한 데이터의 분석 능력, 다양한 분야의 통섭적 능력이 있는지가 미래 조직의 중요한 선발기준이 된다.

미래 조직의 경력개발은 근로자가 스스로 주도한다

미래 조직에는 근로자의 경력이 고정되어 있지 않고 프로젝트를 거듭 수행할수록 경력의 방향이 다양해지는 특징이 있다. 그래서 시간이 지난 후 입사 시의 경력목표와는 완전히 동떨어진 경력을 추구하는 근로자들이 많다. 조직내 근로자들은 모두 프리랜서들로서 자신의 관심사에 따라 자신이 경력의 방향을 스스로 정하기 때문에 이런 현상이 발생한다. 종래의 경력관리와 다른 점은 구성원 자신이 스스로 선택하여 경력의 방향을 정한다는 것이고, 경력개발이 반드시 업무의 효율성을 증가시킨다는 것이 아니라, 관심 분야가 다양해진다는 것을 의미한다. 이런 현상이 만연하는 이유는 근로자들이 프로젝트 베이스로 일하기 때문이다. 근로자 입장에서 매력적이고 흥미로운 프로젝트가 있으면 그것을 선호하게 되고 참가 신청을 했을 때 능력이나 경력이 부족하여 거부되면 휴먼 커넥터와의 상담을 통해 자신이 추가로 획득해야 할 자격이나 능력을 보충하고 반드시 그 프로젝트를 맡으려는 경향이 있다. 이런 과정을 통해 일을 하다 보면 경력의 일관성이나 진행 속도는 떨어지더라도 결국 근로자 자신이 선호하는, 흥미로운 경력 분야로 진출하게 된다. 이런 경향은 능력이 우수한 근로자들에게 더욱 현저히 나타난다.

미래 조직에는 기업 브랜드 관리가 사라진다

미래에는 조직 자체가 없어지기 때문에 기업의 특성과 이미지를 브랜드화해서 그것을 관리하는, 이른바 기업 브랜드 관리(employer branding)가 필요 없어진다. 기업 브랜딩이 없으면 우수 핵심 인재들을 유치하는 데 어려움이 있을 것이라고 우려하는 목소리도 있겠지만 사실 문제가 없다. 왜냐하면 조직이 해체되는 대신 프로젝트 베이스로 연구가 추진되는데 핵심 인재들은 매력적인 프로젝트에 참여하기를 원하는 대신, 과거와 같이 기업의 고정된 이미지에는 관심이 없기 때문이다. 따라서 휴먼 커넥터들은 우수 인재들을 유치하기 위해서 다양한 능력개발이 가능한 참신한 프로젝트를 개발해서 이들을 유치하려고 노력한다. 그러나 모든 프로젝트를 이러한 다양하고 새로운 것만으로 채울 수는 없기 때문에 휴먼 커넥터들은 인력 모집시 전통적 능력과 다양한 능력을 갖춘 인재들의 수요와 공급의 균형을 맞추어야 할 것이다.

미래 조직의 성과는 전적으로 동료들의 피드백에 달려있다

미래 조직은 프로젝트의 내용에 따라 인력이 배치되며 관리자가 없는, 수평적 조직으로 변화하기 때문에 종래와 같이 상부의 지시에 의해 움직이는 Top-down 방식의 조직이 아니라 동료들의 피드백(peer-to-peer feedback)으로 조직이 운영되지 않으면 성과달성이 어렵다. 또 전통 조직처럼 표준화된 업무처리 절차와 방식이 존재하지 않기 때문에 직무기술서나 직무명세서도 없다. 성과를 달성하기 위해서 근로자는 오롯이 동료 간 비공식적이고 지속적인 피드백의 도움을 받아 프로젝트를 추진한다. 이러한 업무구조에서는 관리자의 지시나 개입이 오히려 업무의 역동성과 효과성을 저하 시킬 수 있다.

미래 조직은 경쟁 보다는 협업을 우선시 한다

미래 조직에서는 관리계층과 같은 위계(hierarchy)가 존재하지 않고 고정된 과업이나 고정된 부서가 없다. 프로젝트 업무의 변동성은 커질 수 있지만 계층과 부서가 존재하지 않기 때문에 부서간 경쟁은 의미가 없어지며 개인간 업무 연관성이 높으므로 개인 간 경쟁도 성과달성에 방해가 될 수 있다. 이러한 작업상황에서는 근로자들 간의 협업(collaboration)은 자연스러운 현상이다. 그래서 휴먼 커넥터가 근로자들에게 강조하는 덕목은 공감, 협력, 업무의 역동성이 된다.

오늘의 인사관리자는 내일을 위한 변화 촉진자가 되어야 한다

오늘날 기업의 인사관리자는 변화무쌍한 환경변화 속에서 조직 구성원 간 소통과 네트워킹을 조정해야 하는 책임을 담당해야 한다. 인사관리자는 다양한 악기 연주자들의 연주를 조율하여 아름다운 협주곡을 만들어내는 지휘자와 같은 역할을 수행해야 한다. 인사관리자에게 요구되는 이러한 도전적 역할을 '변화 옹호자 (change advocate)역할'이라고 정의할 수 있다. 변화 촉진자는 먼저 자신부터 변해야 하며, 다음으로 조직이 바람직한 방향으로 변화할 수 있도록 조정 능력을 발휘해야 한다. 오늘의 변화 촉진자는 미래의 휴먼 커넥터가 된다. 비유하자면, 변화 촉진자는 지구에서의 임무이고 휴먼 커넥터는 화성에서의 임무가 된다. 다른 행성에 가서 인사관리를 수행할 때 인사관리자들이 변함없이 지켜야 할 원칙이 있다. 그것은 구성원 간 소통을 장려하고 네트워킹을 구축, 확장하는 일이다. 이것만 잘한다면 오늘의 인사담당자들은 화성에 가서 휴먼 커넥터로 성공할 수 있을 것이다.

III. 코로나 19 위기와 독일기업의 변화와 대응

1. 코로나19 위기와 독일 사회의 변화

2020년 3월부터 본격적으로 세계를 강타한 코로나 19 팬데믹은 독일도 예외는 아니다. 감염병이 독일내 전국적으로 창궐하면서 독일기업들은 과거와는 본질적으로 다른 환경변화에 적응하는 데 몰두하고 있다. 이러한 위기를 어떻게 극복하느냐에 조직의 사활을 걸고 있지만, 익숙한 것으로부터 탈피하는 것은 결코 쉬운 일은 아니다. 독일 기업의 인사관리자들은 지난 수 개월 동안 코로나 19 위기상황을 통해 무엇을 배웠는지, 그 위기 가운데 개인과 조직은 어떻게 변했으며 인사

부서와 HR 기능은 어떤 도전에 직면하였고 어떻게 대응하였는지에 대해서 HR 담당자들은 자문하면서 스스로 성찰하기 시작했다.

독일은 2010년부터 2020년 초까지 10년의 호황을 맞이하여 기업의 매출과 수익실적이 나날이 향상되면서 덩달아 고용이 증가하며 투자가 활성화되는 경제부흥을 경험하였다. 그런데 2020년 3월부터 코로나 19의 창궐로 인해 독일의 경제는 갑자기 제동이 걸렸다. 사회적 거리두기가 예상외로 길어지면서 경기가 갑자기 부진해지자 기업들은 신규채용을 중지하고 비정규직의 계약연장을 하지 않는 등 허리띠를 졸라매기 시작했고 회사내 위기대응 팀을 꾸리기 시작했다. 그간 호황기를 맞아 확대된 복리후생으로 사람들을 기분 좋게 해주던 인사 부서들의 파티는 끝이 났고 기업의 주름살에 일정 부분 책임을 져야 하는 분위기로 내몰리고 있다.

2. 독일 기업의 위기 인식과 활로 모색

독일내 최대의 인사관리 실무자 협회로 손꼽히는 '독일연방 인사관리협회' (Der Bundesverband der Personalmanager: BPM)는 지난 6개월 간의 코로나 19 위기 속 기업활동을 평가하고 함께 토론하여 활로를 모색하자는 의미로 2020년 9월 14일 '평가-참여-탐색(Evaluate-Engage-Explore)'를 주제로 '인사관리 콩그레스(Personalmanagement Congress)'를 베를린에서 개최하였다. 이 콩그레스를 위해 독일의 학계와 경영계에서 초대된 수십 명의 전문가들은 코로나 19 시대의 기업 경영의 특징과 위기극복 방안, 코로나 19 이후의 사회에 대해 발제하였고 회원들의 활발한 토론이 이어졌다. 이 학회의 발표주제에 대해서 독일의 인사관리 관련 매체들이 연일 기사를 쏟아내고 있으며 최근 독일 고용연구소를 비롯한 연구기관에서도 코로나 19 관련 보고서를 내놓고 있다. 이러한 자료들을 바탕으로 코로나 19 시대 독일기업의 동향과 HR 조직의 역할 변화에 대해 소개하고자 한다(PMK, 2020).

코로나 19 위기 속에서 독일기업들이 모색하고 있는 경영의 대응 방향은 첫째, 유연한 노동모델 (flexible work model)의 확산, 둘째, 디지털 기술의 적극적 도입, 셋째, 가상공간에서의 협업 강화이다. 이 대응 방안에 따르면, 근로자들은 고정된 직무를 갖지 않으며 인터넷이나 스마트폰 기반에서 업무를 수행하는 새로운 상황에 적응해야 한다. 이것은 근로자가 직장에 출근하여 고정된 직무를 수행하고 대면으로 소통하는 시절은 지나갔다는 것을 의미하며 HR 조직과 업무에도 이러한 뉴 노멀(new normal)이 대세로 자리잡고 있다(Jochmann & Stein, 2020). HR 관리자에게는 참여(engagement)와 공동 창조(co-creation)의 새로운 개념의 리더십이 요구되는데 그것은 팀워크, 참여, 협력 그리고 네트워킹으로 실현된다. HR 업무수행에 있어서도 리더는 위계적 경영과 진화론적 경영을 탈피하고 자기책임 하에 사람과 집단 간 연대(solidarity) 그리고 실험적 경영을 통해서 새로운 길을 모색해야 하는 도전에 직면해 있다. 코로나 19 위기 속 HR 리더의 역할은 직원들과 '함께 더불어 하는 것'이지만 최종 책임은 결국 리더가 질 수밖에 없다. 코로나 19 위기극복을 위해서 독일 기업이 실험적으로 도입하고 있는 새로운 인사제도들은 실패를 허용하는 조직문화가 뒷받침되어야 만 뿌리를 내릴 수 있을 것이다. 과거의 관례나 경험에 기초한 조직문화는 위기 극복에 도움이 되지 않을 수 있으며 새로운 것에 대한 임직원의 개방적인 마인드가 코로나 19 시대에 요구되는 문화코드이다. 뉴 노멀시대의 실험을 위한 새로운 내러티브(new narrative)는 신뢰(trust)다. 신뢰할 수 있는 사람들 간의 기탄없는 소통과 자기성찰(self reflection)이 팀과 조직을 강하게 만들 수 있다(Rump, 2020).

3. 코로나 19가 가져온 세로운 노동모델(New Work Model)과 리더십

독일의 고용연구소 (Institut für Beschäftigung und Employability: IBE)는 2020년 3월 말코로나 19 위기가 기업 경영과 인적자원관리에 미친 영향을 조사하기 위해 전국적인 설문조사를 실시하였고 20202년 4월에 결과를 발표하였다. 이 설문조사에는 기업을 대표하는 480명의 임직원이 응답하였다. 이 연구의 초점은 코로나 19 위기 속에서 독일 기업들은 어떤 인적자원관리 정책으로 대응하는지에 맞춰져 있다. 조사에 사용된 설문들은 코로나 19 위기상황에서 가장 우려되는 점, 경영자들의 위기관리와 리더십, 정부에 요청되는 해결책, 코로나 위기에서 떠오르는 기회요인들 등 다양하게 구성되어 있다(IBE, 2020). 복수 응답이 가능한 이 설문 결과에 대해서 주요 내용을 소개하고자 한다.

먼저 "코로나 19 위기에서 기업이 가장 우려하는 결과는 무엇입니까?" 이 문항에 대한 응답을 빈도가 높은 순서에 따라 배열하여 설명하자면, 가장 큰 우려가 지급불능 사태 (74 %)라고 응답하였으며 다음으로는 장기적인 타격(38 %), 인력의 감축(37 %), 유동성 결핍(33 %), 재무적 손실(29 %), 고객 감소(21 %), 불확실성 지속(17 %), 건강상의 문제(14 %) 순으로 우려를 열거하였다. 여기서 장기적인 타격이란 세계경제 위기의 결과로 장기적으로 발생하는 경기후퇴(recession)를 의미한다.

독일은 1930년대에 미국발 세계 경제공황의 여파로 정권이 교체되고 파시스트 세력이 집권하는 등 대 혼란을 겪은 역사적 경험이 있어서 코로나 19 사태가 경제공황으로 번지는 것을 심리적으로 매우 두려워하는 경향이 있다. 코로나 19 위기가 역병으로부터 출발했지만, 사람들은 역병 자체보다는 그것이 경제공황으로 발전될 가능성을 크게 우려하는 것으로 나타났다. IBE 설문조사의 결과에 따르면, 지급불능 사태, 장기적인 타격, 유동성 결핍 같은 전략적이고 재무적인 우려와 함께 '인력의 감축'이라는 고용과 인사관리 관련 지표가 코로나 19 사태에 직면한 독일기업과 임직원들이 크게 우려하고 있는 주제라는 것을 보여준다.

설문조사에서는 독일기업의 위기 대응에 대해서도 조사했는데, 먼저 어떤 방식으로든 인력감축이 화사에서 진행되고 있다고 응답한 응답자는 48 %에 달했다. 인력감축의 구체적 방법으로 사업장의 축소, 부서의 구조조정, 비교적 해고가 쉬운 비정규직에 대한 감축, 조기 퇴직 등 다양한 방법을 동원하고 있는 것으로 나타났다. 응답자의 82 %가 자신이 속한 기업이 더 이상 신규인력을 채용하지 않고 있으며, 계약직의 경우 고용계약 기간을 연장하지 않는 것으로 (75 %) 조사되었다.

독일정부의 코로나 19 위기 대응책에 대해서도 의견을 물었다. 응답자들은 바람직한 정부대책을 순서대로 다음과 같이 열거하였다: 시간제 및 단시간 근로자들에 대한 정부의 대책 마련 (99 %), 기업의 유동성 개선 자금 지원 (94 %), 구제금융 지원 (88 %), 세금부담 경감조치 (87 %), 국가적 경기부양 정책 시행(77 %) 등이 필요한 정부 정책으로 제시하였다(IBE, 2020).

독일에서도 코로나 위기로 인해 대면 활동이 위축되고 회사 업무가 대부분 비대면(untact)으로 진행되면서 가상공간에서의 소통

(virtual communication)과 재택근무(home office)가 불가결한 업무방식이 되고 있다. 이에 대해 91 %의 응답자들이 업무공간의 변화, 즉 업무공간이 사무실에서 가정이나 다른 장소로 이동할 수밖에 없는 현실을 어쩔 수 없는 현실로 받아들이고 있다. 업무공간 변화를 가능하게 하는 수단 (인프라 또는 도구)을 묻는 문항에서 가상소통 플랫폼(99 %), 가상 협업공간(94 %), 사회적 거리두기(98 %), 홈 오피스에서의 재택근무(96 %), 모바일 근무(92 %)를 중요한 비대면 업무 수단이 되고 있다고 응답했다. 이러한 비대면 근무와 업무공간의 변화는 코로나 19 이전에는 매우 특수한 근무형태로 간주 되었으나, 코로나 19 사태로 인해 개인의 희망과는 상관없이 갑자기 거의 모든 직장인들의 일상적 근무형태가 되어 버렸다.

학자들은 코로나 19 위기가 지나간 이후에도 이러한 비대면 업무방식은 살아남아서 미래의 직장인들 대부분은 대면과 비대면 업무처리 방식을 혼합한 형태 (mixform)로 근무하게 될 것이라고 예측하고 있다. 그래서 조직이 코로나 19 사태 이전으로 완벽하게 회귀하는 것은 불가능하다는 데 의견을 모으고 있다. 왜냐하면 단순히 업무 방식만 변한 것이 아니라 업무와 조직을 바라보는 인간의 생각이 달라졌기 때문이다. 코로나 위기를 겪으면서 사람들은 위계와 관료적 통제보다는 업무의 자율성과 유연성, 그리고 협업을 통해 일하는 것이 더 낫다는 사실을 경험을 통해 깨닫게 되었기 때문이다. 코로나 19 사태를 겪으면서 사람들은 경영자의 리더십 역할에 대해서도 새로운 눈으로 바라보게 되었다. 과거에 중시되던 매출이나 이익 같은 물질적인 지표보다는 경영자의 지원과 배려와 같은 비물질적이고 인간적인 지표를 더 중시하게 되었으며, 달라진 경영환경 에서 경영자의 리더십 역할을 더욱 중시하는 경향을 보이고 있다 (응답자의 97 %가 경영자의 리더십이 중요하다고 응답). 응답자들이 코로나 19 시대에 의미있는 리더십 스타일과 행동이라고 언급한 것을 종합하면 다음과 같다: 변화에 신속히 대처하되, 과장된 행동을 지양하고 변화 전반에 대해 큰 그림을 그리고, 위기를 극복을 위한 직원들의 창의적인 해결 방법에 대해 개방적인 자세를 취하며, 반드시 필요한 것이 아니라면 활동을 자제하고, 다양한 구성원들(부양 가족이 많거나 위기에 특히 취약한 계층 등)에 대해 차별적으로 대처하는 리더십을 발휘하는 것이 필요하다는 것이다.

이러한 요구사항들을 충족시키는 리더가 되기 위해 경영자들은 변신을 시도해야 한다. 과거보다 더 정직하게 직원들과 소통하며 그들의 어려움에 동정심을 갖고 동참하며, 상명하복의 문화를 개선하여 수평적이고 팀 중심의 리더십, 그리고 직원들의 상처받은 마음까지 감싸줄 수 있는 포용적 리더십을 발휘하도록 노력해야 할 것이다.

어느 날 갑자기 찾아온 코로나 19 위기는 위험요인과 더불어 기회요인도 제공하고 있다. 예를 들면, 디지털화의 촉진, 가상 협업, 모바일 근무, 애자일 조직(agile organizaion), 새로운 형태의 업무 등은 위기 속에서 찾아낸 기회요인들이다. 앞으로도 시행착오는 있겠지만, 코로나 19 위기는 더 나은 세상, 더 나은 조직을 위한 많은 새로운 기회를 잡으려는 사람들의 열망과 에너지를 자극하였다. 2020년 IBE 설문조사는 이러한 기회요인들에 대해 조사하였고 응답자들의 응답을 분석하였다(IBE, 2020).

“코로나 19 위기 시대에 가장 주목받는 기회요인은 무엇입니까?” 라는 질문에 대해서 ‘새로운 노동모델(new work model)’이 최고의 기회요인으로 지목되었다 (76 %). 여기서 새로운 노동모델이란, 주로 모바일과 디지털, 그리고 AI(인공지능) 기술을 동원한 새로운 노동형태를 말하는데, 예를 들면, 재택근무, 모바일 근무, 원격 화상회의 등을 가리킨다. 다음으로 협업(72 %), 디지털화(71 %), 기존 구조의 개선(45 %), 학습효과(40 %), 창의적 아이디어(20 %), 지속 성장 가능성(13 %) 순으로 기회요인들을 응답하였다(Rump, Brandt & Eilers, 2020). 이 조사결과에 따르면, 코로나 위기에도 불구하고 기회요인 빅3는 새로운 노동모델, 협업, 디지털화이다. 여기서 눈여겨볼 대목이 '협업'이다. 코로나 19가 몰고 온 위기상황에서 기업조직은 위계가 더 이상 작동하지 못하고 직원들간 그리고 부서간 협업을 통한 자율경영이 대세로 자리잡고 있다는 반증이기도 하다. 협업을 촉진시킨 요인들은 디지털화 기반과 새로운 노동모델이다. 결국 노동모델, 협업, 디지털화는 상호의존적으로 발전하고 있는 새로운 '뉴 노멀'의 전제조건이자 새로운 조직 패러다임이라고 볼 수 있다.

IV. 맺음말

본 연구에서는 독일이 4차 산업혁명의 시대에 'Industrie 4.0' 프로젝트를 성공적으로 이끌었고 독일기업들은 스마트 팩토리를 설계, 운영하면서 제조업과 ICT의 성공적 결합을 통해 새로운 서비스와 제품을 개발하고 상품화에도 성공하면서 경쟁력 있는 새로운 영업모델을 개척하고 있는 현황을 파악하였다. 또한 인공지능과 자동화 기계의 홍수 속에서 인간이 설 땅을 잃게 되어 산업현장에서 방황하는 현상을 방지하고 노동의 인간화의 목표를 달성하려는 독일 정부와 기업의 노력의 결정체라고 할 수 있는 'Arbeit 4.0'의 내용을 살펴보았다.

독일 'Industrie 4.0'은 오래 전부터 독일 내부에서 준비되었고 2011년에 외부환경의 자극과 세 사람의 고위직 전문가들의 노력에 의해 외부로 모습을 드러냈으며 미래를 향해 열심히 달려가고 있다. 세상에 우연이라는 것은 없다. 독일 제조업의 우직하고 성실한 기계 제작과 수율향상의 전통 속에서 인공지능과 사물인터넷의 결합이 디지털 변혁이라는 '빅 뱅(big bang)'을 탄생시킬 수 있었다(Schwab, 2016). 또한 'Arbeit 4.0'은 독일 특유의 휴머니즘과 인권 중시 사상, 그리고 노사화합과 파트너 정신의 토대 위에서 정부·기업·학계가 공동작업으로 마련한 독일 사회의 내공이 깃든 인재경영 프로젝트라고 평가할 수 있다.

코로나 19는 독일 사회와 기업들에 많은 위험과 시련을 주고 있다. 그러나 지금까지 세계 역사가 그러했듯이 사람들은 위기 속에 찾아온 새로운 기회요인을 포착하고 있다. 중세 말에 유럽에서 창궐했던 대역병 페스트가 지나간 후에 인류가 다시 만난 세상은 페스트 이전과는 많이 달라져 있었다. 르네상스와 종교개혁이 과거와는 전혀 다른 세상으로 인류를 인도해 갔다. 코로나 19가 지나간 세상은 옛날 모습으로 돌아가기보다는 현저히 달라진 뉴 노멀로 인도할 것이다. 대역병의 엄청난 고난 속에서도 착실히 미래를 준비하는 사람들에게 미래는 미소 지으며 찾아올 것이다.

제4부

정부와 사회의 역할

제6장

미래를 대비하는 정부 인적자원관리전략

이근주(이화여자대학교 교수)

제7장

10만불 시대로 가는 길: 미래국가경쟁력 강화를 위한 제언

이근면 (전 인사혁신처장)

미래를 대비하는 정부 인적자원관리전략

I. 행정 환경의 변화 예측

21세기의 정부인력관리는 어떻게 해야 하는가? 급속하게 변화하는 행정환경이 요구하는 정부 서비스를 제공할 수 있는 정부인적자원관리는 어떻게 해야 하는가? 현대사회는 과거 어느 때와도 비교할 수 없을 정도로 복잡하고 빠르게 변화하고 있기 때문에 정부가 환경 변화를 올바르게 이해하고 미리 준비하지 않으면 높아진 국민기대에 부응하는 행정서비스의 제공이 불가능하다. 정부와 행정이 직면하는 행정환경 변화를 과학기술과 사회·경제적 변화, 행정이 해결해야할 정책문제의 사악성(wickedenss), 그리고 최근 발생한 코로나19의 문제 등의 차원에서 살펴보고 이들 변화가 정부차원의 인적자원관리에 미치는 함의와 이러한 도전에 대응하기 위한 인적자원관리의 변화 전략에 대한 논의가 필요하다.

최근의 미래 연구 관점은 미래를 다원적, 중층적, 복합적인 세계로 인식하고 있다. 미래에 대한 예측이 단기적이고 경험주의적인 접근에서 장기적이고 거시적인 관점으로 전환되고 있는 것은 20세기 이후 사회변화가 통제 불가능한 수준의 불확실성의 영향을 크게 받았기 때문이다. 통제 불가능한 수준의 불확실성은 미래예측에 있어 다음과 같은 두 가지 특징을 갖게 하였다. 첫 번째는 불확실성의 인정이다. 전통적으로 미래예측은 선형적인 시나리오를 만드는 방법을 많이 사용하였다. 하지만 선형적 미래예측이 불확실성을 적절하게 반영하지 못하는 한계가 있음을 인식하고 과거나 현재 발생한 중요한 사건이나 이슈를 중심으로 비선형적으로 미래를 예측하는 방식으로 변화하였다. 비선형적인 미래예측은 잠재된 예측을 기반으로 추측(speculation)과 투영 (projection)을 통하여 미래를 예측한다. 추측은 불확실성을 근간으로 미래를 예측하는 것이고 투영은 과거의 경험에 기초한 논리적 인과관계에 얽매이지 않고 사건의 특수성을 찾아 미래를 예측하는 것을 말한다.

두 번째는 미래 예측에 있어 다양한 관점을 포용하는 것이다. 제한된 관점에서만 미래를 바라볼 경우 모든 가능성을 종합적으로 파악하는데 제약이 있다. 과학기술의 변화, 인구학적 변화, 사회 경제적 변화, 정치의 변화 등은 모두 미래를 결정하는 주요 변수들이다. 각각의 변수는 분절적, 독립적으로 작동하는 것처럼 보이지만 상황에 따라서는 매우 밀접하게 연결되는 경우도 많이 있다. 종합적인 시각에서 접근하지 못한다면 균형 있는 미래예측이 어렵다. 싱가포르나 독일 등에서 정부 차원의 미래예측을 다양한 이해관계자 네트워크와 범 부처간 협력을 기반으로 수행하여 다양한 관점을 포용하려는 노력을 하고 있다.

우리나라의 미래를 형성하는 주요 변인으로 4차 산업으로 대표되는 과학기술의 발달, 저 출산 고령화의 심화, 다문화 사회의 진전 등이 지적되고 있다. 과학기술의 발달은 전세계적으로 가장 큰 영향을 미치는 변인이다. 고령화와 다문화 등 인구사회학적 변화는 최근 우리나라의 행정환경에 큰 변화가 일어난 부분이다. 과학의 발전과 인구사회학적 변화

공히 사회, 경제, 정치 등 행정의 주요 환경변수에 근본적인 변화를 가져온다. 현재 우리가 직면하고 있는 변화는 과거와는 양태가 달라 많은 불확실성을 안고 있으며 각각의 변수들이 상호 독립적이 아니라 이해하기 어려운 수준의 복잡성을 갖고 있어 다양한 관점으로 해석해야 한다.

행정 환경의 주요 변화를 비선형적이고 종합적인 시각으로 해석하여 행정에 미치는 영향을 종합적으로 파악한 것에 기초하여 정부 인적자원관리의 변화 필요성을 확인하고 필요한 제도적 대응 전략을 제시하는 노력이 필요하다. 변화된 행정 환경은 정부의 기능과 운영 방식에 본질적인 변화를 가져오고 이는 정부에서 필요로 하는 인재를 확보하고 관리하는데 있어 전통적인 패러다임에서 벗어나 미래지향적인 사고가 필요하다. 행정환경이 안정적이고 예측가능성이 높아 정부가 사회를 주도할 수 있었던 시대에서 필요한 인재상과 인적자원관리 전략은 더 이상 유효하지 않기 때문이다. 시대에 적합한 인적자원관리 전략을 수립해야 할 것이다.

II. 한국의 미래사회와 정부

1. 과학기술의 변화와 정부

후기정보화 사회와 인간 영역에의 도전: AI가 공무원을 대체한다.

미래를 예측함에 있어 가장 중요한 변수로 간주되는 것은 과학기술이다. 그 중에서도 4차 산업혁명이라고 불릴 정도로 커다란 변화를 가져올 수 있는 잠재력이 있는 분야는 정보화 분야이다. IT, BT, AI, 자율주행자동차, 알파고 등 대부분의 과학기술 발전은 정보기술에 근간을 두고 있다.

과거의 과학기술이 자동화를 통한 생산성 향상에 초점을 두고 있었다면 현재의 과학기술은 인간 고유 영역이라고 생각해왔던 사고와 판단 능력을 대체가능한 수준에 이르고 있다. 알파고로 대표되는 인공지능(Artifial Intelligence: AI)은 더 이상 바둑에 국한된 기술이 아니다. 본래 정보기술의 핵심은 자동화(automating)와 정보화(informating)를 가능하게 하는 것에 있었다. 이제 정보화 기술은 정보의 가용성을 높이는 것에서 빅 데이터를 신속하게 검색하고 처리하여 인간의 판단을 대신하는 수준으로 발전하였다. 의료 분야에서 환자를 진단하고 처방을 내리거나 법조분야에서 사건과 관련된 법령, 전례 및 사례를 찾고 이에 근거하여 제시된 사건과 관련된 법적 판단을 제시하는 전문성을 인공지능 컴퓨터가 대신할 것이라는 것이 오래전부터 예측되었다. 과학기술이 인간의 물리적 한계를 극복하는 역할에서 인간의 판단을 대체하는 수준으로 발전한 것이다.

정보통신 기술 기반의 과학기술은 개인의 판단력을 대체하는 수준을 넘어 사회, 국가 차원에서 집단적인 의사결정의 양태와 일하는 하는 방식도 바꾸고 있다. 사회 차원의 집단적 의사결정을 제약하는 기술적인 요인들이 통신 및 커뮤니케이션 기술의 발전으로 제거되면서 머지않아 대의제 민주주의에서 직접 민주주의 방식의 사회적 의사결정이 선택 가능한 대안이 될 수 있다. 정보통신기술은 의사결정에 필요한 정보의 확보와 활용 능력도 과거에는 상상할 수 없는 수준으로 변화시켰다. 블록체인이나 비트네이션 같은 첨단 기술들은 향후 정부의 운영 방식에 본질적인 변화를 가져올 것으로 예상되고 있다.

인공지능의 전문가를 대체하는 것이 민간영역에 한정되는 것은 아니다. 공직자들이 정부에서 수행하는 많은 업무들도 인공지능에 의하여 대체될 가능성이 매우 높다. 정보통신 기반 기술의 비약적인 발전은 정부의 역할과 기능에 새로운 가능성을 열어주고 있다. ATM이 은행 창구의 모습을 혁신적으로 변화시켜 창구 직원의 업무를 대체했듯이 드론, 무인자동차, 인공지능 등은 행정의 집행기능을 대체할 가능성이 매우 높다.

행정에 있어서 인간의 역할과 인공지능의 역할을 구분하는 것이 중요하게 될 것이다. 정형화된 업무, 반복적인 성격이 강한 업무부터 인공지능에 의하여 대체될 가능성이 크다. 인공지능의 발전에 따라 정형화된 자료에 기초한 판단이 요구되는 업무부터 대체될 가능성이 커질 것이다. 인간만이 수행할 수 있는 업무를 제외하고는 많은 정부의 기능들이 AI에 의하여 수행될 것이다.

과학기술 변화의 속도와 적응: 전문성 수준이 아니라 지속적이고 신속한 학습능력이다.

과학기술 발전의 함의는 변화의 내용과 범위에 그치지 않는다. 현대 과학기술의 또 다른 특징은 과거의 기술발전과는 비교할 수 없을 정도로 빠르게 변화하고 있다는 점이다. 50년 전에 단순한 계산을 빨리 하기 위하여 만들어진 컴퓨터가 이제는 단순한 계산 기능을 넘어 인간의 모든 영역에서 없어서는 안 될 정도로 발전하였다. 지난 50년간 변화의 가속도에 비추어 볼 때 향후 50년의 기술변화 속도는 과거의 그것을 쉽게 추월할 것이라는 것이 대부분의 예측이다.

과학기술의 발전이 빠를수록 개인과 사회는 새로운 환경, 직업, 능력에 대한 적응 요구가 커지게 된다. 특히, 인공지능이 인간의 역할을 대신하게 되면 기계와의 경쟁에서 일자리를 잃게 되는 상황이 빈번해질수록 지속적인 학습과 상황 변화에 대한 적응이 매우 중요한 생존 전략이 된다.

지식이 폭발하는 사회는 지식의 유효기간 짧다. 2013년에 향후 10년 내 IT정보량이 50배 이상 늘어난다는 예상이 있었다. 과학기술의 발전을 포함하여 새로운 지식이 폭발적으로 증가한다는 것은 기존 지식의 유효기간을 줄이는 효과가 있다. 새로운 지식의 등장으로 기존 지식이 빨리 낡은 지식이 되어 효용가치를 잃게 된다. 특히 실용지식의 경우 그러한 효과는 더 크게 될 것이다. 10년 전 사용하던 폴더형 핸드폰의 작동법은 더 이상 유용한 지식이 아니다. 지속적인 지식의 학습과 갱신 노력만이 인간이 변화하는 사회에 적응할 수 있다.

과학기술에서 시작된 행정 환경의 급속한 변화와 발전은 행정의 업무 환경을 안정성이 낮고 불확실성이 높은 상태로 만든다. AI가 자신의 업무를 대체하고 정보의 홍수 속에서 공직자로서의 역할을 성공적으로 수행하기 위해서는 전문성을 갖추어야 하고 동시에 지속적으로 새로운 것을 학습할 수 있어야 한다. 이를 위해서는 역량과 전문성 있는 공직자를 선발하는 것은 물론 공직수행 과정에서 지속적으로 전문성을 향상하고 적응을 지원할 수 있도록 인적자원관리가 이루어질 필요가 있다. 지속적으로 새로운 지식을 습득하고 활용할 수 있는 능력과 역량은 단순하게 전문성을 갖춘 것과는 다르다. 학습된 결과로서의 전문성과 함께 지속적으로 자식의 전문성을 갱신할 수 있는 학습능력, 지식 습득능력을 갖추는 것이 필요하다.

2. 인구구성의 변화

저출산과 고령사회에 대한 대처

낮은 출산율로 인한 인구감소와 고령사회로의 진입은 이미 잘 알려진 사실이다. 저 출산 문제는 21세기가 안고 있는 전 세계적인 문제라고 하지만 우리나라는 그 심각도가 다른 나라에 비할 바가 아니다. 특히 낮은 출산율과 고령화 사회는 구조적인 특성이 있어 정부에서 많은 노력을 해도 쉽게 해결되기 어렵다. 낮은 출산율의 경우 결혼연령과 출산연령이 높아지는데서 직접적인 원인을 찾을 수 있다. 2017년 통계청 자료에 따르면 35세 이상 산모의 수가 10대, 20대 산모의 수를 추월하였다고 한다. 사회 진출 연령이 높아지고 결혼을 위한 경제적 준비에 드는 시간이 길어지면서 결혼연령이 늦어졌다. 동시에 부부가 모두 경제활동을 하는 비중이 높아지면서 출산연령이 늦어진 결과이다. 35세에 첫 출산을 한 경우 둘째, 셋째의 출산 확률이 매우 낮기 때문에 인구감소를 멈추고 증가를 위한 합계출산율 2.0을 달성하는 것이 불가능에 가까운 구조이다.

동시에 IT, BT, NT 등 과학기술 발전은 인간 수명을 획기적으로 늘리고 있다. 유전자를 활용한 기술의 발전은 병을 치료하는 의학에서 병을 예방하는 의학으로 발전하여 일생의 건강 상태를 태어나면서 예측할 수 있는 수준에 이르렀다. 저 출산과 의학기술의 발전으로 인한 인간 수명의 연장을 적시에 대처하지 못한다면 인구 노령화 문제의 해결은 요원하다.

35세 이후 출산여성의 증가와 노령화는 단순한 고령사회와는 다른 사회문제를 제기한다. 현재와 같은 정년제도가 유지된다면 35세 출산한 아이의 경제적 독립 시기보다 부모의 은퇴가 더 빠를 가능성이 크다. 다음 세대가 사회에 진출하는데 필요한 교육 등의 준비가 다 끝나기 전에 부모세대가 경제활동을 멈추게 될 경우 그 부담은 사회와 정부가 지게 된다. 특히 전체적으로 인구가 감소하여 경제활동 인구가 줄어들고 고령화가 깊어지는 상황에서 교육에 대한 부담과 노인복지에 대한 부담이 동시에 발생하게 되면 사회 전체적으로는 세대 간 갈등이 커질 가능성이 농후하다.

저 출산과 고령화 사회는 정부 전체적으로는 정책수요의 변화를 가져올 수 있으며 인적자원관리 차원에서는 연금제도, 정년 문제 및 공직자의 퇴직 이후 삶의 문제와 직결 된다. 특히, 세대 간 보조의 성격을 갖고 있는 연금문제와 정년 문제는 밀접하게 연결이 되어 있어 이에 대한 종합적인 접근이 필요하다.

다양성 사회와 다양성 관리

우리나라는 인종과 민족 등 측면에서 사회 구성이 단순하던 시대에서 다문화와 다양성이 높은 사회로 변화해가고 있다. 통계청 자료에 의하면 현재도 외국인 주민이 전 인구의 약 4%를 차지하고 있으며 그 비중은 앞으로도 늘어날 전망이다. 가까운 미래에는 규모뿐만 아니라 사회적 의미도 현재와는 다른 양상을 보일 것이다. 결혼이민자 2세대가 대폭적으로 사회에 진출하여 경제활동을 시작하면 다문화 이슈가 지금보다 더 큰 의미를 갖게 될 것이다. 결혼이민자 등 다문화 1세대는 경제활동을 하기 보다는 가정에 머무르는 비율이 높았다. 하지만 다문화 2세대는 교육을 마침과 동시에 경제활동을 하고 노동시장에 참여하게 될 것이다. 단일 민족의 전통과 문화적 인종적 다양성에 대한 경험이 충분하지 않은 대한민국 사회가 다문화 2세를 어떻게 받아들이는 가는 미래 사회의 갈등의 수준과 폭을 결정하게 된다. 이와 함께 인구의 감소로 인한 노동력 부족을 해결하는 방식으로 이주 노동자가 지금보다 더 필요하게 될 것이며 이는 또 다른 다양성의 차원을 더하게 될 것이다. 결혼이민자와는 달리 노동력의 확보를 위한 이주노동자는 순혈

주의, 민족적 편견, 인종적 그리고 경제적 편견을 넘을 수 있는 사회적 인 수용과 정부의 정책이 더 필요하다. 다문화와 함께 탈북자와 이주 노동자에 대한 수용 수준도 사회적 갈등과 통합을 결정하는 중요한 사회적 이슈가 될 가능성이 크다. 다문화와 다양성의 이슈는 사회 전체적인 갈등과 통합의 문제이기도 하지만 조직 관리의 문제이기도 하다.

다문화 2세대는 경제활동을 시작하게 되면 현실적으로 차별이 상당 수준을 존재하는 민간 노동시장 보다는 제도적으로 차별을 막고 있는 정부나 공공기관 등 공공노동시장에 진출할 가능성이 크다. 공무원의 경우 실적주의 원칙에 따라 채용이 이루어지기 때문에 다문화 배경이 채용에 영향을 미치는 것이 민간 노동시장에 비하여 크지 않을 것이기 때문이다.

공직사회의 다양성이 높아지면 적극적인 다양성 관리가 필요하다. 동일성과 동형화에 더 많은 가치를 부여해온 조직에서 다름과 다양성은 새로운 시각과 다양한 관점의 제공을 통하여 성과제고를 가져올 수도 있지만 갈등을 야기하는 요인으로 작용할 수도 있기 때문이다. 다양성이 높은 공공조직은 대표관료제적 관점에서 바람직한 모습을 보일 수도 있으나 조직 구성원의 문화적 다양성이 상호간 이해의 부족, 의사소통의 불충분성은 물론 편견과 차별의 원인이 되어 갈등을 야기할 수 있기 때문이다. 조직 내부적으로 다양성의 부정적인 영향을 최소화하고 긍정적인 효과를 극대화 할 수 있도록 적절한 다양성 관리가 필요하다.

3. 세계화

세계화의 일상화: 국제적 시각과 창의성

1990년 중반이후 시작된 세계화는 미래사회에서 일상화된 모습이 될 것이다. 세계화는 “지리적, 정치적, 문화적 거리와 구분이 갖는 의미와 중요성이 사라지고 세계가 하나의 생활공간으로 바뀌어가고 있는 현상"이다. 세계화가 진전되면서 국경, 경제, 문화, 언어 및 기술 등의 경계가 파괴되고 있다. 인터넷 공간에서 국경은 더 이상 의미가 없으며 정보통신기술에 기반을 둔 통번역 시스템의 발달은 언어의 장벽을 무너지게 했다. 인터넷을 기반으로 하는 아마존이나 구글 등 대기업은 국경과 언어의 장벽 없이 전세계적인 영향력을 행사하고 있으며 증권시장도 온라인 증권거래를 통하여 다른 나라의 증권시장에 쉽게 접근할 수 있다. 국경이 없는 하나의 국제 금융시장이 형성된 것이다. 정보통신 기술의 발달이 모든 것을 가능하게 한 것이다.

세계화는 바로 지구적 표준(global standards)의 수용을 말한다. 지구적 표준은 확정되어 불변하는 것이 아니라 국가 간의 세력관계에 따라 지속적으로 발전하고 있다. 조직 운영에 있어 투명성의 확보, 국제교역에 있어서 공정거래의 보장, 국내외 회사들에 대한 차별 제거 등 다양한 측면에서 지구적 표준이 형성, 적용되고 있다. 세계화를 통한 지구적 표준의 수용으로 국내적 관행이 유효성이 상실되고 국제경쟁력의 강화가 치열한 세계 경쟁에서 살아남을 수 있는 유일한 대안이 된다. 국제경쟁력의 제고는 정부의 역할이지만 시장을 폐쇄하거나 국내 산업을 보호하는 등의 전통적인 방법은 더 이상 유효하지 않다. 창의적이고 혁신적인 접근이 요구된다.

정부가 국내적인 시각에 매몰되지 않고 창의적이고 유연하기 위해서는 넓은 시야를 갖고 창의성이 높은 인재를 확보하고 재직기간 동안 그러한 역량을 충분하게 발휘할 수 있도록 관리해야 한다. 창의성이 높은 인재를 선발할 수 있도록 채용 제도를 개선할 필요가 있으며 개인의 창의성이 발휘될 수 있는 성과관리등 다양한 인사관리가 이루어져야 한다.

4. After Disaster: 코로나19의 영향

2020년 전 세계는 코로나19 바이러스라는 재앙을 경험하고 있다. 코로나19로 Before Corona, After Disaster라는 말이 생길 정도의 엄청난 충격을 주고 있다. 코로나는 중세의 페스트와 20세기 초반 스페인 독감으로 알려진 팬데믹과 비교될 수 있는 재앙이다. 과거 팬데믹이 역사의 변곡점이 되었듯이 코로나 19도 인간의 삶을 본질적으로 바꿀 것이라는 것에 많은 사람들이 동의를 하고 있다. 페스트는 인구 급감과 이로 인한 노동 비용의 급격한 증가로 봉건제 해체의 결정적인 계기가 되었다. 임금의 급속한 상승으로 소작농을 구하지 못한 영세한 영주들부터 파산하기 시작하였다. 영주들의 파산으로 농노들은 중세의 굴레를 벗고 자유민의 지위를 획득하게 되었다. 중세의 붕괴는 상업중심의 교환경제에 기초를 둔 절대왕권시대를 맞이하게 된다. 스페인 독감으로 알려진 1919년 팬데믹 이후 영국의 몰락하고 미국 중심으로 세계경제질서가 재편되었다. 1919년 팬데믹을 기술한 "The Great Influenza"의 저자인 John Barry(2004)는 스페인 독감이 세계사를 바꾸었다고 주장한다. 1차 세계대전 이후 체결된 베르사이유 조약에서 당시 미국의 윌슨 대통령이 스페인 독감에 걸려 종전 협상에 적극적으로 참여하지 못하여 영국 등 승전국들이 패전국인 독일에 가혹한 배상금 요구를 가능하게 하였다. 영국은 1차 대전 이전에는 채권국이었으나 1차 대전을 치루면서 미국에 전쟁 비용을 조달하였다. 전후 막대한 채무를 해결하기 위하여 영국과 프랑스 등 전승국들은 베르사이유 조약에서 패전국인 독일에 막대한 배상금을 요구를 관철할 수 있다. 조약 이후 독일에서는 강열한 복수심이 생겨나 히틀러와 파시즘이 탄생할 수 있었다는 것이다.

코로나 이후의 세계가 어떻게 변할 것인가에 대한 예측은 코로나 사태가 아직 끝나지 않았기에 이른 감이 있다. 하지만 지난 몇 달간 발생한 다양한 사건들의 의미 해석을 통해 몇 가능한 시나리오를 생각해 볼 수 있다. 우선 정보통신 기술의 생활화이다. 화상회의 등 정보통신 기술을 활용한 다자간 소통이 대면회의를 대체할 가능성이 커졌다. 이미 화상회의 기술은 충분하게 발달되어 있었다. 단지 다양한 이유로 대면회의에 대한 선호가 크다보니 원격 소통이 덜 선택되었을 뿐이었다. 정보통신 기술 기반의 원격 소통에 대한 경험과 신뢰가 축적되면 정부 내부적으로는 물론 정부와 국민 간 '랜선'소통이 보다 활성화될 것이다. 정부 인적자원관리와 관련해서는 과학기술인재의 확보가 중요하다는 점을 확인했다는 것이다. 코로나 사태의 대처에서 핵심적인 역할을 한 질병관리본부장이 대표적인 사례라고 할 수 있다. 의사로서 의학, 보건학 등 과학기술 전문성을 충분하게 갖추었기에 코로나 바이러스에 어떻게 대처할 것인가에 대한 정확한 정책적 판단이 가능했다. 코로나 사태에 대응하여 정부는 다양한 정책과 대책을 제시하였다. 정책의 주요 내용은 해외로 부터의 유입의 방지, 국내적인 감염의 확산을 억제, 확진자에 대한 적절한 관리 등이다. 그리고 현재까지는 이러한 정부의 조치가 사태를 진정시키는데 중요한 역할을 한 것은 부정할 수 없을 것이다.

과학기술의 발전이 미래 변화를 이끈다는 것은 이미 언급하였다. 그렇다면 미래 사회의 문제도 과학기술과 관련된 가능성이 커지면 이의 해결도 과학기술에 대한 전문성이 없다면 불가능할 것이다. 공직사회에서 과학기술 전문성의 중요성을 강조해야 한다.

5. 변인들간의 연계성

과학기술의 발전, 인구 구성의 변화, 세계화 및 사회정치경제의 변화는 독립적으로 발생하지 않는다. 각각의 변인들은 미래사회를 형성함에 있어 매우 밀접한 연계성을 갖고 상호작용한다. 정보기술을 기반으로 하는 과학기술의 발전 없이는 세계화는 불가능한 것이며 과학기술의 발달로 개인의 정치참여 가능성이 획기적으로 높아지게 된다. 다문화와 다양성이 높은 사회로의 변화는 정부의 구성과 운영에 다양성 관점의 도입을 요구하게 된다. 인구의 규모 및 구성의 변화도 사회적 상호작용에 결정적인 영향을 미칠 것이다. 이들 변인들은 독립적으로 혹은 상호작용을 통하여 미래 행정 환경을 형성하게 된다. 행정의 성패는 새로운 환경의 도전에 공직자들이 적절하게 대처할 수 있도록 인적자원관리가 효과적으로 이루어지는데 달려있다고 할 수 있다.

III. 사회문제의 사악성 (Wickedness)

정부가 해결해야하는 사회문제는 본질적으로 사악한 문제(wicked problem)이다. 그리고 과학기술의 발달 등 위에서 언급한 미래 변인들은 불확실성을 높여 사악성을 더 높이게 된다. Rittel & Webber(1973)와 Conklin(2006)에 따르면 사악한 문제(wicked problem)는 몇 가지 특징을 가지고 있다. 우선 사악한 문제의 가장 큰 특징은 문제를 정의하기 어렵다는 점이다(no definitive formulation). 사악한 문제는 명확하고 확정적으로 공식화하기 어렵기 때문에 문제가 무엇인지 정확하게 파악하기 어렵다. 사악한 문제의 두 번째 특징은 계속적으로 나타난다는 점이다(no stopping rule). 해결하려는 문제가 지속적으로 변화한다면 그리고 그 변화를 예측할 수 없다면 문제는 해결하는 것은 거의 불가능에 가까울 것이다. 활쏘기를 할 때 목표점이 계속 움직인다고 생각하면 쉽게 이해될 수 있을 것이다. 그렇기 때문에 사악한 문제는 해결책이 쉽게 나오지 않는 특징을 갖고 있다. 세 번째, 사악한 문제의 해결책은 옳고 그름으로 평가할 수 없다. 최선의 해결책을 찾을 수 없으며 기껏해야 조금 나은 해결책을 찾을 수 있을 뿐이다. 그리고 찾아낸 해결책도 과연 문제를 실제 해결할 수 있는지 여부를 사전에 확인하거나 검사해보는 것이 불가능하다. 그리고 혹시 해결책을 찾아서 문제 해결에 한 번 사용할 수 있더라고 두 번 사용은 어렵다는 특징을 갖고 있다. 사악한 문제는 모두 새롭고 독특하기(novel and unique) 때문이다. 결과적으로 문제 해결 과정에서 경험이나 교훈을 얻는 것이 불가능하다. 마지막으로 사악한 문제의 해결의 위한 기존의 해결책은 존재하지 않는다.

V. 정책제언

4차 산업으로 대표되는 과학기술의 변화, 다문화와 고령화사회 등 인구사회학적 변화 그리고 다양한 사회적 요인의 발전과 변화를 근거로 미래사회를 예측해보고 미래사회를 대비하는 측면에서 공직자의 채용, 관리 및 퇴직의 세 가지 차원에서 정부의 인적자원관리의 방향에 대한 제안을 하였다. 미래사회에 적절한 대응하기 위해서는 현재와는 다른 접근을 할 필요가 있다는 점은 확실하다. 미래에 대한 준비를 하지 않으면 행정이 국민이 원하는 서비스를 제공하는데 실패할 수 있다.

정부정책은 현안에 몰입되어 미래에 대한 준비를 하는데 소홀하게 되는 경우가 많다. 정부의 인적자원관리도 많은 현안에 직면하고 있고 이를 해결하기 위한 단기적 처방을 선택해야 한다. 그럼에도 불구하고 미래에 대한 장기적인 전망과 이에 기초한 방향성 있는 접근이 없다면 현안의 해결이 미봉책에 그칠 수밖에 없다. 현재의 악순환에서 벗어나기 위해서는 미래 사회를 준비하는 장단기 인적자원관리 계획의 수립이 필요하다. 각계의 전문가가 참여하여 미래 사회에 대한 보다 종합적이고 체계적인 예측을 하고 인사전문가와 정부가 협업을 통하여 정부 인적자원관리의 모든 영역에 대한 장단기 전략을 수립하고 이에 따른 단계적이고 체계적인 제도 개선과 준비가 요망된다. 정부는 다양한 변인이 상호작용으로 점점 더 사악해지는 사회 문제를 해결해야하는 숙명을 지고 있다. 이 숙명에 적극적으로 대응하기 위한 정부 인적자원관리에 필요한 변화에 방향을 제시하면 다음과 같다.

1. 채용 단계

선발과 충원 단계에서 미래 정부의 인적자원 관리는 다음의 요소에 중점을 두는 방향으로 변화해야 할 것이다.

평가센터의 적극적 활용

창의성, 갈등조정 및 공공봉사동기 등이 미래 공직자가 갖추어야할 중요한 역량이라는 점은 분명하지만 이들을 객관적으로 측정, 평가해서 선발의 요소로 활용하는 것을 제도화하는 것은 용이하지 않다. 구조화되지 않은 상황에서 전형적이지 않은 사고와 행동을 측정하여 선발에 필요한 객관적인 척도로 구성하는 것이 힘들기 때문이다. 갈등 조정 역량의 경우도 유사한 한계를 갖고 있다. 특히, 개인이 가치관으로 내재화하고 있는 공공성과 공공봉사동기를 기존의 평가 방식으로는 선발과정에서 객관적으로 확인하고 평가하는 것은 용이한 일은 아니다.

채용 과정에서 평가센터를 적극적으로 활용한다면 이러한 문제를 해결할 수 있을 것이다. 공직 채용에 있어서 지나치게 경쟁이 심한 경우 창의성이나 공공봉사동기가 높은 지원자에게 불리하게 작용할 수 있으나 평가센터 방식을 활용한다면 이러한 문제점은 어느 정도 완화될 수 있을 것이다. 구조화되고 체계적인 면접 과정에서 다양한 질문과 상황의 제시에 대한 반응을 통하여 사고의 창의성을 측정하는 것은 불완전 하지만 불가능하지도 않다. 평가센터를 활성화하여 단기적인 평가가 아니라 심층적이고 충분한 시간을 할애한 평가를 한다면 창의성과 조정역량 등이 우수한 인재를 선발하는 것이 가능할 것이다.

또한 선발시험을 통과한 후 최종 합격 이전에 수습 혹은 인턴 과정을 일정기간 두고 실제 업무 환경에서 피평가자가 어떻게 행동하고 판단하는 가를 확인할 필요가 있다. 아직까지 한국 사회에서 추천서가 공정성과 객관성을 충분하게 인정받고 있지 않기 때문에 한계는 있을 수 있으나 추천서 등의 방식을 통하여 창의적인 활동을 평가하는 것도 가능할 것이다.

다양한 경험의 공직 유입: 개방형 채용의 지속적인 확대

다양한 경험과 지식 전문성에 바탕을 둔 융합 능력과 판단력이 우수한 인재를 충원할 수 있는 방법으로 개방형 충원의 확대가 필요하다. 학교를 졸업하고 시험 준비만을 한 인재 보다는 다양한 사회적 경험을 한 인재가 보다 넓은 시각에서 변화하는 세상의 움직임을 올바르게 이해하고 사회에서 필요로 하는 정책을 만들 가능성이 크다. 다양하고 풍부한 사회 경험이 있는 인재를 확보하기 위해서는 사회 경험이 있는 인재를 조직의 중간 관리자로 바로 충원할 수 있는 개방형 채용을 원칙으로 해야 한다.

현재의 충원제도는 폐쇄형을 원칙으로 하고 개방형을 확대하고 있다. 정부 관료제가 계급제를 근간으로 하고 있어 젊고 유능한 인재를 확보하기 위하여 원칙적으로 조직의 최하층에서 충원이 이루어지는 폐쇄형 충원을 원칙으로 하고 개방형 충원방식을 보완적으로 활용하고 있다. 하지만 미래 정부는 개방형 충원이 원칙이 되어야 할 것이다.

그동안 개방형직위의 경우 민간의 지원자가 충분하지 않은 문제가 있어 개방형채용의 확대가 쉽지 않았다. 민간 지원자 풀이 크지 않았던 이유는 크게 민간에 비하여 낮은 보상 수준과 장기적인 경력개발의 어려움이 가장 큰 이유로 작용한다. 우선 보상의 경우 민간 수준까지는 아니지만 공직의 보상수준이 지속적으로 높아지고 있어 어느 정도 해결되었다고 본다. 하지만 두 번째의 경우 제도 개선을 통하여 장기적인 근무가 제도적으로는 가능한 상황이지만 실제 개방형으로 채용되어 정년보장을 받는 사례가 많지 않기에 현실적으로 공직에 취인한 경우 장기적인 경력개발이 어렵다는 점은 여전히 존재한다. 적극적인 제도 운영을 통하여 개방형으로 채용된 경우도 정년까지 근무할 수 있도록 인사정책을 운영할 필요가 있다.

균형인사정책의 과학기술 분야 확대

과학기술의 발전은 공직자의 과학기술전문성을 요구한다. 공직의 과학기술 전문성에 대한 수요에 적극적으로 부응하기 위해서는 과학기술인력을 대상으로 하는 균형인사정책을 강화할 필요가 있다. 현재 균형인사정책은 양성평등, 장애인, 지역인재 등이 주요 대상이다. 앞으로는 균형인사의 대상을 과학기술인재로 확대하여 과학기술 인재가 공직에 적극적으로 진출할 수 있도록 해야 한다.

현재 이공계 전공자의 공직 진출 확대를 위한 정책으로는 5급 공채와 주요 정책결정 직위에 이공계 전공자를 일정비율 유지하는 정책이 있으나 법적인 강제성이 낮은 계획과 권고 형식으로 추진되고 있다. 공직 전반에 과학기술 인력이 충분하게 진출하고 주요 의사결정직위에서도 역량을 발휘할 수 있도록 하기 위해서는 양성평등이나 장애인 고용과 같이 법적인 강제력을 갖는 근거 법이나 규정을 만들어 적극적으로 추진해야 한다.

과학기술 인력의 확보는 공채에만 그칠 것이 아니라 개방형채용 등에서도 더 노력해야 한다. 과학기술 전문성이 필요한 경우 더 적극적으로 개방형 직위로 지정하여 민간에서 보유한 과학기술 전문성이 보다 원활하게 공직에 유입될 수 있도록 해야 한다.

임용 이후 보직관리와 승진 등에 있어서도 과학기술인재에 불이익이 없도록 인사관리가 이루어져야 한다. 과학기술 전문성이 요구되는 직위에는 반드시 전문성 중심의 보직관리가 이루어질 수 있도록 해야 한다. 정책 결정 과정에서 전문성이 발휘될 수 있도록 과학기술인재가 고위직에도 일정 비율 차지할 수 있도록 해야 한다.

2. 재직단계

교육훈련의 강화 및 전문화

지식의 폭발과 짧은 지식의 유효기간은 재직기간 중 교육훈련의 중요성을 배가시킨다. 지속적으로 교육훈련이 이루어지지 않는다면 성공적인 공직의 수행이 불가능한 상황이 될 것이기 때문이다. 과거의 공무원은 충원이후 교육훈련에 대한 관심이 거의 없었다. 공직 진입 이전의 교육만으로도 정년까지 문제없이 근무할 수 있었기 때문이다. 결과적으로 교육훈련은 형식화되고 승진을 위한 점수를 확보 수단에 불과하였다. 하지만 새로운 지식과 정보가 대량 생산되는 미래 사회에서는 지식의 유통기한이 매우 짧아져서 새로운 지식의 지속적인 습득 없이는 새로운 과학기술을 이해하거나 사용하지 못할 뿐만 아니라 사회의 변화를 읽을 수도 없게 되어 정상적으로 공직을 수행하는 것이 불가능하게 된다. 따라서 미래 행정에서는 교육훈련에 대한 수요가 대폭적으로 증가하게 된다. 정부가 적극적으로 교육훈련을 강조하지 않더라고 공무원 스스로가 자발적으로 교육훈련을 받으려고 할 것이다.

증가하는 교육훈련 수요에 효과적으로 대처하기 위해서는 중앙교육훈련기관의 전문화 및 세분화가 필요하다. 중앙교육훈련기관이 반드시 하나일 필요는 없다. 독일과 미국 등 선진국에서는 교육훈련 분야와 내용에 따라 복수의 전문화된 교육훈련기관을 설치하고 중앙인사기구에서 관리하고 있다[1]. 우리나라도 중앙교육훈련기관을 세분화하여 증가하는 다양한 교육훈련 수요에 적극적으로 대응할 필요가 있다. 예를 들어 교육훈련 제도 운영과 각 부처 및 지방 교육훈련기관을 지원하는 역할을 수행하는 중앙교육훈련기관, 신규채용자에 대한 교육훈련을 전담하는 중앙교육훈련기관, 고위직에 대한 교육을 전담하는 중앙교육훈련기관을 별도로 설치하는 것이 대안이 될 수 있을 것이다. 공공성과 공직봉사동기 등 공직가치의 중요성을 감안하여 국가관

1 미국의 경우 연방부처 교육기관으로 인사관리처의 리더십 개발센터 소속 교육기관인 FEI (Federal Executive Institute), MDC (Management Development Center)와 USA Learning이 있으며 독일의 경우는 연방행정아카데미, 슈파이어 국립행정대학원 및 연방행정대학이 있다.

과 공직관을 교육하는 별도의 기관을 신설하는 것도 적극적으로 검토할 필요가 있을 것이다.

교육훈련 기관간의 네트워킹 및 협력 강화가 필요하다. 미래사회 공무원의 교육훈련 수요는 양적인 면에서 현재보다 증가할 뿐만 아니라 학습의 대상 분야와 난이도 측면에서 현재와는 질적으로 다른 차원이 될 것이다. 다양한 교육훈련 수요에 부응하기 위하여 하나의 교육훈련기관에서 모든 교육훈련프로그램을 운영하는 것은 현실적으로 불가능하다. 분야별로 전문화된 교육훈련기관을 설치 운영하고 각 기관간의 네트워킹 및 협력을 강화하여 다양한 교육훈련 수요에 탄력적으로 부응하는 것이 더 효과적이다. 교육훈련 프로그램을 운영함에 있어 국책연구기관이나 정부 외부의 민간 교육기관과의 적극적인 협력을 강화해야 한다. 특히, 국책연구기관의 경우 정부의 주요 정책을 연구하고 정책 대안을 개발하고 있어 국책연구기관의 연구자들은 정책분야에 대한 이론적인 지식은 물론 현장의 상황도 잘 파악하고 있다. 국책연구기관이 갖고 있는 다양한 정책 자료와 국책연구기관의 연구인력을 활용할 경우 교육훈련의 효과성을 쉽게 높일 수 있을 것이다. 국책연구기관의 연구자들을 교육에 참여시킬 수 있는 방안은 강사로 교육훈련에 참여하는 것을 포함하여 workshop, 공동연구, 참여식 토론 등 다양할 수 있다. 대학 등 고등교육기관이나 민간 연구기관과의 네트워킹과 협력관계의 강화도 필요하다. 외부 교육기관과의 연계와 협력은 학점 인정, 학위과정 지원, 특정 주제에 대한 단기 과정, 특수 목적의 학과 설립 운영 등 다양한 방식이 가능할 수 있다. 학점인정제가 도입될 경우 공무원의 교육훈련 수요도 충족시킴과 동시에 각 교육기관에서도 새로운 프로그램과 과정을 개발하게 되어 선순환 교육시스템의 정착이 가능하다.

교육과정의 융합과 다양성 확대가 필요하다. 교육훈련 프로그램의 설계와 운영에 있어 훈련생과 강사 구성의 다양성이 강화될 필요가 있다. 특히, 고위직에 대한 교육훈련의 경우 여러 부처의 공무원이 함께 교육을 받는 것은 물론이고 공공기관, 민간기업, 관련 외국기업 및 외국공무원들이 함께 교육을 받도록 할 필요가 있다. 다양한 배경을 가진 피교육생들이 함께 교육을 받는 경우 정책의 시야를 넓히고 소통과 융향의 가능성이 높아질 수 있다. 교육생의 구성이 다양하게 되면 교육 과정에서 자연스러운 소통을 통하여 다양한 관점에서 정책을 바라볼 수 있게 된다. 일본의 경우 공무원의 교육훈련 과정에서 민간기업체의 임직원, 타부처 및 외국 공무원등이 함께 참여하는 프로그램이 활성화 되어 있다. 우리나라도 이러한 프로그램이 있으나 아주 예외적인 경우에 한하고 있어 이 부분에 대한 강화가 필요하다. 사회의 다양성이 높아지면서 자연스럽게 공직의 다양성도 높아질 것이다. 다문화 2세가 사회에 진출하는 경우 실적기준으로 차별없이 채용될 수 있는 공직은 매력적인 선택이 될 것이다. 다른 사회 분야보다 공직분야의 조직내 다양성이 우선적으로 높아질 것이다. 다양성에 대한 수용과 다양성의 적극적인 활용을 통한 조직 성과 제고를 위해서는 다양성의 수용과 인식 변화 등과 관련된 교육훈련을 강화해야 한다.

성과와 개인 인센티브의 느슨한 연결

정부 성과에 대한 관심성과관리는 지속적으로 중요한 관리 수단이 될 것이다. 하지만 성과 평과와 개인에 대한 보상간의 연계성은 현재보다 훨신 떠 느슨하게 연결될 필요가 있다. 개인 인센티브는 성과를 제공 수단으로 활용되고 있다. 수행하는 과제가 정형화 되어 있는 경우 개인 인센티브를 생산성을 높이는데 효과적인 수단이 될 수 있으나 창조적인 문제 해결 상황에 적용되는 경우 인센티브는 성과 제고에 부정적인 효과를 가져온다 (Burroughs et.at., 2011). 창의성을 발휘하기 위해서는 내재적인 보상이 보다 강화되어야 한다.

미래 행정에서 공무원들이 해결해야 하는 문제는 정형화 되어 있지 않고 높은 불확실성을 내포하고 있어 해결책을 찾는데 넓은 시야를 갖고 창의적인 노력을 시도해야 한다. 하지만 창의적인 문제해결 과정이 금전적이고 외재적인 보상과 연결되는 경우 문제를 바라보는 시야가 좁아지고 결과적으로 해결가능성이 낮아지게 된다. 외재적 보상에 대한 반응의 결과 왜곡된 행동이 나타날 수 있게 된다.

개인성과 보다 집단성과 중심의 성과관리

미래사회는 지식의 융합이 필수적이다. 다양한 전문성이 경계를 허물고 융합되어야만 복잡한 문제를 해결할 수 있기 때문이다. 공직의 경우 협력과 융합의 필요성은 더 크다. 다양한 사회적 요구가 현재보다 강하게 정책과정에 투영될 것이기 때문이다. 따라서 정책 기획업무를 성공적으로 수행하기 위해서는 개인적인 노력 보다는 조직단위, 팀단위의 협력적 노력이 필수적이 된다. 업무의 수행이 조직단위로 이루어지고 개인의 역량보다 조직의 역량이 성과제고에 결정적인 영향을 미친다면 성과관리도 개인단위가 아니라 조직단위에서 이루어져야 한다.

균형인사 지속적 강화 및 다양성 관리

창의성 제고를 위해서도 균형인사와 다양성 관리가 중요하다. 창의적이 조직이 되기 위해서는 개인의 창의성 개발도 중요하지만 조직 내부에서 다양한 시각과 목소리가 나올 수 있도록 해야한다. 이를 위해서는 조직구성원의 다양성이 높아야 한다. 현재 균형인사정책을 통하여 여성, 장애인, 과학기술인력 및 지역인재 등 다양한 배경을 가진 인재가 균형있게 공직에 진출할 수 있도록 노력하고 있다. 지속적으로 균형인사정책을 추진할 필요가 있다.

동시에 조직내 확보된 다양한 배경을 가진 인재들이 갈등의 원인이 아니라 창의성의 원천이 될 수 있도록 적극적으로 다양성관리를 해야 한다. 채용의 다양성 확대는 결과적으로 공직 구성의 다양성을 높이게 된다. 특히 다문화 배경을 가진 공직자의 비중이 높아지는 경우 문화적 배경이 다른 공직자의 비중이 높아지는 결과를 가져올 수 있기 때문에 높아지는 다양성이 조직성과를 제고하고 갈등을 최소화 할 수 있도록 적절하게 관리되어야 한다. 성별, 장애 혹은 전문성 등의 다양성에 비하여 문화적 다양성은 차별, 배제 그리고 편견으로 작동할 가능성이 훨씬 더 크기 때문이다.

조직에 있어 높은 수준의 다양성은 성과제고의 기폭제가 될 수도 있으며 동시에 해결하기 어려운 갈등의 원천이 되기도 한다. 다양성이 조직 성과 제고를 위한 순기능으로 작동하게 하기 위해서는 적절한 다양성 관리가 필요하다. 조직 구성의 다양성은 적절한 인적자원관리 전략을 활용할 경우 각 구성원들이 갖고 있는 다양한 관점, 지식 및 문화적 배경을 갈등의 원천에서 변화와 혁신의 추진체로 변화시킬 수 있다. 다양성관리에 대한 준비는 다른 인적자원관리 영역에 비하여 상대적으로 덜 되어 있는 상황이다. 다양성 차원 및 수준의 측정을 시작으로 다양성이 조직의 성과와 갈등에 미치는 영향을 체계적으로 연구 분석하여 우리나라 공공조직에 적합한 다양성 관리 전략을 수립할 필요가 있다.

순환보직 개선

순환보직은 계급제를 사용하는 경우 보편적인 인사 방식이다. 순환보직은 같은 계급에 속한 공무원들을 주기적으로 보직을 변경하여 다양한 경험을 축적하도록 하여 고위직으로 승진하여 보다 넓은 시각으로 정책결정을 할 수 있는데 도움을 줄 수 있다. 하지만 우리나라의 경우 순환 보직 주지가 지나치게 짧은 것이 문제이다. 정확한 통계를 확인하기는 어렵지만 통상적으로 5급의 경우 1년 반, 과장급의 경우 1년 남짓 그리고 국장급의 경우 1년 미만의 주기로 순환보직이 이루어지고 있는 것으로 알려져 있다. 필자가 개인적으로 계급제를 채용한 영국 공무원과 인터뷰를 통하여 확인한 바로는 순환보직 주기가 4년 정도이다. 하지만 4년의 기간도 길지 않다는 평가를 하고 있었다.

우리나라의 순환보직 주기가 짧아 문제가 되는 것은 국제 협상에서 더 두드러진다고 한다. 매년 혹은 몇 년 주기의 국제협상에서 우리나라는 매번 다른 공무원이 참석하는 것이 통상적이나 외국의 경우 그렇지 않아 협상 과정에서 협상 연혁이나 전문성에서 경쟁력이 낮은 경우가 종종 있다고 한다. 계급제를 공직 운영의 기본원칙으로 하고 있어 순환보직을 폐지하는 것은 어렵지만 순환보직의 주기를 길게하여 공직의 안정성을 높이고 전문성 축적의 기회를 보다 강화해야 한다. 최소한 영국 수준으로 4년 정도의 주기로 보직이동이 일어날 수 있도록 순환보직 운영을 개선해야 할 것이다.

10만불 시대로 가는 길: 미래국가경쟁력 강화를 위한 제언

Ⅰ. 서론

2019년 기준 세계에서 1인당 명목 국내총생산(GDP)이 가장 높은 나라는 룩셈부르크다. 113,196달러의 1인당 GDP는 단연 세계 1위이자 전 세계에서 10만 달러 이상 1인당 GDP를 기록한 유일한 나라이기도 하다. 같은 통계에서 대한민국은 31,431달러는 기록했고 27위에 위치했다. 룩셈부르크 국민 한 명이 평균적으로 1년에 1억 3천만원이 넘는 소득을 올리는 동안 대한민국 국민은 1년에 평균 3천 7백만원을 번다는 뜻이다. 같은 시대를 살아가는 동안 왜 어떤 나라들은 국민 한 사람이 10만 불 넘게 벌고 어떤 나라들은 그 절반도 안 되는 돈을 버는 것일까?

물론 단순히 GDP가 높다고 그 나라 국민들의 행복의 총량이 높아진다고 단언할 수는 없다. 나라가 한 해 동안 막대한 양의 부를 생산한다 해도 그 부가 소수에게만 편중된다면 한 사람 한 사람의 삶의 만족도는 극도로 떨어질 수밖에 없기 때문이다. 그렇다고 이 지표가 국민들의 삶의 질과 전혀 관련이 없냐하면 또 그렇지도 않다. 1인당 GDP 상위권에 위치한 나라들은 대체로 사회 시스템이 잘 정비되어 있고 고부가가치 산업이 발달해 있으며 민주주의의 제도화 수준이 높다는 공통점을 가지고 있다. 1인당 GDP가 높은 나라들은 개인의 자유와 행복을 더 잘 보장해 줄 수 있는 경제적, 사회적, 정치적 기반을 그만큼 잘 갖추었을 확률이 높은 것이다.

그렇다면 우리도 1인당 GDP 10만 불을 목표로 달려보면 어떨까? 지금 우리의 1인당 GDP가 3만 달러를 조금 넘으니 3배 넘는 성장을 이룩해야 한다는 것이다. 1인당 GDP 10위 안에 드는 나라들 중 인구 천만 명이 넘는 나라는 미국(약 3억2,850만명)과 호주(약 2,477만) 뿐이고 이들의 1인당 GDP는 각각 6만 5,110달러와 53,830달러다. 우리 정도 사이즈의 나라가 1인당 GDP 10만 달러를 기록한다는 건 세계 최강대국 미국이나 캐도 캐도 마르지 않는 자원을 가진 호주보다 두 배 정도 높은 생산성과 효율성을 확보해야 한다는 말과 같다. 이게 가능하려면 그야말로 나라를 운영하는 모든 시스템을 손봐야 한다. 생산 구조, 정치 문화, 제도, 시민 의식 등 그야말로 사회의 전 분야를 개혁해야 가능한 문제지만 무엇보다 중요한 것은 정부의 경쟁력이다. 앞장서서 미래 먹거리를 포착하고 그 분야에서 대한민국이 세계 1등이 되기 위해 무엇을 준비해야 하는지 파악하고 거기에 국가의 역량을 집약적으로 투입하는 것은 정부의 몫이기 때문이다.

굉장히 어려운 길이고 성공 여부를 장담하기 힘든 목표지만 힘든 길이라고 가지 않을 순 없다. 10만불을 목표로 달려야 6, 7만 불 까진 도달할 수 있는 것이고 지금 더 속도를 내야 다음 세대가 먹고살 수 있기 때문이다. 다행히 우리에겐 성공의 기억이 있고 제조업과 정보통신 분야에서의 세계적인 경쟁력이 있으며 근면성실한 국민성이 있다. 안 될 이유를 찾으면 한도 끝도 없지만 될 이유를 찾으면 반드시 길이 보이는 법이다.

이 글에서는 되는 길을 모색하고자 한다. 1인당 GDP 10만 불이라는 꿈같은 수치를 달성하기 위해서는 민간과 공공 영역이 동시에 변혁을 이루어내야 하지만 이 글에서는 특히 공공의 역할을 강조할 것이다. 민간영역 특히 기업은 세계와의 끝없는 경쟁을 통해 지속적인 진화와 성장을 거듭해왔고 삼성, 현대, LG와 같은 글로벌 대기업들이 탄생할 수 있었다. 그러나 공공영역의 경쟁력과 효율성은 이를 따라가지 못하고 있다. 2014년 세월호 참사는 공공영역의 변화와 혁신에 대한 필요성을 온 국민이 절감하게 한 사건이었다. 촌각을 다투는 재난상황에서 청와대, 정부, 해경은 우왕좌왕했고 여당은 정부의 치부를 애써 가리려 했다. 야당은 건설적 대안을 제시하기 보단 정부·여당의 잘못을 집권에 이용하기 바빴던 측면이 있다.

공무원의 청렴성, 윤리적 덕목의 기준이 되는 공무원 윤리헌장이 제정된 것이 1980년이다. 국가에 대한 헌신과 충성, 국민에 대한 정직과 봉사와 같은 가치가 시간이 지난다고 변하는 것은 아니다. 그러나 30년이 넘는 시간 동안 이를 사회 변화에 맞춰 정비하고 업데이트 하는데 소홀했다. 초대 인사혁신처장으로 일하던 2016년에 이를 '공무원헌장'으로 개정하기까지 36년의 시간이 걸렸다. 기존의 공무원윤리헌장에 있던 민족중흥, 민주한국, 국가의 역군과 같은 표현이 빠지고 공무원헌장에선 창의성, 다양성, 전문성을 강조했다. 정부예산이 6조원에 지나지 않았던 1980년과 500조를 넘어서는 2020년대는 근본적으로 우선하는 가치가 달라질 수밖에 없다.

공무원 윤리헌장 개정은 변화가 더디고 전문성이 취약한 공공영역의 한 단면을 보여주는 사례일 뿐이다. 지금도 가장 우수한 인재들이 공무원이 되기 위해 도서관에서, 학원에서 절치부심하고 있고 경쟁률은 날이 갈수록 높아지고 있지만 그만큼 정부의 효율성과 경쟁력이 높아지고 있다고 자신 있게 말할 수 없는 처지다. 과거에 비해 공무원의 실력이 좋아지고 있다고는 하나 중요한 것은 변화의 속도다. 민간영역이 빛의 속도로 변하고 있는데 공공영역이 음속으로 변한다면 격차는 더 벌어지고 적절한 서비스를 제공하지 못할 수밖에 없다. 10만불 시대를 만드는 것은 일선에서 뛰는 기업과 연구소, 학교이다. 정부와 공공영역은 이들이 전장에서 잘 싸울 수 있도록 제도를 정비하고 재정을 투입하고 인력을 공급해 줘야 한다. 전방과 후방의 공조가 유기적으로 이루어지지 않으면 소기의 목적을 달성할 수 없다. 지금부터 할 이야기는 어떻게 하면 우리의 정부와 공무원들이 전방의 민간 플레이어들을 더 잘 밀어줄 수 있는지에 대한 고민의 산물이자 더 나은 미래를 후세에 남겨주기 위한 은퇴한 한 직장인의 외침이다.

II. 대한민국 공직사회를 돌아보며

해결책을 제시하기 전에 선행되어야 할 것은 진단이다. 민간기업에서 37년 동안 인사 분야에서 전문성을 쌓았고 퇴직 후에는 학교에서 학생들을 가르치고 청년실업 문제와 관련한 NGO 활동에 매진했던 내가 어느 날 갑자기 초대 인사혁신처장으로 부름 받은 것은 소중한 기회였다. 조직의 운영원리, 문화, 사고방식이 전혀 다른 집단으로 어느 날 순간이동을 한 것과 같은 기분이었다. 세간에서 '깜짝'인사, '파격'인사라는 평을 내리는 만큼 당사자인 나 역시 모든 것이 낯설고 어색한 것 투성이였다. 그러나 이 낯설음이 공직사회를 새로운 시각으로 냉철히 바라

볼 수 있는 동력이 되었고 인사전문가의 시각으로 진단과 처방을 내릴 수 있는 소중한 기회가 되었다. 1년 반 가량 외부자의 시각으로 바라본 대한민국 정부의 현 주소는 정확히 공무원의 현 주소와 일치했다. 정부의 경쟁력은 결국 공무원의 경쟁력에 비례한다는 것을 절감했다.

인사혁신처장으로 1년 반 가량 지켜본 공무원들은 참 성실했다. 철밥통이라는 세상 사람들의 막연하고도 틀에 박힌 인식은 아랑곳 하지 않는다는 듯 주어진 업무에 최선을 다했고 공적인 일을 한다는 자부심도 강해 보였다.

그러나 그들의 열심을 지켜보노라면 무언가 빠진 게 있는 듯 했다. 자타공인 최고의 인재들이라는 대한민국의 공무원들이 이토록 성실하게 일하는데도 부족한 게 무엇일까? 지금부터 풀어낼 이야기는 그 빠진 고리를 나름의 언어로 풀어낸 것이다.

가까이서 관찰한 공무원들은 대한민국 최고의 인재들이었다. 잘 알려져 있다시피 대한민국에서 공무원 되기는 과장을 조금 보태자면 낙타가 바늘구멍을 통과하는 것만큼이나 어렵다. 입직경로별로 다소간 차이는 있지만 한 명의 공무원을 뽑을 때 대략 40여 명의 지원자가 몰린다. 2018년 기준 5급 공채는 37.3대 1, 국가직 7급의 경우 47.6대 1. 국가직 9급은 41대 1의 경쟁률을 기록했다. 지금 이 순간에도 얼마나 많은 젊은이들이 공무원이 되기 위해 달리고 있는지 여실히 보여주는 수치라 하겠다.

단순히 지원자가 많다고 이들을 최고의 인재라 하는 것이 아니다. 2016년 발표된 자료에 따르면 우리나라 경제 정책을 총괄하는 기획재정부 5급 공채시험 출신 공무원 중 이른바 'SKY'(서울대·고려대·연세대)를 졸업한 이들이 86%에 달했다. 차관과 실·국장급 고위공무원의 SKY 졸업 비중은 무려 100%였다. 아마 다른 부처도 비슷할 것이다. 특정 학교 졸업장이 곧 그들의 실력을 그대로 보여주는 증명서는 아니지만 적어도 우리 사회가 이들을 '엘리트'로 인식한다는 점은 틀림없을 것이다.

이들에 대한 급여는 어느 정도일까? 과거 공무원은 박봉이라는 인식이 강했지만 요즘은 꼭 그렇지만도 않다. 인사혁신처가 지난달 발표한 '2019년도 공무원 전체의 기준소득월액 평균액'은 530만원이었다. 연평균 6360만원(세전 소득)에 이르는 꽤나 괜찮은 수준의 봉급을 받고 있는 것이다. 물론 이는 직급별, 부서별로 전차만별인 모든 공무원을 뭉뚱그려 평균을 낸 수치니 이를 가지고 공무원 봉급수준을 일률적으로 재단하긴 힘들다. 그러나 2017년 전체 근로자의 평균 급여가 3천519만원에 그친다는 점을 감안하면 무조건 공무원이 적게 번다고 보기도 어렵다.

장황하게 늘어놓았지만 하고 싶은 말은 단순하다. 우리나라 공무원들은 정말 괜찮은 인재들이라는 것이다. 높은 수준의 교육을 받은 젊은이들이고 의지가 있는 국민의 일꾼이며 국가도 이들에게 섭섭지 않은 대우를 해주고 있다.

공무원 사회의 3無: 장기적 비전, 전문성, 도전 정신

그러나 안타깝게도 이들의 뛰어난 자질과 잠재력은 빛을 발하지 못하고 있다. 기업에 몸담았다면 아시아 1위를 넘어 세계 1위를 향해 비전과 역량을 불사르고 있었을 인재들이 정해진 틀 속에 갇혀 있는 것이다. 세계와 경쟁하여 잘사는 나라, 국민이 행복한 나라를 만들고 말겠다는 원대한 비전 없이 그저 다람쥐 쳇바퀴 돌 듯 주어진 일에만 매몰되어 있다는 인상을 지울 수 없었다.

모두가 그런 것은 아니지만 대체로 공무원 사회에는 보신주의와 무사 안일주의가 만연해 있었다. 30년, 50년을 내다보고 국가의 장기적인 발전전략을 기획하기보다는 문제가 일어나지 않는 데 치중하고 현상을 유지하는 데 역량을 쏟아 붓다보니 새로운 것을 시도하는 데 두려움을 가지게 되고 과거의 업무관행만 답습하고 마는 것이다. 하루에도 수십, 수백페이지의 보고서와 정책자료를 개발해 내지만 그 엄청난 서류더미 어디에서도 미래세대의 먹거리와 성장동력을 확보하려는 치열함을 찾아보기 힘들었다.

무엇보다 공무원 사회가 안고 있는 시급한 문제는 힘들게 입직한 우수한 인재들이 자기 업무에 대한 전문성을 키우는데 인색하다는 것이다. 맡은 분야에 대해 국내외 어떠한 전문가들과도 대등한 수준에서 토론이 가능하고 선도적으로 정책을 개발해 낼 수 있는 수준에 도달하지 못하고 있는 것이다. 특히 순환보직제는 이러한 문제의 주범과도 같은 존재다. 이제 좀 업무를 이해할 만하면 다른 보직을 받아 떠나버리니 정책의 연속성이 극히 떨어지고 후임자는 업무를 파악하는데 또 시간을 허비해 버리고 마는 것이다. 결정적으로 공무원 한 사람 한 사람이 높은 수준의 숙련도와 지식을 축적하지 못한 채 이리저리 떠돌아다님으로써 공무원 전체의 전문성 제고에도 걸림돌이 되고 있다.

공무원의 전문성 결여는 업무행태와 퇴직 후의 진로에도 영향을 미친다. 어차피 임기를 채우면 전혀 다른 보직을 받고 떠날게 명약관화하니 큰 그림을 그리면서 미비점을 보완하고 새로운 것을 찾기보다 위에서 시키는 것을 잘 처리하는데 역량을 모으는 모습을 보인다. 이러한 자세가 지금까지는 가능했을지 모르나 사람의 영역을 점차 기계와 인공지능이 대체하게 될 4차 산업혁명 시대에는 지속가능하지 않다. 더구나 현직에 있는 동안 한 분야에 대한 전문성을 키우지 못함에 따라 퇴직 후에는 재취업을 해도 후배들로부터 전관예우를 통해 특혜를 받는 방식이 고착화된다. 이른바 관피아가 이렇게 만들어지는데 이는 국민의 공무원에 대한 신뢰를 저버리는 행태이자 전체 공무원 사회에도 짐을 지우는 시급히 없어져야 할 악습이다. 지금부터라도 공무원들이 자신의 전문성을 바탕으로 퇴직 후 제2의 인생을 꾸려나가는 방안을 고민해야 한다.

엄격한 선발과정을 뚫어낸 공무원들이 세계제일의 꿈을 꾸지 않고 있다는 점은 현재 세대에게도 불행이지만 다음 세대에게 더욱 큰 불행이다. 국민 한 사람 한 사람은 자녀를 위해 오늘의 어려움을 감내하고 더 나은 내일을 꿈꾸며 살아가는데 정작 국가를 이끌어가는 공무원들이 비전과 꿈을 품지 않는다면 대한민국의 내일은 어둡다. 옆자리에 앉은 동료와의 승진경쟁보다 시급한 것은 이웃 나라의 정치가, 기업가, 공무원들과의 경쟁에서 살아남는 것이다. 이미 격무에 시달리는 공무원들에게 가혹한 이야기일 수 있으나 세계화라는 도도한 물결이 우리를 그러한 경쟁의 일선으로 내몰고 있다. 세계와의 경쟁이 피할 수 없는 것이라면 우리의 공무원들이 앞장서서 신발끈을 묶고 칼날을 갈아야 할 것이다. 인사혁신처장으로 일하는 동안 그러한 결기를 발견하기 힘들었다. 아깝기 그지없는 일이다.

국민을 위한 봉사자로서의 자기 정체성 결여

대한민국의 눈부신 성장을 선봉에서 견인해온 공무원들에게 철밥통, 관피아, 복지부동과 같은 부정적인 평가는 너무 억울한 것일 수 있다. 그러나 상당수 국민들이 그러한 인식을 가지고 있다는 엄연한 사실을 외면할 수는 없다. 우리 공무원들에 대한 평이 왜 이토록 박해졌을까?

곁에서 지켜본 공무원들에게 가장 아쉬운 것은 국민을 보고 일하는 자세였다. 공무원은 국민 전체에 대한 봉사자이며 국민에 대해 책임진다는 헌법 7조가 실질적으로 작동하지 않고 있는 것이다. 5년 임기의 행정부 권력의 부침에만 촉각을 곤두세운 채 정작 국가와 국민에 대한 봉사는 소홀히 하고 있다는 인상을 지울 수 없었다. 그러다 보니 공무원들이 스스로 무언가를 기획하고 장기적 관점에서 이를 밀고나가려고 분투하기 보다는 청와대의 눈치만 보다가 시간을 흘려보내는 경우를 무수히 보게 된다.

이를 전적으로 공무원의 잘못으로 볼 순 없다. 지금처럼 정권이 바뀌었다고 전 정권에서 중책을 맡았던 공무원들이 우수수 나가떨어지고, 언론은 이념에 따라 전 정권의 과만 확대 재생산 하고 공은 외면하면 정책은 일관성을 잃게 되고 공무원들은 영혼을 잃게 된다.

우리 공무원들의 능력은 국내 최고 수준이다. 그렇다면 필요한 것은 그 능력을 국민과 사회를 향해 사용하고자 하는 마음가짐, 즉 헌신성이다. 이들이 법률로 신분을 보장받고 세금으로 급여를 받는 것은 공무원 고유의 가치인 공동체를 향한 봉사를 전제로 하는 것이다. 하지만 안타깝게도 우리 공무원 사회에는 아직까지 공익과 사익의 경계가 흐릿하고 국민의 눈높이에 미치지 못하는 관행이 남아있다.

이러한 관행들이 사라지지 못하는 이유는 공무원 사회에 국민을 위한 헌신이라는 가치가 아직 자리 잡지 못했기 때문이다. 이 말을 들으면 공무원들이 억울할 수 있겠다. 국민들의 평온한 일상을 유지하기 위해 온갖 불이익을 감수해가며 눈코 뜰 새 없이 바쁜 나날들을 보내고 있건만 국민을 위해 헌신하지 않는다니 말이다. 하지만 좀 더 솔직해질 필요가 있다. 그토록 많은 공무원 지망생들의 공무원 되고자 하는 강한 열망이 어디서 비롯되는가? 한국고용정보원이 조사한 바에 따르면 공시생들이 공무원 시험에 응시한 이유 중 직업의 안정성(61%), 좋은 근무 환경과 공정한 기회(각 9%), 유리한 보수(3%) 등이 가장 앞에 위치한다. 한국경제연구원이 조사한 결과도 크게 다르지 않다. 한국의 청년들은 '구조조정 없이 고용안정성이 보장 되고 정년까지 일할 수 있으므로'(68.4%, 복수응답), '공무원연금 등 복지후생 수준이 좋아서 노후 걱정을 안해도 되기에'(51.4%) 공무원이 되고 싶어 한다.

기업 입사 면접에서 지원 동기로 고용안정성이 좋고 급여가 좋아서 지원했다고 답한다면 그 지원자가 합격할 수 있을까? 지금 우리 국민들은 정년이 보장되고 복리후생이 좋아서 지원한 이들을 뽑아서 일을 시키는 중이다. 이러한 현실 하에서 공무원들에게 사심 없는 헌신을 기대하기란 난망한 일이다. 이제 국민 한 사람 한 사람들이 자기 자식에게 들이는 만큼의 관심을 공무원 사회에 쏟아야 한다. 공적영역에 진출하고자 하는 이들의 도덕성과 헌신성을 직접 챙겨야 한다는 말이다.

나랏일을 맡아보는 이들에게 장기적 비전, 전문성, 도전정신이 결여되어 있다는 것은 위험한 신호가 아닐 수 없다. 그때그때 닥쳐서 하는 일과 커다란 마스터플랜 위에서 계획적으로 하는 일은 당장은 비슷해 보여도 수십 년, 수백 년이 지나면 엄청난 차이를 가져온다. 항공모함이 진로를 1도만 수정해도 먼 거리를 항해하면 애초의 목적지에서 엉뚱한 곳으로 가게 마련인 것처럼 말이다. 맡은 일에 대해선 기업의 실무자나 대학 교수와 비슷하거나 더 해박한 전문지식을 가지고 있어야 그들이 세계를 상대로 경쟁하는데 필요한 게 무엇인지 보이는 법이다. 정년이 보장되고 연금이 나온다는 건 고용의 안정성을 국민이 보장해 줄 테니 실패의 위험을 무릅쓰고 새로운 먹거리를 찾아 나서라는 의미다.

공무원 사회에 이 세 가지가 없다 보니 우리 정부가 하는 일은 늘 민간에 비해 한 박자 느리기 일쑤다. 5년마다 정권이 바뀌면 이전 정권이 추진하던 괜찮은 정책들도 모조리 뒤집어지고 전 정권에서 일하던 공무원들은 알아서 옷을 벗는 것이 관례처럼 자리 잡아 있다. 순환보직제의 폐해로 공무원 인사기록카드에는 1년 마다 새로운 보직이 들어차지만 무엇을 전문으로 하는지 물으면 대답하기가 참 난감한 처지다. 새로운 규제를 만드는 데는 익숙하지만 기존의 규제를 과감히 없애고 민간이 더 자유롭게 뛸 수 있는 환경을 만드는 데는 소극적이다. 결국 정부의 경쟁력은 공무원의 경쟁력에 달려 있고 공무원의 경쟁력은 인사에 달려 있다고 해도 과언이 아니다.

III. 대한민국 정부, 어디로 가야 하는가?

1. 장기적 국가 비전 설정

10만불 시대로 가려면 도달해야 할 위치가 어디인지 좌표를 정하고 그 목표지점을 국민과 공유해야 한다. 역대 정부가 '신한국 창조', '민주주의와 경제발전의 병행실천', '선진일류국가 실현', '국민행복, 희망의 새 시대' 등을 국정 비전으로 내세웠지만 길어야 5년이었다. 모두 저마다의 타당성과 미래에 대한 나름의 분석을 바탕으로 한 것들이었지만 문제는 연속성이다. 5년 단임제라는 구조적 한계로 인해 오십년, 백년 앞을 염두에 둔 장기 과제로 자리 잡지는 못했다. 특히나 여야 정권

교체가 일어날 때는 이전 정부의 합리적 정책 기조들도 전면적으로 부정당하는 관행이 반복되어 대한민국 호가 갈지자 행보를 면치 못했다. 남북관계 개선이나 장기적 경제발전 계획 등 최소 수십 년의 정책 지속성이 담보되지 않으면 유의미한 성과를 내기 힘든 분야조차도 정권이 바뀌면 바닥부터 뒤집어엎는 행태가 반복되어 왔다. 심지어는 같은 정권 내에서도 정권 초반에 내세웠던 정책 기조를 중반 이후에 안팎의 압박을 이기지 못하고 급격히 수정하는 경우도 빈번했다.

한국 현대사의 두 가지 가장 큰 업적인 산업화와 민주화는 5년, 10년으로 달성되지 않았다. '잘 살아보세'라는 간결하지만 전 국민적 공감대를 불러일으켰던 수출주도형 경제발전 기조가 최소 30, 40년 유지되었기에 오늘의 경제성장이 가능했다는 점은 부인할 수 없다. 민주화 역시 1950년대부터 1987년까지 근 40년을 줄기차게 싸워왔기에 가능했다. 이 둘의 공통점은 지금의 경제적, 정치적, 사회적 조건을 다음 세대에 물려줄 수 없다는 미래를 내다본 비전이 국민 전체의 내면에 체화되어 있었기에 가능했다는 점이다. 산업화와 민주화라는 장기 비전을 한 세대 만에 이룩했다는 점은 세계에 내놓아도 아깝지 않을 성취지만 문제는 이 다음이다. 이 글에선 10만 불 시대라는 말로 표현했지만 좀 더 명확하고 손에 잡히는 청사진이 필요하다. 내 아들, 손자 세대에 대한민국은 어떤 나라가 되어 있을지를 고민하고 이를 간결하게 전 국민에게 제시할 수 있는 비전이 있어야 한다.

이웃 나라들은 어떤가? 중국은 '중국몽'이라는 비전을 내걸었다. 중국공산당 창당 100주년이 되는 2021년에 의식주 문제가 기본적으로 해결되었다는 의미의 '전면적 소강사회'를 건설하고 중화인민공화국 건국 100주년이 되는 2049년에 '사회주의 현대화'를 완성한다는 야심

찬 계획을 향해 15억 인민이 달리고 있다. 일본은 '일억총활약'이라는 구호 아래 급격한 저출산, 고령화를 극복하여 1억 인구를 유지하고 이렇게 유지된 1억 인구가 각자 활약해서 생산성이 극대화된 사회를 이룩하자는 비전을 밀고 있다. 러시아는 미국과 양극 체제를 구성해 지구의 절반을 호령했던 과거의 영광을 되찾고자 '강한 러시아'라는 비전을 제시했다. 강한 군사력과 풍부한 오일머니를 바탕으로 과거의 위상을 되찾기 위한 러시아 정부의 국정 기조가 국민통합의 동력이 되고 있다. 언론과 시민사회가 복지국가의 이상향으로 반복적으로 소환하는 스웨덴은 모두가 평등하게 잘사는 사회를 뜻하는 '국민의 집'이라는 비전을 40년 동안 일관되게 밀어붙여 오늘의 성취를 이루었다.

다른 나라의 이러한 국가비전은 당연히 우리의 눈에는 생소하고 거북한 측면이 있을 수밖에 없다. 아시아 최고 수준의 민주화를 달성한 우리에게 국가 발전을 위해 개인의 희생을 지나치게 강요하는 것 같은 주변국의 국가비전은 전체주의나 국가주의의 발로로 비칠 수다. 수십 년 레드 콤플렉스에 시달려온 한국인들에게 스웨덴의 사민당 40년 집권은 이념적으로 너무 급진적으로 비칠지도 모른다. 중요한 것은 이러한 국가비전의 지향점과 역할이다. 이 비전들은 방법론은 다를지언정 국가의 역량을 키우고 더 나은 경제, 사회적 조건을 다음 세대에게 물려주고자 하는 점에서 유사하고 국민적 공감을 끌어내는 아교 역할을 함으로써 국가역량 결집에 기여하고 있다.

우리도 사회적 합의를 바탕으로 100년 후를 내다 본 국가비전을 지금이라도 설정해야 한다. 우리의 미래가 어떠해야 할지에 대한 국민 개개인의 그림은 저마다 다를 수 있다. 지금 해야 할 작업은 한 사람 한 사람의 미래상을 모두 더한 후 이 모든 그림을 관통하는 최저선을 먼저 도출하는 것이다. 그 최저선은 사회 전체적 파이가 지금보다 더 커져야 한다는 것이다. 나눠 갖는 것에는 한계가 있다. 총합의 권리가 늘어나야 하고 사회 전체적 이익의 총량이 성장하려면 개인의 자발적 양보가 필요하다.

2. 정부 혁신

국가의 몸집이 커지고 산업의 고도화, 사회의 다원화가 심화할수록 정부의 유능함에 대한 요구가 더 커지기 마련이다. 게다가 10만불 시대라는 목표가 더해지면 정부의 역량에 획기적인 변화가 필요하다. 국민소득 10만불이라는 말에 담겨 있는 정치, 경제, 기술, 문화, 군사, 외교 역량의 전반에 걸친 유능함이 필요한 것이다. 핵심은 정부의 일하는 방식, 의사결정의 구조에 대한 혁신이다.

행정의 혁신: 정책의 예측 가능성 향상

혁신의 방향은 정부 정책의 예측 가능성 증대와 관련되어 있다. 장기적 국가비전이 설정되었다면 이를 실현할 단계적 추진 과제들이 제기되는데 이 과제들을 급격한 변화 없이 일관되게 밀고 나갈 필요가 있다. 앞서 5년 단임제라는 권력구조의 특성이 장기적 국가비전 설정에 장애요인이 된다고 언급한 바 있다. 이러한 정치권력의 부침은 정부가 국가정책을 수립, 시행해 나가는 과정에서도 걸림돌로 작용한다. 우리는 진보정부가 들어서면 보수정부의 정책을 근본적으로 뒤엎으려 하고 반대로 보수정부가 들어서면 진보정부의 정책을 전면적으로 부정하는 역사를 경험해왔다. 집권정당이 바뀌더라도 이전 정부의 좋은 정책이나 국가의 미래를 위해 꼭 필요한 정책은 유지하는 성숙한 자세가 아직 자리잡지 못한 것이다. 정권이 바뀌면 정부 정책의 근간이 흔들리는 현상이 반복되면서 임기 말에는 관료들이 정권의 기조에서 이탈해 다음 정권의 향배에만 촉수를 곤두세우는 낭비와 비효율도 이미 오래된 문제다.

이러한 예측 불가능성을 근본적으로 통제하기 위해서는 전임 정권이 수립, 시행한 정책을 새로운 정권이 모조리 뒤엎는 미성숙한 정치문화를 개선해야 한다. 정치문화의 개선은 민주주의의 경험과 전통이 누적되어야 가능하다. 이와 별개로 관료의 세계에선 정치권력과 행정권력을 분리해 관료들이 정치권력의 변화에 지나치게 휩쓸리지 않도록 하는 제도적 장치가 마련될 필요가 있다.

두 가지 제도적 장치를 고민해 볼 수 있다. 하나는 국가의 장기과제를 전담해 각 부처 간 이견을 조율하고 정책의 지속성을 담보할 수 있는 전담 부총리제 신설이고 다른 하나는 정부 부처를 정책 부서와 정무부서로 이원화하는 방안이다.

국가장기과제 전담 부총리제는 정부조직법상 한, 두 개 부처 장관을 부총리로 임명하는 현재의 제도와 달리 특정한 과제를 중심으로 부총리직을 신설해 맡기는 것이다. 가령 청년실업 문제, 연금개혁 문제 등은 1, 2년으로는 원하는 정책적 결과를 얻기 힘들 뿐 아니라 한번 방향이 정해지면 향후 수십 년에 걸쳐 영향을 미칠 장기, 거시 과제들이다. 이러한 특정한 과제들을 어느 한 부처가 전담하기보다 다양한 부처 공무원들이 프로젝트를 중심으로 뭉쳐서 협업하게 하고 이 조직을 이끌 부총리의 임기를 법으로 정하도록 하여 정책 집행의 유연성과 일관성을 동시에 추구할 수 있다. 정책 기획과 집행 과정에서 민간의 전문가들이 탄력적으로 공무원들과 함께 일할 수 있어야 함은 물론이다.

이와 더불어 개별 부처의 구조를 정무와 정책으로 이원화 할 필요가 있다. 현재는 조직을 이끄는 장・차관들이 대통령의 임면권에 종속되어 있어 정치권력의 눈치를 볼 수밖에 없고 정권의 외압으로부터도 자유롭지 못한 측면이 있다. 그러다 보니 해당 부처에서 야심차게 준비한 정책들이나 긴 호흡을 가지고 차근차근 단계를 밟아 나가야 할 정책들의 명운이 전적으로 정치권력의 결단이나 선호에 맡겨지는 한계가 있다. 이를 타개하기 위해 정무직인 장관 밑에 정무담당 차관과 정책담당 차관을 두는 방안을 고려해 봄직하다. 정무담당 차관은 조직 내부적으로는 공무원들이 정권의 정책기조에 부응할 수 있도록 독려하고 외부적으로는 입법부, 시민사회, 언론과의 소통에 주력해 정부조직에 대한 민주적 통제를 담당한다. 따라서 정무담당 차관에는 이러한 역할에 최적화된 정치인, 언론인, 시민사회 인사 등을 폭넓게 기용할 수 있다. 정책담당 차관은 말 그대로 부처의 정책현안에 대한 이해도가 높고 부처 업무에 필요한 전문성을 갖춘 관료, 학자, 기업인 등을 임명해 정책의 깊이를 책임지게 한다.

입법의 혁신: 지역주의와 정파성의 한계 극복

입법, 행정, 사법의 삼권이 솥발처럼 분립되어 있는 민주주의 체제 하에서 정책을 집행하는 행정부의 혁신만으로는 국가의 장기적 목표 달성에 한계가 있다. 법과 제도를 만들고 국가의 예산을 통제하는 입법부가 미래 먹거리 확보에 맞게 조직과 의사결정 구조를 혁신해야 행정혁신을 적절히 뒷받침 할 수 있다. 행정부 관료들이 산업구조, 인구구조의 변화에 대응하기 위해 새로운 프로젝트를 기획하고 집행하고자 할 때 국회는 그것이 가능한 법률적 근거와 한계를 명확히 제시해 줘야 한다. 이와 더불어 필요한 곳에 충분한 규모의 예산이 적기에 투입될 수 있도록 물꼬를 터줘야 정책이 효과를 발휘할 수 있다.

현재의 국회는 이러한 유연하고 신속한 의사결정이 쉽지 않은 구조를 갖고 있다. 국회의원 선출방식과 운영원리가 지역주의와 정파성의 한계에서 벗어나기 어렵도록 만들어져 있기 때문이다. 우선 소선거구제-단순다수대표제를 채택하고 있는 지역구 국회의원 선출방식의 한계가 지속적으로 노출되고 있다. 전국을 253개 선거구로 나누고 각 지역구에서 가장 많은 표를 얻은 후보 1인만 국회의원으로 선출하는 현행 제도는 선거 과정에서 정당 간, 후보 간 사활을 건 투쟁을 유도한다. 21대 국회의원 선거가 끝난 직후 당선인 300명 중 90명이 공직선거법 위반 혐의 등으로 입건되어 수사를 받고 있다는 소식은 이와 무관치 않다.

한 표라도 더 받는 후보만 당선될 수 있는 구조 하에서는 후보가 전문성과 참신함을 갖추었더라도 인지도가 낮으면 선거에서 극히 불리할 수밖에 없을 뿐만 아니라 지역기반을 갖추지 않은 정당의 후보는 사실상 당선을 기대하기 어렵다. 민주화 이후 고착화된 지역주의 정치지형에서 영남에서 민주당 후보가, 호남에서 통합당 후보가 당선되기 힘들다는 사실은 수많은 부작용을 양산해 왔다. 지역패권을 쥔 정당은 지역발전을 위해 쇄신을 해야 할 유인이 극도로 적어지고 정책대결 보다는 지역주의를 조장하고 기득권을 지키는 정치에 머물게 된다. 정책대결이 상실된 입법부는 국가의 미래를 위한 진지한 고민보다는 발목잡기와 헐뜯기에 머물게 되고 현재의 기득권을 유지하기 위해 국가 균형발전, 장기적 비전 모색을 뒤로 한 채 자기 지역 챙기기에 치중하게 되는 것이다.

지역구 국회의원 선출의 이러한 한계를 보완하기 위해 다양한 직군과 계층의 이익을 대변할 전문가들이 국회에 진출할 수 있도록 비례대표제를 두고 있으나 비례대표제 역시 한계가 뚜렷하다. 당내 민주주의가 여전히 자리잡지 못한 한국의 정당정치 지형에서 당원의 의사와 무관하게 정당 지도부의 독단적 판단에 의해 비례후보 명부가 작성될 가능성이 높다. 한 보수 정당에서 공천헌금을 받고 비례대표 순번 1번을 내주고 또 어떤 진보 정당에서는 특정 계파가 부정선거로 자기 사람을 비례대표 의원으로 당선시켰다가 유죄판결을 받았다. 불과 10여 년 전 일이다. 21대 국회의원 선거가 치러진 2020년에도 대다수 당원의 의사가 비례대표 명부 작성에 반영되지 않는다는 지적은 끊이지 않고 있다.

지금처럼 국회가 지역주의와 정파적 이익 투쟁의 장으로 남아있는 한 국가의 균형적 발전은 뒷전에 밀려날 수밖에 없다. 반도체, 조선, 모바일 기기와 같이 한 세대를 먹여 살린 아이템의 개발을 뒷받침할 법적, 예산적 지원도 요원하고 장기적 비전을 수립해 행정부가 그에 맞게 제대로 일하고 있는지 감시하고 견제하는 역할도 감당하기 어렵다. 국회 개혁에 대한 다양한 대안들이 많이 제기되고 있지만 가장 시급한 것 중 하나는 국가의 장기비전을 전문적으로 고민할 수 있는 의사결정 구조를 갖추는 것이다.

상원 신설은 국회 의사결정 구조의 혁신을 이끌어낼 하나의 방편이 될 수 있다. 단원제로 운영되는 현재의 국회가 지역구 의원들에게 지역 의제와 국가 의제의 충돌 시 적절한 해결책을 제시해 주지 못하고 있기 때문이다. 차제에 지역구 의원으로 구성된 하원은 각자의 지역 민심을 적극 대변하고 전국을 단일 지역구로 하는 상원은 국가 전체의 장기적·전략적 의제를 다루게 하는 것이다. 청년실업, 저출산·고령화, 북한 비핵화, 국가균형발전, 4차산업혁명에 따른 산업구조의 재편과 같은 문제는 지역, 세대, 진영 간 이해관계가 첨예하게 얽혀 있는 문제들이면서 동시에 고도의 전문성과 글로벌 시각을 갖추어야 해결책을 찾을 수 있는 문제들이다. 국가 전체 차원에서 장기적 계획을 통해 구축·운영되어야 하는 전력, 상하수도, 도로, 항만과 같은 기반시설도 상원에서 다룰 수 있다.

아직 국회에 대한 국민의 신뢰가 충분치 않은 정치환경에서 새로운 원(院)을 신설하는 것에 국민적 합의가 이루어지기 어려울 수 있다. 이를 타개하기 위해 의회정수는 300명으로 고정하고 국회 운영에 소요되는 인력과 예산은 동결하면서 지역구(하원) 의석을 200석으로 조정하고 상원 의석을 100석으로 분리하는 방안을 고려해볼 수 있다. 300석 범위 내에서 상하원 의석 비율은 상황과 여건에 따라 얼마든지 조정할 수 있다.

상원과 하원을 분리하면서 지역구 의원 선출 방식도 손볼 필요가 있다. 중선거구제 도입을 통해 승자독식형 정치문화를 개선하고 다양한 민의를 반영할 수 있으며 지역주의를 완화해 밀도 높은 정책 대결을 촉진할 수 있다. 물론 지금도 인구가 적은 지역구는 의원 1인이 담당할 면적이 지나치게 넓어 일괄적인 중선거구제 도입은 농어촌 지역의 소외로 이어질 수 있다는 한계가 있다. 그러나 이러한 문제도 도시지역은 중선거구제로 조정하고 농어촌 지역은 소선거구제를 병행하는 방안으로 극복할 수 있다.

상원을 신설하여 국가장기과제에 집중하게 했을 때 얻을 수 있는 가장 큰 장점은 지역구 의원들이 자기 지역구의 이익에 발목잡혀 장기적 국익에 저해되는 결정을 하지 않을 수 있다는 것이다. 또한 지역구

관리나 정당 내 정치에 익숙치 않은 분야별 전문가가 비례대표 의원으로 영입되었을 때 지역구 의원으로 재선에 성공하지 않으면 정치 인생을 이어나가지 못하는 현재의 비례대표제의 문제도 보완할 수 있다. 온전히 정책적 전문성 하나로 상원에서 국가장기과제에 천착하면 되기 때문이다. 중요한 것은 다음 세대의 먹고사는 문제를 4년마다 치러지는 선거결과에 요동치게 두지 않고 보다 긴 호흡으로 차근차근 따져보게 하는 것이다. 현재의 문제를 소홀히 하지 않으면서 미래를 준비하는 입법부가 필요하다.

지방정치의 혁신: 먹고사는 문제를 다루는 지방자치

우리의 역사가 군부독재를 극복하고 실질적 민주주의의 공고화라는 경로를 밟아오는 과정에서 지방자치제도 역시 양적, 질적 발전을 거듭해 왔다. 그 결과 30년 동안 실시되지 않았던 지방의회 선거가 1991년 부활했고, 중앙에서 각급 지방자치단체장을 관선으로 임명하던 것이 1995년 지방자치단체장 직선제로 바뀌었다. 1987년 민주화 과정에서 군부독재권력이 지방자치제를 무력화 했던 암울했던 역사의 반작용으로 현행 헌법은 지방자치를 명문화하고 민주화 이후 들어선 정권들은 지방자치제의 강화에 상당한 공을 들여왔다.

그러나 풀뿌리 민주주의로도 불리는 지방자치제의 강화가 지역 현안을 지역주민이 스스로 해결하게 하자는 본래의 취지를 더 잘 구현할지, 국가 장기 비전의 달성과 국민 개개인의 삶의 조건의 개선으로 곧바로 이어질지는 별개의 문제다.

이 문제를 논하기 위해서는 오늘날 우리나라 지방자치제 구조의 한계와 운영의 난맥상을 검토해봐야 한다. 구조의 한계는 지방자치제가 본격적으로 실시된 지 25년이 넘었음에도 여전히 지방분권 강화라는 방향성을 법률과 세제가 담아내지 못하고 있다는 점이고 운영의 난맥상은 소수 지방토호 세력의 발호를 지방자치제가 더욱 부추긴다는 점이다.

헌법이 지방자치제를 못 박고 있음에도 불구하고 오늘날 지방자치제는 열악한 지방재정자립도와 빈약한 권한으로 인해 실질적인 지역정치가 이루어지기 어려운 구조를 답습하고 있다. 올해 기준으로 전국 17개 광역자치단체의 평균 재정자립도는 50.4%로 겨우 50%를 넘는 수준이다. 그나마도 재정자립도가 50%를 넘는 곳은 7곳에 불과하고 강원, 전·남북, 경·남북, 충·남북은 40% 미만의 열악한 재정자립도를 보여 중앙정부의 예산 지원 없이는 살림을 꾸려나가기조차 힘든 실정이다. 이 문제를 해결하려면 국세와 지방세 간 비율조정이 필수적으로 따라야 하지만 논의만 분분할 뿐 획기적인 변화는 여전히 미진한 상황이다. 문재인 정부가 국세와 지방세 비율을 8:2에서 점진적으로 7:3으로 조정하는 방안을 추진 중이나 이 수준으로는 실질적 지방재정 자립에 한계가 뚜렷하고 세원이 불균등하게 분포되어 있는 상황에서 일률적, 기계적 비율 조정이 오히려 지방 간 재정격차를 더 확대할 수 있다는 맹점도 있다.

세금과 재정의 문제에 더해 중앙과 지자체 간 법률상 권한의 차이도 지방자치제 발전을 저해하는 구조적 요인으로 지적되고 있다. 각 지자체가 추진하는 사업들 중 예산규모가 500억원이 넘는 사업들은 기획재정부의 예비타당성 조사를 거치게 되어 있는데 상당수의 사업들이 이 예타의 문턱을 넘지 못하고 백지화되는 경우가 많다. 뿐만 아니라 행정안전부 장관은 지방의회와 지방자치단체장의 의결과 확정을 거친 조례안에 대해 시정을 요구하거나 상위법령과의 충돌여부에 대해 대법원에 제소할 수 있는 권한을 보유하고 있다. 행안부와 기재부가 사실상 지방자치제의 상왕 노릇을 하고 있는 것이다.

지방자치제 운영의 실태를 가까이서 들여다보면 그 난맥상에 대한 지적과 우려는 이미 오래전부터 반복되어 왔고 여전히 계속되고 있다. 가장 많이 지적되는 부분은 지방자치제가 지방토호의 발호를 묵인하고 때로는 이익을 공유하는 적극적 공생관계로까지 나아간다는 점이다. 지난 2018년 민선7기 지방선거를 앞두고 한 언론사에서 조사한 결과 민선 6기 지자체 단체장 260명 중 약 13%에 해당하는 35명이 선거법 위반이나 뇌물 수수 혐의 등으로 입건되었다. 이 중 약 80%가 인구 30만 미만의 소규모 지자체의 기초자치단체장으로 나타났다.

주민들이 직접 뽑은 자치단체장이나 지방의원들이 비리혐의로 처벌받는 경우가 자꾸 발생하는 이유는 좁은 사회에서 자치단체 공무원들과 토호들이 결탁해도 이를 감시할 눈이 없다는 데 있다. 자치단체장과 공무원, 지방의원과 지역 기업들이 학연, 지연, 혈연으로 촘촘히 연결되어 있는 데다가 지역사회 내에서 휘두를 수 있는 이권이 상당하다 보니 부정과 부패의 연결고리를 드러낼 수단이 사실상 없는 것이다. 경남의 ㅎ군은 군수가 네 번이나 구속되었고 경북 ㅊ군은 2015년부터 해마다 군수가 비리로 낙마해 2018년 지방선거가 3년 연속 치러지는 군수선거였다. 전북 ㅇ군은 주민이 직선으로 뽑은 역대 군수 전원이 형사처벌을 받아 '군수 무덤'이라는 오명을 얻었다. 지방자치제가 본래의 취지와 달리 지방토호 또는 토착 기업들의 사익 추구의 수단으로 이용되는 경우가 빈발하면서 지방자치제가 국가와 국민 전체의 이익을 증진하기보다 그 자체가 개혁의 대상이 되어 버린 실정이다.

지방자치제가 가진 구조적 한계, 운영상의 난맥상을 그대로 두고서는 발전을 도모할 수 없다. 공동체의 에너지를 발전적으로 사용하지 못하고 잠식하는 현재의 제도를 어떤 방식으로든 손봐야 할 시점에 이르렀다. 현 시점에서 가장 필요한 것은 대한민국의 인구, 경제규모, 역사적·문화적 특성을 고려해 지방자치 조직을 재편하는 것이다. 특히 기초자치단체 개편이 시급한데 226개에 달하는 기초자치단체를 각 지역의 환경, 특성, 여건을 고려하여 적절한 경제 단위에 부합하는 인구 규모로 재편할 필요가 있다.

나라 전체의 GDP 규모가 미국 캘리포니아 주보다 적고 중국 광둥성과 유사하다는 점을 고려하면 지나치게 작은 규모로 자치단체를 쪼개고 각 자치단체별 자치권을 행사하게 하는 것보다는 이를 일정 규모 이상의 경제권이 될 수 있도록 통합하는게 생산성 측면에서 유리할 수 있다. 인구 10만이 채 되지 않는 군단위 자치단체가 스스로 먹을거리를 찾기엔 규모가 너무 작을 뿐만 아니라 중복되는 조직과 기구를 유지하느라 들어가는 재원도 너무 크다. 적정한 경제규모를 달성하기 위한 사이즈가 어느 정도인지에 대해서는 전문가들의 논의가 필요한 부분이지만 분명한 것은 지금의 기초자치단체는 자생력을 갖추기엔 너무 크기가 작고 작고 닫힌 사회의 특성상 부정부패와 지방토호의 발호를 억제하기에 너무 취약하다는 점이다.

결국 지방자치제도 지역민들의 먹고 사는 문제를 가장 핵심적으로 다루는 방향으로 가야 한다. 각 지역의 고유한 특성을 살리면서도 규모의 경제를 달성할 수 있는 크기로 각 자치단체를 통합하고 여기서 아낀 재원을 지역의 생산성 향상에 투자할 수 있는 개혁이 시급하다. 규모 조정이 적절하게 이루어지면서 재정과 법률상 권한이 확실하게 이양 되었을 때 지방자치단체들이 스스로 무언가를 할 수 있는 여지가 생기는 것이다.

3. 인사 혁신

흔히 인사가 만사라는 말을 많이 한다. 작은 회사를 경영하든 국가를 경영하든 능력 있는 사람을 가려 뽑아 필요한 곳에 배치하는 것이 매우 중요하기 때문이다. 조직을 운영함에 있어 모든 의사결정은 사람이 하는 것이고 매 순간 사람에 의해 내려진 결정이 쌓여 그 조직의 현재와 미래가 결정된다. 조직의 크기, 주어진 업무 여건, 구성원의 요구, 대외적 환경 등 많은 요소가 복합적으로 작용해 필요한 인력의 성격과 시급성, 규모가 결정되기 때문에 좋은 인사를 한다는 것은 그 자체로 고도의 판단력과 계산을 요한다. 그러나 사실 조직의 흥망성쇠는 인사에서부터 시작된다는 것이지 인사를 잘 한다고 반드시 조직이 성공하리라는 법은 없다. 인사가 만사라는 명제는 엄밀히 말해 인사가 만사의 시작이라는 뜻에 더 가깝다.

우리 정부도 국력의 비약적인 성장에 발맞추기 위해 공무원 인사에 많은 변화를 시도한 것이 사실이다. 대내외적 환경에 적응하기 위해 공무원 규모를 조정하기도 하고 민간기업이 운영하는 상업적 평가제도를 도입하기도 했다. 공직 사회 밖에서 유능한 인재를 확보하기 위해 개방형 직위제를 실시하고 아예 국가공무원 인사의 혁신을 다룰 인사혁신처라는 독립기구를 신설하기도 했다. 그러나 공무원 인사를 더 잘하기 위해 다양한 제도와 정책이 시도되었음에도 여전히 민간기업이 대외환경에 적응하고 극복하기 위해 시도하는 변화에 비해 그 폭과 속도가 부족한 게 사실이다.

지금까지 대한민국이 이룩한 눈부신 성과의 바탕에 공무원들의 재능과 헌신이 자리하고 있다는 사실엔 이견이 있을 수 없지만 우리 사회가 지금까지의 성과에 만족하지 않고 미국, 중국에 필적하는 G3의 위상에 오르기 위해선 공직 인사의 틀도 새로이 손봐야 한다. 인구의 대부분이 농사를 짓던 1960년 이전에 요구되는 공직자의 역량과 선진 산업사회를 열심히 모방하며 좇아가던 1970~80년대에 필요한 공직자상이 다르듯 세계 10위권에서 선두로 치고 나가기 위해 필요한 공직자의 역량과 인사도 다를 수밖에 없다.

1인당 국민소득 10만불 사회로 가기 위해 공무원 인사의 유연성이 증대되어야 하고 전문성을 강화하는 방향으로 변화해야 한다. 지금까지 공직사회 인사는 민간과의 협업은 말할 것도 없고 부처 간에도 소통이 쉽지 않았다. 수직적인 위계도 강해 입직 경로에 따라 진급할 수 있는 급수가 정해져 있는 소위 유리천장 관행도 여전하다. 무엇보다 특정한 분야에 대한 전문성을 극대화하기보다 두루두루 많은 것들을 경험하는 것을 중요하게 여기는 문화도 강하다. 물 흐르듯 유연한 인사운영과 전문가를 지속적으로 양산해 내는 시스템을 구축해 변화의 폭과 주기가 이전과는 다른 내일을 대비해야 한다.

순환보직의 개혁

순환보직 제도야 말로 고도성장시대와 4차 산업혁명 시대를 구별할 상징이라 할 수 있다. 공무원들이 1년 또는 2년을 주기로 새로운 보직으로 옮겨가는 순환보직 제도는 발전국가 시대의 엘리트 공무원들이 다양한 경험을 통해 폭넓은 시야를 갖도록 해 경제발전을 견인한 측면이 있다. 사회 전체적인 투명성이 지금보다 훨씬 낮았던 과거에 한 자리에서 장기간 근무하며 발생할 수 있는 유착과 부패의 고리를 차단하는 효과도 있었다. 그러나 세계 10위권 경제대국이자 IT와 제조업 분야에서 세계 최고 수준의 기술적 인프라를 보유하고 있을 뿐만 아니라 정치·

사회적 민주주의의 수준 또한 급속히 성숙해 가는 대한민국에서 발전국가 시대의 공직운영 시스템이 여전히 효율적이라고 장담하기는 어렵다. 각 부처와 부서에서 다루는 정보의 양과 질이 이전에 비해 폭발적으로 증가했고 개별 공무원들이 상대해야 하는 민간 인사들의 전문성 또한 세계 최고 수준인 현 시점에서 많은 분야를 조금씩 경험한 공무원의 전문성이 민간과 시너지를 내는 데는 분명 어려움이 존재한다.

순환보직제도가 낳는 가장 큰 폐단 중 하나는 공무원이 자신이 맡은 일에 대해 주인의식을 갖기 어렵다는 것이다. 2018년 기준으로 중앙행정기관 과장급의 평균 재직기간은 18개월, 실・국장급은 16개월에 그쳤다. 대체로 1년 반 정도면 다른 직위로 옮겨 간다는 의미다. 업무를 파악하여 손에 익을 때 쯤 새로운 보직으로 옮겨가다 보니 일의 주인이 없는 경우가 발생한다. 1~2년 하다가 다른 데로 옮긴다는 것을 알고 있기 때문에 프로젝트의 성공을 위해, 조직의 혁신을 위해 반드시 필요한 손에 피 묻히는 일은 미루게 되고 현상 유지에 급급하게 된다. 정무직 공무원도 크게 다르지 않다. 장・차관을 비롯한 정무직 기관장이 평균 1, 2년 마다 바뀌니 늘공들은 태풍이 지나가기를 기다리며 숨죽이는 행태를 보인다. 공직 사회 전체가 이러한 분위기에 익숙해 있다 보니 업무의 연속성은 떨어지고 장기적 국가비전을 달성하기 위한 기조의 일관성도 흔들리게 된다.

문제는 이 뿐만이 아니다. 순환보직제도 하에서는 대한민국에서 가장 우수한 역량을 갖춘 것으로 평가되어 뽑힌 인재들이 자신의 재능을 100% 발휘하지 못한다. 지금까지 공무원 인사는 실장이 퇴직하면 국장이 그 자리를 채우고, 그 국장 자리에 고참 과장이 올라오는 '도미노식 인사'가 일반적이었다. 그러다 보니 인재를 기존의 자리에 돌려가며 쓰는 '회전문 인사'의 한계를 벗어나지 못하고 있다. 말하자면 적절한 인재(適材)를 공석인 직위(適所)에 배치하는 것이 인사의 전부인 것처럼 되어 있다는 것이다. 이 도미노식 인사, 회전문 인사가 문제인 이유는 변화와 융합이 상시적으로 일어나는 오늘날 개별 보직이 요구하는 역량과 전문성, 윤리적, 도덕적 기준이 다 다르고 따라서 관행처럼 돌아가며 사람을 앉혔을 때 충분한 역량을 발휘하지 못하는 경우가 발생하기 때문이다. 제대로 인사를 하려면 필요한 자리(適所)에 검증된 사람(適材)을 앉히는 것으로 순서를 바꿔야 한다.

개인적으로 능력과 전문성은 물론 인망도 흠잡을 데 없는 사람일지라도 그 전문성을 살릴 수 있는 자리로 가지 않으면 이전의 평가는 달라질 수밖에 없다. 이를테면 훌륭한 투수가 동시에 훌륭한 타자가 될 수 없는 것과 같은 이치다. 고교 야구 수준에선 특급 투수가 홈런도 뻥뻥 칠 수 있겠지만 프로야구에선 잘 하는 분야에만 집중해도 살아남기가 쉽지 않다. 1990년대 이전까지 한국의 총체적 국력이 고교 수준이었다면 2020년 지금은 메이저리그라 봐도 무방할 것이다. 지금까지는 정부 고위급 인사의 보임배경을 설명할 때 '두루 경험한 전문가'라는 말을 아무런 위화감 없이 써왔을지 모르나 이제는 달라져야 한다. 진짜 전문가는 '두루 경험'하면서 길러질 수 없다. 5년이고 10년이고 한 우물을 파야 가능한 일이다.

순환보직 제도의 또 다른 악영향은 여러 보직을 옮겨 다니느라 전문성을 키우지 못한 공무원이 퇴직 후 '전관예우'에 기댈 수밖에 없어진다는 것이다. 공직자가 한 분야에서 10년, 20년 봉직하며 자기만의 전문성을 쌓으면 퇴직 후에도 이 전문성을 시장에 내다 팔아 스스로 먹고 사는 문제를 해결하고 학문적, 기술적 발전에 보탬이 될 수 있다.

그렇지 못하다 보니 퇴직 후에도 후배들의 '예우'에 의존해야 하는 공직자가 양산되는 것이다. 우리 사회 전반의 경쟁력을 갉아먹는 '관피아'의 뿌리에 순환보직 제도가 있다고 하면 지나친 비약일까?

물론 어떤 경우든 극단적인 것은 좋지 않다. 순환보직 제도를 바꿔야 한다는 말이 다양한 보직을 경험한 종합행정가를 양성하지 않아야 한다는 말은 아니다. 공무원들의 전반적인 재임기간을 늘려 전문성을 함양하되 핵심 리더로 키울 인재들은 다양한 경험을 통해 넓은 안목을 기를 수 있도록 해줘야 한다. 지금 문제는 100만 공무원 모두를 핵심 리더의 트랙으로 인사를 운영한다는데 있는 것이다.

이런 측면에서 인사관리의 이원화를 검토해 볼 필요가 있다. 기업에서는 이미 오래 전에 도입해 안정적으로 운영하고 있는 방식이다. 창조형 인재를 선발해 핵심 리더로 키우는 트랙과 기획통, 세제통, 인사통처럼 전문가 중심의 '통인재'를 양성하는 투트랙 기조로 인사를 운영하고 관리하는 것이다. 최근 인사혁신처에서 전문성이 중요한 핵심 직위를 선정해 승진에 연연하지 않고 한 분야에 장기 재직할 수 있도록 하고 과장급 이상 직위 재직 기간을 늘리기 위한 노력을 기울이고 있다는 점은 반가운 일이다. 이러한 기조가 더욱 확대되어 공직사회 안에서 스페셜리스트와 제너럴리스트가 조화롭게 공존하는 방향으로 지속적인 변화와 혁신이 필요하다.

인재 후보군의 확대와 국가인재 데이터베이스(DB) 강화

주어진 직무를 훌륭히 수행할 수 있는 유능하고 검증된 사람을 뽑는 것을 좋은 인사라고 한다면 좋은 인사의 전제조건은 최대한 많은 사람 중에 대상자를 걸러내는 것이다. 모집단이 커지면 경쟁력 있는 사람이 그

만큼 더 많아질 것이기 때문이다. 정권과 상관없이 대통령이 임명한 공직 후보자가 언론검증과 청문회의 문턱을 넘지 못하고 낙마하는 사례가 지속적으로 발생하는 것도 대한민국 전체에서 유능한 인재를 뽑지 않고 정권에 가까운 사람 중에서 후보자를 물색하다 보니 벌어지는 참사다.

대통령이 임명하는 정무직 공무원은 수천에서 수만 명의 공무원을 이끄는 기관장으로서 사소한 결정으로도 국가의 진로에 커다란 영향을 끼칠 수 있는 힘을 가진 이들이다. 국토부 장관의 결정에 따라 항공사가 세계 1위가 될 수도 있고 망할 수도 있다. 복건복지부 장관의 결정은 대규모 전염병에 맞서 방역의 성패를 가르는 핵심이 된다. 그만큼 국가의 힘은 강력하고 국가 조직을 운영하는 공무원을 이끄는 임명직 공무원의 인사는 중요하다.

지금 임명직 공무원 인사는 너무 협소한 인재풀에서 이루어져 왔다. 대통령의 코드에 맞는 사람들, 선거에 공이 있는 사람들 중에서만 고르다 보니 인사를 담당하는 이들은 사람이 없다고 아우성이고 어렵게 추천한 후보자는 국민 눈높이에 미치지 못해 임명장도 받지 못한 채 낙마하는 경우가 반복된다. 이 과정 자체가 사회적 자원의 낭비이자 국가 경쟁력 제고에 걸림돌이 되고 있다.

대통령은 국민 전체를 위해 일할 사람을 뽑아야 한다. 정파성이라는 담장 하나만 넘으면 제3지대에 전문성을 갖춘 인재가 훨씬 많다. 진보・보수라는 이념의 틀로 사람을 찾다 보면 그만큼 능력 있는 사람을 찾기는 어려워 질 수밖에 없다. 장・차관 정도 되는 자리는 개인의 생각을 구현하는 자리기보다 국가 발전이라는 미션을 수행하는 자리다. 장관직 제의를 수락했다면 정권의 정책 기조에 동의한 것으로 보고 적극적으로 손발을 맞춰야 한다. 전문가 집단엔 정치적 논리와 거리를 둔 채 자기 분야의 전문성을 바탕으로 국가 전체의 발전을 위해 일할 인재가 많다. 인재풀을 넓히라는 말이 대척점에 있는 반대 진영 사람을 발탁하라는 말이 아니다. 5년 주기로 바뀌는 정권의 이익이 아닌 국가 전체의 이익에 집중할 전문가를 뽑으라는 것이다.

인재풀 확대를 위해 중요한 것이 국가인재데이터베이스(DB)의 강화다. 국가인재데이터베이스는 국가공무원법 제19조의 3에 근거해 대한민국 정부 주요 직위 인선 시 우수인재를 임용할 수 있도록 공직후보자에 대한 정보를 수집하고 관리하는 국가인물정보관리 시스템이다. 1999년 구축하여 현재 32만 명 정도가 수록되어 있다. 국가기관, 지방자치단체, 공공기관 인사에 활용되고 있는 이 DB야말로 분야별 전문가를 총망라해 자리에 꼭 필요한 최적의 전문가를 가려내는 핵심적인 원천이다. 이 국가인재DB를 지속적으로 확충하고 사용빈도를 늘리려는 노력이 필요하다.

국가인재 DB는 수록된 인재들의 전문성, 프로세스의 객관성은 이미 공인되어 있다. 이에 힘입어 매해 활용 건수가 약 20% 가량 증가하고 있다. 그러나 가장 중요한 고위급 인선에는 체계적으로 활용되지 못하고 있다는 한계가 있다. 장 · 차관급 인사에서도 정권 주변의 인물이 아닌 국가인재 DB에 수록된 전문가를 수록하려는 움직임이 확대되어야 한다.

낙하산 인사의 양성화

우리 공직사회의 뿌리 깊은 병폐 중 하나가 낙하산 인사 문제다. 대국민 서비스의 최일선에 있는 공공기관에 정권 창출에 공이 있는 사람들이 직무적합성은 전혀 고려하지 않은 채 임명됨으로 인해 많은 손실과 비효율을 양산하고 있다. 선거 공신에 대한 보답으로 공공기관장 자리를 채우면 임명 과정에서 해당 기관 구성원들의 격렬한 반발을 불러일으켜 조직이 혼란에 빠지기도 하고 방만경영에 따른 실적악화를 불러일으키기도 한다. 모든 낙하산 인사가 이런 문제를 야기하는 것은 아니지만 임명 과정에서의 불화와 전문성 부족에 따른 실적 악화의 위험성은 낙하산 인사가 계속되는 한 사라지지 않고 계속 불거질 수밖에 없다.

그렇다고 선거를 통해 국가통치권을 정당에 위임하는 자유민주주의 체제 하에서 선거공신의 문제를 마냥 외면할 수는 없다. 국가단위의 명운을 걸고 치르는 선거에서 자신의 재능과 시간, 돈을 헌신한 사람은 많을 것이고 이들에게 적절한 보상과 예우를 해주지 않으면 불만을 품은 이들이 국정농단과 혼란의 씨앗이 될 가능성이 상존한다.

낙하산 인사 문제를 해결하기 위해선 선거 공신을 처리하기 위해 낙하산 인사를 할 수밖에 없는 구조적 요인이 있다는 것을 먼저 인정해야 한다. 정권이 바뀌면 상대 정파를 향해 '내로남불'이라 욕하지 말고 이 문제를 공론장으로 끌고 나와 합리적인 선에서 대안을 찾아야 한다.

수천 명의 집권 공신들이 공공기관에 낙하산으로 임명되어 활동하고 있다는 사실은 이미 공공연히 알려져 있다. 이 문제를 더 이상 쉬쉬하지 말고 낙하산 인사를 제도의 틀로 끌어들여야 한다. 이들에 대한 보상이나 역할 위임이 꼭 필요하다면 몰래 낙하산으로 공공기관에 내려보내지 말고 이들의 자기 분야에서의 전문성, 공공을 위해 기여하고자 하는 정신, 정치적 경험을 통합해 선용하면 된다. 가칭 국가정책자문위원회와 같은 정책 자문 기구를 만들어 대선 공신 약 2000명을 임명하고 이들로 하여금 국가의 장기적인 비전과 구체적인 정책에 조언을 하도록 하는 것이다. 2000명에게 연봉 1억씩 지급하고 사무국, 운영비용을 할당해도 연간 2천억 원, 5년 임기 동안 1조 정도 소요된다. 결코 적은 액수는 아니지만 전혀 분야가 다른 사람을 공공기관에 임명해서 발생하는 경영상의 손실과 인사 논란에 따른 사회적 비용을 생각하면 충분히 고려할 만한 액수다.

IV. 정책제언

이 글에선 대한민국이라는 나라가 어떻게 하면 미국, 중국과 국력을 나란히 하는 G3 국가로 도약할 수 있는지에 대한 나름의 고민을 담았다. 1인당 국민소득 10만 달러는 정치, 경제, 사회, 문화 전 영역에서 선두권을 달리는 대한민국을 나타내는 하나의 상징으로 택한 장치이다. 대한민국호가 출범한 이래 달성한 영광스러운 경제적 성취는 국가가 기업에 힘을 실어줬기에 가능했다. 국가의 우수한 인재와 한정된 자원을 몇몇 기업의 성장에 할당했던 것이다.

그렇게 성장한 기업들이 고용과 납세를 창출하고 새로운 기술 개발과 시스템의 혁신을 이끌어왔다. 국가의 시스템과 공직사회 운영원리가 일류기업의 탄생을 촉진하고 그렇게 성장한 일류기업이 사회를 풍요롭게 하는 선순환이 이 글에서 제시하는 10만불 시대를 달성하는 방법론이다.

이를 위해 먼저 국가 시스템을 운영하는 공직자들이 어떤 마음가짐으로 어떻게 일하고 있는지 살펴보았다. 대한민국의 공무원들은 한 명 한 명이 매우 유능하고 주어진 일에 최선을 다하는 인재들이다. 공무원들이 받는 혜택과 선발과정의 치열함이 아깝지 않기 위해서는 주어진 일, 루틴화된 업무에 머물지 않고 장기적 비전, 전문성, 도전정신을 바탕으로 국가 혁신을 주도할 필요가 있다. 이를 위해서는 근본적으로 공무원들이 국민을 위한 봉사자라는 자기 정체성을 확고히 하는 과정이 선행되어야 한다.

이어서 10만불 시대 달성을 위해 필요한 정부 경쟁력 혁신 방안을 제시하였다. 정부 경쟁력 혁신은 크게 '장기적 국가 비전 설정', '정부 혁신', '인사 혁신'의 세 가지 방향으로 이루어져야 한다. 먼저 '장기적 국가 비전 설정'은 국가와 사회가 나아갈 전체적인 방향성을 설정하는 일이다. 말하자면 대한민국이라는 배가 미지의 목적지에 안전히 도착할 수 있도록 안내해줄 지도가 먼저 그려져야 한다는 의미다. 2020년 현재 대한민국이 처한 안팎의 환경을 정확히 분석하고 이를 바탕으로 다음 세대에게 더 나은 삶의 조건을 물려주기 위해 우리 사회가 최소한 이 정도 선에선 뜻을 같이 한다는 선언적 명제가 있어야 한다. 100년 후를 내다본 장기적 국가 비전이 먼저 정해져야 정권이 바뀌어도 장기적 국가 비전 달성이라는 경로에서 이탈하지 않을 수 있다.

정부 혁신은 구체적인 국가 운영상의 문제점을 해결하고 효율성을 높이기 위한 제언이다. 이를 위해 행정, 입법, 지방정치의 혁신을 제안했다. 행정 혁신의 요체는 정부 정책의 예측 가능성을 높이는 것인데 5년 단임제 권력 구조 하에서 정권이 바뀌어도 정책의 연속성이 침해받지 않도록 국가장기과제 담당 부총리제를 신설하고 정부 부처를 정책과 정무 분야로 이원화 하는 방안을 고려해봐야 한다. 입법 혁신은 법과 제도를 만드는 입법 분야의 의사 결정이 지역주의와 정파성의 그늘에서 벗어나는 것을 의미한다. 이를 위해 국가 장기 과제를 전담할 상원을 신설하고 국회의원 선출제도를 손볼 필요가 있다. 지방정치의 혁신은 지금처럼 잘게 쪼개져서 일부 토호들의 부정과 비리의 무대가 된 지방자치제를 지역주민이 먹고 사는 문제를 고민하고 해결하도록 고치는 것이다. 이를 위해 226개로 갈라진 기초자치단체를 일정 규모로 통합하고 지방에 법적, 재정적 권한을 이양해 개별 지자체가 독자적인 생존방안을 강구할 수 있는 규모를 만들어 주어야 한다.

인사 혁신은 국가 조직을 이끌어가는 공직 사회의 인사 시스템 개혁 방안을 담았다. 공직사회의 오래된 인사원칙인 순환보직제도를 혁파해 공무원 전문성 집적을 꾀하고 더 넓고 다양한 인재풀에서 공직자를 임명하기 위해 국가인재데이터베이스를 강화해야 한다. 또한 선거때마다 되풀이되는 낙하산 인사를 양성화해 정부부처, 공공기관의 경영을 정상화하고 반복되는 논란을 종식시켜야 한다.

루이스 캐럴의 동화 「이상한 나라의 앨리스」의 속편 「겨울 나라의 앨리스」에서 앨리스는 붉은 여왕과 함께 나무 아래에서 숨을 헐떡이며 달리지만 나무를 벗어나지 못한다. 그곳에선 힘껏 달려야 제자리, 두 배는 더 빨리 달려야 나무를 벗어날 수 있기 때문이다. 이 이야기에서 유래한 것이 '붉은 여왕 가설(The Red Queen hypothesis)'다. 어떤 기업이 시장에서 부단한 노력을 거쳐 1등이 되더라도 후발주자의 맹렬한 추격으로 인해 그 지위를 유지하기가 쉽지 않다. 경쟁 기업보다 더 빨리 약점을 보완하고 새로운 먹거리를 찾아내지 않으면 그 기업은 도태되고 만다. 「겨울 나라의 앨리스」에서 나왔던 것처럼.

오늘날 한국이 처한 현실도 크게 다르지 않다. 지난 60년 동안 부단히 달려 1인당 국민소득 3만 불, 경제규모 12위의 큰 나라로 성장했지만 두 배로 달리지 않으면 뒤쳐질 수밖에 없는 무한경쟁의 트랙 위에 올라와 있다. 10만 불 시대를 달성하려면 지금 까지 힘차게 뛰어왔다고 잠시 쉬어가자는 생각을 할 틈이 없다.

지금까진 국가가 앞에서 끌고 기업이 뒤에서 밀었다. 국가 주도의 경제 정책 하에 공무원들이 민간 기업에 국가의 자원을 집약적으로 몰아주고 이를 발판으로 기업들은 선진국을 빠르게 모방해 세계수준의 경쟁력을 갖출 수 있었다. 국가가 주도하는 성장은 1997년을 기점으로 한계를 드러냈다. 이젠 민의 영역이 너무 커져서 관이 이를 통제할 수도 없고 통제하는 것이 바람직하지도 않다. 10만 불 시대라는 비전을 달성하기 위해선 기업이 부가가치를 창출해야 한다. 국가는 기업이 세계 무대에서 더 잘 싸울 수 있도록 밀어줘야 한다.

삼성전자 한 곳이 작년에 법인세로 3조6781억 원을 납부했다. 최근 가동을 시작한 삼성전자 평택 2라인에만 직접고용 인원 4천명, 간접고용 인원 3만 명 이상이 일한다. 전 세계인들이 삼성전자가 만든 반도체 칩이 들어간 전자제품을 사용한다. 세계 1등 기업 하나가 만들어 내는 파이의 규모는 상상을 초월한다. 국가운영에 드는 세금을 납부하고 양질의 일자리를 지속적으로 공급하는 기업의 존재가 이제 국가경쟁력의 척도인 시대다.

우리 기업이 세계로 뻗어나가 치열하게 경쟁하고 그 경쟁에서 승리해 1등 기업이 되려면 정부가 뒤에서 도와줘야 한다. 세제를 손보고 기술 개발을 지원하며 우수한 인력이 지속적으로 공급될 수 있도록 길을 터줘야 하는 것이다. 그 모든 과정을 담당하는 것이 공무원이다. 이제 공무원 인사의 방향도 일자리를 창출할 수 있는 혁신 기업이 10개, 20개 될 수 있도록 하는 데 맞춰져야 한다. 10만 불 시대 달성의 시작은 공직사회로부터 시작한다.

제5부

대전환 시대 미래과제

제8장

대전환의 시대, 국가인재경영 Q&A

안종태 (강원대학교 명예교수), 김택동(국가인재경영연구원 사무총장)

대전환의 시대, 국가인재경영 (Q&A)

Q1 국가인재경영연구원 설립취지와 비전, 목표, 국가인재경영이란 무엇인가요?

우리나라 발전을 이끌어 왔던 산업화 시대의 양적 성장 모형은 오늘날 유효성이 현저히 떨어지고 있으며, 우리 경제는 자본과 노동 중심의 요소투입형 성장이 한계에 도달하였고, 기존 인력의 생산성도 저하되어 국가 성장잠재력이 둔화되고 있습니다. 이런 문제점들을 극복하고 디지털전환 시대에 대처하기 위하여 대한민국은 지속적인 경제성장과 국가경쟁력을 제고해야 하는 중요한 시점에 있습니다. 그런데 이는 결국'사람'에 달려있다는 점에서 우리에게는 인재양성에 대한 범 국가적이고 전략적인 정책수립과 투자가 필요하며 인재를 국가 미래 성장엔진으로 하는 새로운 발전 모형의 정립이 절실히 요청되고 있습니다.

아울러 우리 세대는 더욱 긴장하며 밀려오는 도전들을 지혜롭게 헤쳐 나가야 합니다. 특히, 다음 세대가 더 좋은 환경에서 살아가도록 대비하는 일이 핵심적 사명입니다. 그런데 이러한 일들은 결국 사람의 생각과 의지에 달렸습니다. 그러므로 어떠한 인재를 양성하고 어떻게 활용하느냐가 중심적 과제입니다. 현재 기업은 제대로 준비된 인재를 찾기 어렵다 하고, 대학은 신입생 확보와 취업률에 초점을 두며, 공직자는 주로 노량진 학원가를 통해 양성되고 있습니다. 이는 우리 사회가 인재 양성 및 활용에 있어 국가 차원의 통합적 그림을 가지고 있지 않다는 것을 의미합니다. 그러므로 급변하는 미래를 제대로 대비하기 위해서는 인재양성에 관한 큰 그림을 그려야 합니다.

이런 취지를 바탕으로 우리 연구원은 인재양성과 좋은 일자리 창출을 통한 국가경쟁력 강화를 위하여 "다시 한번 한강의 기적을 넘어 태평양의 기적을 만들자"는 비전과 "G3를 향한 대한민국 인재혁명"이라는 목표를 가지고 정부, 국회, 학계, 기업 등 각 영역간 소통과 정책연대를 위한 플랫폼 역할을 하고자 설립하였습니다. 그리고 국가인재경영이란 국가 통합적인 관점에서 인재에 관한 경영적 접근을 하자는 것으로 다양한 영역에서의 리더들이 함께 모여 숙의하며 집단지성으로 전략을 수립하고 실행하는 것입니다. 인재 육성과 활용에 대한 새로운 사회 생태계를 만들어 신기술과 새로운 산업분야가 포함된 국가 성장전략과 연계된 모든 분야에 필요한 다양한 인재를 양성하고 활용체계를 구축하는 것입니다.

지금 산업별, 지역별, 세대간 인력과 관련된 전략을 조율하고 협의를 통해 우선 순위와 정책을 제언하는 등 국가 인재혁명을 위한 컨트롤 타워 즉, ㈜대한민국 CHO 역할이 필요한 때입니다. 민간기업은 채용부터 퇴직까지 기업의 다양한 직무와 직급에 필요한 역량을 교육 훈련시키며, 환경변화에 따른 새로운 기술과 새로운 사업에 필요한 역량개발을 지원하고 전환배치 하는 등 전략적 HR 시스템을 운영하는 것처럼, 국가인재경영은 국가와 민간을 아우르는 미래와 큰 그림 차원의 관점에서 바라보는 것으로 국민의 전 생애주기에 걸친 인적자원의 정책수립과 범 국가적 차원의 인재경영 시스템 구축을 만들어 가는 것이 국가인재경영 이라고 할 수 있습니다.

Q2 우리나라는 현재 저 출산/고령화로 인하여 우리 경제 구조와 시스템에 중요한 "생산가능인구"가 2018년 3764만명을 고점으로 급격히 감소할 것으로 예측되고 있는데 인재경영 측면에서 노동력인구 감소에 대한 대응방안이 있다면?

국가경제를 책임질 생산가능인구의 급격한 축소는 노동력 부족과 소비감소, 이에 따른 생산위축과 경제성장 하락이 가속화되어 국가재정 위기로 이어져 국가적 재앙이 될 것이라고 생각합니다. 한국경제연구원은 2060년에는 생산가능인구가 2500만명 이하로 줄어들어 노동력은 물론 학생숫자도 병역자원도 반 토막 이하로 감소한다는 암울한 전망을 발표한바 있습니다.

이에 대한 대책으로 우선, 65세 노인 인구로 진입을 시작한 베이비부머 세대에 대한 효과적인 인적자원 활용으로 경제활동 및 생산가능 인구의 증대를 도모하여 생태계 규모를 키우는 것이 방법이 될 수 있다고 생각합니다. 아울러, 여성고용 확대, 해외동포 유치와 외국인근로자 활용에 대한 대책도 필요합니다.

또한, 한국은 G5 국가들에 비해 노동시장이 경직적이고 근속연령이 높을수록 고용유지비용이 높아 정년이전 조기퇴직이 만연되고 있습니다. 한국도 G5국가들처럼 유연한 노동시장과 직무, 직능급 위주의 임금체계를 통해 새로운 노동환경을 갖출 필요가 있다고 봅니다.

Q3 대전환의 시대에 신기술/신 산업에 대한 경쟁력 강화와 발전을 위하여 전문인력 확보가 중요한데 우리나라 준비상황은 어떠한가요?

경제성장의 가장 기초적인 원동력은 우수하고 풍부한 인적자원에 있다고 생각합니다. 지속적인 경제성장을 위하여 우수한 청년 인력자원을 더 많이 양성해 가치를 창출할 수 있는 산업에 투입해야 하고, 고령화로 인해 경제활동 인구가 점점 줄어들고 있기 때문에 고령자라도 전문성과 업무능력을 갖고 있다면 효과적으로 활용해야 합니다.

그러나 현재 우리나라는 이러한 인적자원 준비와 활용이 제대로 이루어지고 있지 않다고 판단됩니다. 최근 첨단 정보기술(IT) 인력난으로 프로그램 분야 대졸 초봉이 최고 6000만원까지 상승하고 있으며, 연봉을 파격적으로 인상하는 기업들도 늘어나는 등 뺏고 뺏기는 인재유치 전쟁이 IT기업간 가열되고 있습니다. 이는 IT분야 인력난이 심하다는 것으로, 인재양성 시스템에 문제가 있다는 것을 뜻합니다.

2016년 4차 산업혁명이 화두가 되었을 때 충분이 예견될 수 있었습니다만 국가의 미래가 걸린 신기술, 신 산업 분야에 대한 인재양성을 총괄적으로 전략을 수립하고 협의 조율을 통해 실행할 수 있는 컨트롤타워가 없었기 때문이라고 생각합니다.

신기술, 신 산업을 포함하여 산업별 향후 필요 인원을 기업, 대학, 연구소 및 정부기관이 함께 머리를 맞대어 하루속히 산업별 필요인원 예측과 인력양성을 위한 마스터플랜을 마련하고 지속적으로 국가인적자원을 컨트롤 할 수 있는 기구 설치가 필요하다고 판단됩니다.

Q4 우리는 신기술/신 산업이 급격히 팽창하고, 코로나19가 앞당긴 대 전환의 시대에 살고 있습니다. 이런 패러다임 전환 시기에 새롭고 다양한 고용형태의 등장이 예상되는데 노동의 미래와 인재경영에 미칠 영향은 무엇일까요?

디지털 대전환은 다양한 형태의 직무와 고용을 발생시키고 있고, 코로나19는 일하는 방식에 큰 변화를 주고 있습니다. 이런 현상은 노동의 기본틀 자체가 엄청나게 변할 가능성이 높다는 것을 의미할 수 있으며, 노동시간과 공간의 경계가 없어지는 등 과거 집단적 규격화된 노동에서 자율적이고 보편적인 노동형태로 전환이 예상됩니다.

기업은 경영환경 변화에 적절하게 대처하기 위하여 채용방식, 일을 수행하는 방식, 의사결정, 업무성과에 대한 평가 및 보상 등 전반적인 업무수행 방식의 변화가 촉발되어 노동시장에 미치는 영향도 상당하리라고 예측되고 있어 노동법 전반을 손질할 필요가 있다고 보여집니다.

새로운 산업구조와 글로벌 경쟁력을 갖추고 현행 노동법에 보호를 받지 못하는 플랫폼 노동자, 특수 형태 근로자 등 다양한 고용형태 노동자까지도 보호를 받을 수 있는 현대화된 새로운 노동법이 필요하다고 생각합니다.

Q5 4차 산업혁명 시대에 요구되는 기술력 확보를 위해서는 "무엇을 가르칠 것인가? 어떻게 가르칠 것인가?" 가 중요할 듯한데 우리나라 교육생태계 무엇을, 왜, 어떻게 바꿔야 할까요?

교육의 역할은 사회가 필요로 하는 인재를 양성하는 것이라고 생각합니다. 우리사회는 지금 어떠한 인재를 원하고 있는지, 또 미래 인재에게는 어떤 역량과 지식이 필요한가에 대한 고민과 함께 대전환시대 인재상에 맞는 교육혁신이 절실한 시기라고 생각합니다.

특히 대학은 고졸신입생을 입학시키고 교육시키는 전형적인 역할에서 탈피하여, 온라인과 에듀테크를 활용하여 사회인에 대한 신기술 교육 등 재교육을 실시하여 신 산업에 재배치할 수 있는 교육기관으로 거듭나야 하며, 또한 강의중심의 교육에서 전환하여 산업계와 함께 공동으로 연구하는 산학생태계를 구축하여 글로벌 경쟁력을 가진 신기술 개발에 필요한 R&D를 지원하고 기업에서 필요로 하는 창의력 있는 실용인재를 양성하고 공급하는 허브 역할을 해야 한다고 생각합니다.

미국의 실리콘밸리는 전세계 스타트업 기업들의 메카로 자리잡고 있습니다. 이러한 세계적인 산업체 클러스터의 탄생은 스탠퍼드 대학이라는 산학협력 선도대학이 존재했기에 가능했습니다. 우리나라에도 스탠퍼드 대학과 같은 세계적인 산학협력 대학들의 출현과 활동을 통해 기업가치 10억달러 이상인 유니콘 기업이 우리나라에도 많이 탄생해야 한다고 생각합니다.

Q6 산업현장에서는 인재와 노동의 미스매치(전공분야/직무요건)가 심각하다고 합니다. 이를 해소하고 국가에 필요한 인재를 양성 및 확보할 수 있는 교육여건 또는 방법은 무엇이 있을까요?

한국은행에 따르면 작년 4분기 '산업 미스매치 지수'가 11.1%로 예년 평균 6.4%의 2배 가까이 높아졌고, 작년 늘어난 실업률의 33.8%가 일자리 미스매치 탓이라고 합니다. 특히 청년 체감실업률이 27%로 치솟은 이유 중 하나가 취업자가 원하는 일자리와 기업이 뽑으려는 인력의 수요공급 불일치 때문이라고 합니다. 대표적인 사례로 정보기술(IT) 기업을 비롯한 신기술, 신 사업 분야에선 일할 사람을 구하지 못하고 있는 현상입니다.

최근 언론보도에 따르면 앞으로 5년간 30만 명의 IT의 소프트웨어 인재가 필요한데 국내 대학에서는 현장에 즉시 투입할 수 있는 인재를 양성하지 못한다고 지적하고 있습니다. 올해 4년제 대학 컴퓨터전공 입학정원이 2만1천명으로 10여년 동안 큰 변화가 없었으며, 서울대는 55명으로 그 동안 묶여 있다가 올해 겨우 70명으로 늘어났습니다. 반면에 스탠퍼드 대학 컴퓨터공학과 입학 정원은 2008년 141명에서 10년새 745명으로 크게 늘어 우리나라 대학과 비교가 되고 있습니다.

이렇게 노동시장의 구조적 불균형이 커질 때에는 정부의 인재 양성 정책과 일자리 대책도 달라져야 합니다. 하루빨리 산업계에서 필요한 인재를 양성하기 위하여 신기술과 신 산업에 필요한 인재규모를 예측하고 해당분야 대학정원을 과감히 조정하여 미래인재를 양성하고, 기존 노동자에 대한 신기술 재교육을 통하여 신 산업으로 직무 전환 재배치를 할 수 있도록 재정과 정부 역량을 집중해야 한다고 생각합니다.

Q7 혁신을 강력하게 요구하는 미래의 환경 변화는 민간영역뿐만 아니라 공공영역에서도 많은 변화가 예상되고 있습니다. 이런 시점에 최근 행안부 용역보고서를 살펴보니 중앙공무원 25% AI로 대체가 가능하다고 합니다. 공무원 인적자원관리에 주는 시사점은 무엇일까요?

시대 변화에 뒤쳐진 일자리는 없어진다는 것은 디지털 시대에 불가피 하다고 생각됩니다. 민간영역뿐만 아니라 공공영역에서도 일어날 것입니다. 민간기업에서는 이미 AI, 로봇 등이 대체할 일자리는 급속한 구조조정이 이뤄지고 있기 때문입니다.

한국행정연구원이 지난해 발표한'중기 행정수요와 인력수요 전망'을 살펴보면 일반행정, 경제산업, 교육문화분야의 행정인력 수요가 대폭 감소하고 사회복지, 국가안전 인력수요는 늘어날 것으로 전망했습니다.

신기술 도입에 따른 업무방식과 행정수요 변화는 새로운 공직자 모델 도입이 절실해 보입니다. 대전환 시대에 필요한 공무원 역량과 행정업무 인력수요 변화에 대비하기 위한 정확한 진단과 분석을 실시하고, 부족한 역량과 변화되는 행정 수요에 대한 인력을 양성 및 전환배치 하기 위하여 공급자 중심 교육훈련 체계를 맞춤형 교육체계로 전환 실시해야 합니다.

아울러, 미래 공무원인재상에 맞는 채용, 전환배치, 성과평가, 임금제도 등 전반적인 공무원 인적자원제도 혁신방안을 선제적으로 마련해야 합니다.

Q8 국가의 경쟁력은 공무원의 경쟁력에서 찾을 수 있다고 생각됩니다. 공무원의 전문화를 통한 국가 경쟁력 확보가 절실한 시점인데 그렇다면 시대가 요구하고 국민 눈높이에 맞는 행정서비스를 제공하기 위한 공무원 혁신방향과 주요 실행과제는 무엇이라고 생각하시나요?

정부와 공무원 집단이 시대변화에 먼저 적응하느냐, 못하느냐가 국가와 민족의 장래를 결정한다고 생각합니다. 산업화 시절 한강의 기적은 엘리트 공무원들이 있었기에 가능했습니다. 그 때 상황은 선진국 사례를 빨리 따라잡는 모방경제 사회로 담당업무에 대한 전문성보다 열심히 일하는 제너럴리스트가 필요했습니다.

이제 단순 모방이 가능했던 산업시대를 지나 창조경제인 지식기반 시대로 전환되고 있습니다. 제너럴리스트가 아닌 스페셜리스트가 필요한 시대가 온 것입니다. 한강의 기적을 넘어 태평양의 기적을 만들기 위해서는 전문성을 지닌 엘리트 공무원들이 반드시 필요합니다.

그리고 전문성을 가지고 국가비전을 설계하고 중장기 정책을 실행할 수 있는 새로운 생태계 조성을 서둘러야 합니다. 5년마다 정권이 바뀌고 수시로 순환보직이 이루어지는 현실에서 특정 분야의 특정 업무에 대한 중장기 전략을 수립하고 국가정책으로 실행하기는 어렵기 때문입니다. 공직 생태계의 DNA를 바꿔 국가 경쟁력을 높여야 합니다.

이를 위해 공무원이 특정 부처에 소속되어 순환 보직하는 제도를 버리고 부처 간의 벽을 넘어 유사한 직무들 사이에서 승진과 전보가 이루어지는 '직무군제도'를 도입하여 전문성을 갖춘 공직자를 적재적소에 배치해야 합니다.

Q9 연구원 비전을 "G3를 향한 대한민국 인재혁명"이라고 말씀하셨는데 그러면 그 비전을 달성하기 위해서 우리나라 경제적 지향점과 기업의 대응방향은 어떻게 해야 하는지 등, 국가생태계 조성을 위하여 우리가 해야 할 일은 무엇이라고 생각하시나요?

우리나라가 G3 국가가 되기 위해서는 현재 GDP 규모보다 약3.1배 이상 더 커져야 합니다. 그런데 기존 산업과 경제성장률로는 G3국가를 따라잡기에는 힘들고 너무 많은 시간이 소요될 것 같습니다.

서울대 김태유 교수가 저서'패권의 비밀'에서 연구한 결과에 따르면, 지금까지 산업혁명을 리드하고 혁신적인 기술을 선점한

국가들이 부국이 되었고 세계를 리딩 하였습니다. 1차 산업혁명을 리드한 영국이 그랬고, 2차, 3차 산업혁명을 리드한 미국이 그랬습니다. 지금은 디지털 기술에 기초한 4차 산업혁명이 전개되고 있는 중에 있는데, AI, 5G Network, Big Data 등 신기술을 선점하여 새로운 산업을 열어가고 시장을 장악하는 국가가 새로운 리딩 국가가 될 것으로 보입니다.

그런데 우리에겐 디지털을 기반으로 하는 4차 산업혁명이 G3 국가로 나아가는 아주 좋은 기회입니다. 우리나라는 IT기술강국으로 신기술 분야에서 현재 미국, 중국 등과 함께 기술 패권을 다투고 있기 때문입니다.

우리나라가 한강의 기적을 넘어 태평양의 기적을 전세계에 다시 한번 보여줄 절호의 기회를 놓치지 않기 위해서는 국가의 모든 역량을 집중하여 필요한 인재를 적기에 양성하는 시스템 구축이 매우 중요하다고 생각합니다. 미래에 필요한 인재양성은 국가의 앞날을 결정하는 중요한 정책이며, 특히 사람만이 유일한 자원인 우리나라에서는 시급한 일입니다.

아울러 정부는 우리기업들이 글로벌기업들과 경쟁에서 이길 수 있도록 과감하게 규제를 없애 주는 등 자유로운 기업활동을 할 수 있는 환경을 조성해주어야 합니다. 민간기업들의 성장은 좋은 일자리 창출이라는 선 순환으로 우리에게 돌아올 것 입니다. 그리고 민간기업은 여기에 최고의 가치를 부여하며 국민의 신뢰와 기대를 받을 수 있도록 최선을 다해야 할 것 입니다.

참고문헌

국가재정운용계획지원단(2020), 2020~2024 국가재정운용계획 지원단 보고서. 국가재정운용계획지원단.

국가재정운용계획 일자리 분과위원회(2019). 2019~2023 국가재정운용계획 일자리 분야 보고서. 국가재정운용계획 일자리 분과위원회.

국가재정운용계획 일자리 분과위원회(2018). 2018~2022 국가재정운용계획 일자리 분야 보고서. 국가재정운용계획 일자리 분과위원회.

고용노동부. 직업능력개발사업현황. 각년도.

교육부(2016), 대학재정지원사업 개편 방향(시안), 보도자료(2016.7.15.)

교육부(2019), 2021년 대학 기본역량 진단 기본계획(시안), 고등교육정책과.

교육부(2020), 2020년 대학혁신지원사업 I·II 유형 기본계획, 대학학술정책관.

교육부(2020), 포스트 코로나 교육 대전환을 위한 3차 대화, 보도자료.

교육부(2020), OECD 교육지요 2020 결과 발표, 보도자료.

국회(2016), 고등교육재정교부금법안, 의안번호 4609, 대표발의 서영교 의원(2016.12.26.)

국회(2019), 국가교육위원회의 설치 및 운영에 관한 법률안, 의안번호 19377, 대표발의 조승래 의원(2019.3.25.)

국회(2020), 국가교육위원회의 설치 및 운영에 관한 법률안, 의안번호 190, 대표발의 안민석 의원(2020.6.5.)

국회(2020), 국가교육위원회의 설치 및 운영에 관한 법률안, 의안번호 1874, 대표발의 정청래 의원(2020.7.13.)

국회(2020), 국가교육위원회의 설치 및 운영에 관한 법률안, 의안번호 3719, 대표발의 유기홍 의원(2020.9.10.)

국회(2020), 국가교육위원회의 설치 및 운영에 관한 법률안, 의안번호 3944, 대표발의 강민정 의원(2020.9.16.)

김영섭(2020), “정부가 대학을 허약 체질로 만들고 있다”, 부산일보(2020.9.14.)

김귀영(2011), <서울시 인재상 및 역량체계 재설계 방안>. 서울시정개발연구원.

김신복(2006), <발전기획론>. 서울: 박영사.

김상하(2017), 일자리가 사라진 세계, 서울: 바른북스.

김성국(2011), 인적자원관리 5.0, 서울: 도서출판 탑북스.

김성국(2015), 모멘트 리더십, 서울: 도서출판 탑북스.

김성국(2018), 제4차 산업혁명과 독일의 ‘Arbeit 4.0’의 과제와 전망, 아시아유럽미래학회, 유라시아연구, 제15권 제1호, 117~135.

김영재·김성국·김강식(2019), 신인적자원관리, 제4판, 서울: 탑북스.

김인숙, 남유선(2016), 4차 산업혁명, 새로운 미래의 물결, 서울: 호이테북스.

김태유(2019), 국가경제를 이모작하라. 은퇴가 없는 나라. 삼성경제연구소.

노성준(2020), OECD 고등교육 관련 지표의 주요 내용과 시사점, 국제통계 동향과 분석 제7호, 국회입법조사처, 19-27

관계부처 합동(2018), 혁신과 포용적 성장을 위한 제3차 직업능력개발 기본계획.

관계부처 합동(2019), 노동시장 변화에 대응한 직업능력개발 혁신방안.

관계부처 합동(2018.7.27), 평생직업교육훈련 혁신 방안.

관계부처 합동(2019.1.25.), 고졸취업 활성화 방안(안).

권규호 외(2016), 「국민연금 재정추계를 위한 거시경제변수 전망」, 한국개발연구원.

권규호(2019), 「글로벌 금융위기 이후 우리 경제의 성장률 둔화와 장기전망」, KDI 경제전망 2019 상반기, 한국개발연구원.

나승일(2012), 평생직업교육 정책과제.

나영선 외(2018), 미래 인재 양성을 위한 새 정부 인적자원개발 전략. 한국직업능력개발원.

나준호(2016), 인공지능의 발전과 고용의 미래. FUTURE HORIZON, 14-17.

노성준(2020), OECD 고등교육 관련 지표의 주요 내용과 시사점, 국제통계 동향과 분석 제7호, 국회입법조사처, 19-27.

디지털타임스(2013), 10년 내 IT 정보량 50배 이상 는다. 2013. 6. 17.

대한민국 국회입법조사처(2020), [보도자료] 유럽연합의 2019년 「투명하고 예측 가능한 근로조건에 관한 지침」, 2020.3.24.

류장수·김종한·박성익·조장식·오민홍(2011), 취업성공패키지 사업 참여대상자 유형별 취업지원 강화방안, 고용노동부.

민경찬(2017), 미래교육 거버넌스의 새로운 패러다임, 제4차 산업혁명시대 대한민국 미래교육 보고서, 광문각, 556-566.

박성원(2009), 주요국의 미래연구 기법. <한국의 미래모습과 정책과제 제 1 권>. 법문사.

박영숙, 제롬 글랜(2016), <유엔 미래보고서 2050>. 교보문고.

박영숙(2015), <메이커의 시대: 유엔 미래보고서 미래일자리>. 한국경제신문.

박정수(2020), 고등교육재정의 위기와 대응방안, 박정수, 제209호, 70-77

반가운 외(2017), 한국의 스킬과 노동시장 성과-국제비교 분석을 중심으로. 한국직업능력개발원.

손철성(2008), 다문화 주의와 관련된 몇가지 쟁점들. <철학연구>. 107. 1-26.

송기창(2017), 대학재정지원사업의 재구조화 필요, 대학교육 198호, 44-52

성명기(2009). <저출산 및 고령화가 경제에 미치는 영향과 시사점>. 국회예산정책처.

양지윤·백공화·최석현·고희원(2016), 취업성공패키지 성과분석과 민간위탁사업 발전방안. 한국고용정보원.

윤동열(2017), 고용위기 극복과 지역 일자리 창출을 위한 인력운영. 초아출판사.

윤동열 외(2018), 인적자원개발. 경문사.

윤동열(2021), 경상시론(2016~2021). 경상일보.

안종태윤동열(2014), 실패를 극복하는 HR. 홍문관.

김용민·윤동열 외(2020), 인적자원관리. 시대가치.

이병희·장지연·황덕순·김혜원 외 3인(2013). 한국형 실업부조 도입 방안. 고용노동부.

이병희(2017). 실업부조의 필요성과 도입 방향. 노동리뷰, 40-45.

이병희·길현종·김혜원·박혁(2013), 취업성공패키지 성과분석 및 제도 개편방안.고용노동부.

이병희·길현종·김혜원·이영수·오민홍(2016), 취업성공패키지 운영성과 평가 분석 및 개편방안 마련. 고용노동부.

이병희·김혜원·길현종·오민홍(2017), 취업성공패키지 성과분석 및 제도개선방안. 고용노동부.

이수경·김철희·장주희·김봄이·정란·이주희·권성연·박연정(2019), 4차 산업혁명에 대응한 훈련모델 진단 및 개선방안 연구. 한국직업능력개발원.

이근주(편)(1999), <지속가능한 개혁을 위한 정부인력관리> 한국행정연구원 KIPA 연구총서 9-15.

이근주(2017), 주요 국가의 공무원 인재개발 체계 비교 및 시사점. <국가공무원인재개발원 출범 68주년 기념 미래지향적 공무원 인재개발을 위한 컨퍼런스 자료집>.

이근주·이수영(2012). 다양성 유형화를 위한 시론적 연구. <한국인사행정학회보>. 11(1): 175-197.

이명호(2018), 노동 4.0, 서울: ㈜ 스리체어스.

이수정 외(2018), 저출산·고령사회 대비 공공성 강화를 위한 직업교육체제 구축. 한국직업능력개발원.

이상호·이상헌(2010), <저출산 인구고령화의 원인에 관한 연구>. 금융경제연구 working paper. 한국은행 금융경제연구원.

이주호(2020), 대학행정 교육부에서 분리해야, 중앙일보(2020.2.17.)

에릭 드 리에마탱(최정은 번역)(2005), <2010-2100 미래보고서>. 눈과 마음,

이해선(2018). 평생직업교육훈련 거점센터 구축으로 생애기반 직업교육훈련의 통합지원 강화. 국회 미래일자리와 교육포럼 자료.

인사혁신추진위원회, 인사혁신처(2016), <인사비전 2045>. 도서출판 지식공감.

일자리위원회, 관계부처 합동(2019.4.10.), 직업능력개발 혁신방안.

임언 외(2015), 특성화고 보통교과 및 직업기초능력 제고 프로그램 운영 현황 및 개선 방안. 한국직업능력개발원.

임언(2018), 직업계 고등학교 기초학력 미달 학생 비율 국제 비교. 2018년 6월 이슈브리프. 한국직업능력개발원.

전병유·김혜원·김용주·이병희·최형재·황덕순·장혜원·채민희(2012), 취업성공패키지 성과분석 및 개선방안 고용노동부.

전병유·이병희·황덕순·김주영·윤자영(2010), 취업성공패키지 지원사업 추진성과 분석. 고용노동부.

전문대학교육협의회(2019). 내부자료.

정지선 외(2017), 미래사회 변화에 대응하는 평생직업교육 정책방향. 한국직업능력개발원.

정태화 외(2013), 전문대학의 평생직업교육 기능 개선 방안. 한국직업능력개발원.

정대희·김지운(2017), 「최근 취업자 증감에 대한 분석 및 향후 전망」, KDI 경제전망 2017 하반기, 한국개발연구원.

정준화(2018), 4차 산업혁명 대응 현황과 향후 과제. 국회입법조사처.

조너선 색스(2007), <차이의 존중: 문명의 충돌을 넘어서>. 말글 빛냄. 인재서 역.

조선일보(2017), 결혼 늦으니 35세넘는 산모 20대 산모보다 많다. 2017. 11. 8.

지그문트 바우만(2013), <방황하는 개인들의 사회>. 봄아필, 홍지수 번역.

최윤식·김건주 (2014), 미래는 누구의 것인가: 2030 기회의 대이동>. 김영사.

최형재·이시균·김동준·김슬기·최영미(2013), 취업성공패키지 사업 참여자 이동경로 조사. 고용노동부.

채창균 외(2018). 평생·직업교육분야 미래 교육비전 및 교육개혁 방향 연구. 한국직업능력개발원.

한국은행, 「국민계정」, 1981~2018.

한국정보화진흥원(2011), <미래연구백서>.

칼 야스퍼스(이수동 역)(1997), 대학의 이념, 학지사.

황창연(2012), 2012년도 취업성공패키지 사업 참여자 만족도 조사를 통한 개선방안 도출. 고용노동부.

통계청, 「경제활동인구조사」, 1981~2018.

통계청, 「장래인구특별추계(2017~2067년)」, 2019.

Adelmann, S. (2016), Bosch will Tausende Software Entwickler einstellen. http://www.funkschau.de/mobile-solutions/artikel/128124/

Arntz, M., T. Gregory & U. Zierahn(2016) The risk of automation for jobs in OECD countries: A comparative analysis. OECD Social, Employment, and Migration Working Papers

Barry, J., (2004), The Great Influenza: the epic story of the deadliest plague in history, New York: Viking.

BITKOM (2016), Gründergeist an Schulen? -Fehlanzeige. Pressemitteilung. https://www.bitkom.org/Presse?Presseinformation/

BMAS (Bundesministrerium für Arbeit und Soziales) (2015), Grünbuch Arbeiten 4.0.

BMBF (Bundesministerium für Bildung und Forschung) (2018), Digitalisierung in der Weiterbildung.

BMWi (Bundesministerium für Wirschaft und Energie) (2014), Zukunft der Arbeit in Industrie 4.0.

BMWi (2015), Digitale Agenda 2014-2017,

Burroughs, J.E., Dahl, D.W., Moreau, C.P., Chattopadhyay, A., Gorn, G.J. (2011) Facilitating and Rewarding Creativity During New Product Development. <Journal of Marketing>75(4). 53-67.

Capek, K., N. Playfair, P. Selver &W. Landes(1920) Rossum's universal robots. Prague, CZ, 1.

Conklin, J. (2006) Dialogue mapping: Building shared understanding of wicked problems. Chchester, England:Wiley Publishing.

Cox, T. Jr. (1993). <Cultural Diversity in Organizations: Theory, Research & Practice>. San Francisco: Berrett-Koehler Pub.

DGFP (Deutsche Gesellschaft für Personalführung, e. V.), Congress 2018 ("Navigating the FUTURE") – das Highlight für HR-Professionals, Entscheider und Querdenker.

e-나라지표(2019). 대학부설 평생교육원 현황.

Fischer, F. (2003). <Reframing Public Policy: Discursive Politics and Deliberative Practices>. Oxford Press.

Frey, C. B. &M. A. Osborne(2017) The future of employment: how susceptible are jobs to computerisation? Technological Forecasting and Social Change, 114, 254-280.

Frey, C. B. & Osborne, M. A. (2017). The Future of Employment: How Susceptible Are Jobs To Computerization? <Technological Forecasting and Social Change>. 114(Jan). 254-280.

Frey, C. B. & Osborne, A., (2013), The Future of Employment: How Susceptible Are Jobs to Computerization? http://www.oxfordmartin.ox.ac.uk/

Hannover Messe (2011), Hannover-Messe 2011. https://de.wikipedia.org/wiki/

Hannover-Messe.

Harvard Business Review. (2001). <Harvard Business Review on Managing Diversity> Harvard Business School Press.

Heise Online (2008), Oliver Tuszik von Computeracenter antwortet Damian Sicking. http://www/heise.de/resale/artikel/

ILO(2019). ILO 일의 미래 보고서. 일의 미래 글로벌 위원회.

Infocomm Media Development Authority(2017). CODE@SG Movement - Developing Computational Thinking as a National Capability. 원자료

URL:https://www.imda.gov.sg/industry-development/programmesand-grants/startups/programmes/codesg-movement-developing-computationalthinking-as-a-national-capability

IBE(Institut für Beschäftigung und Employability) (2020), "Personalpolitik in der Koronakrise,"Studienbericht.

IEA (International Association for the Evaluation of Education Achievement), ICILS 2013. International Computer and Information Literacy Study. http://www.iea.nl/icils_2013.html.

Jochmann, W. & Stein, F. (2020), "Fünf Thesen Zur Zukinft von HR," Personal, Haufe.

Kagermann, H., Wahlster, W. & Helbig, J. (eds.), (2013), Recommendations for Implementing the Strategic Initiative Industrie 4.0: Final Report of the Industrie 4.0 Working Group.

Kollmann, T. & Schmidt, H. (2016), Deutschland 4.0-Wie die Digitale Transformation gelingt, Wiesbaden: SpringerGabler.

Kreutzer, R.T., Neugebaier & Pattloch, A., (2017), Digital Business Leadership, Wiesbaden: Springer.

Lindblom, C. & Woodhouse, E. J. (1993). <The Policy Making Process>. Prentice Hall.

Manyika, J.(2017) Technology, jobs, and the future of work, McKinsey Global Institute.

Miller, C.C., Linda, M.B. & Glick, W.H., ((1998). Cognitive diversity among upper-echelon executives: Implications for strategic decision processes. <Strategic Management Journal>. 19: 39~58.

Morgan, S. Philip. (2003). Is low fertility a twenty-first-century demographic crisis?. <Demography>. 40(4):589-603.

O'Reilly, A. Charles, David F. Caldwell & William P. Barnett. (1989). Work group demography, social integration, and turnover. <Administrative Science Quarterly>. 34:29~37.

Pelled, L. H., Eisenhardt, K.M. & Xin, K.R., (1999). Exploring the black box: An analysis of work group diversity, conflict, and performance. <Administrative Science Quarterly>. 44: 1~28.

Pelled, L. H. (1996). Demographic diversity, conflict, and work group outcomes: An intervening process theory. <Organization Science>. 7(6): 615~631.

Personio (2020), Change Management. https://hr.personio.de.

PMK (2020), Themen zum Personalmanagementkongress, https://www.personal managementkongress.de/programm/

PwC, 2012, Talent Mobility: 2020 and beyond, PwC.

Rittel, H. W. J., Webber, M.M. (1973). Dilemmas in a General Theory of Planning, Policy Science, 4(2): 155-169.

Rifkin, J.(1996) End of work. Pacifica Radio Archives.

Rump, J. (2020), "Personalpolitik in der Corona-Krise," Personal, Haupe April.

Rump, J., Brandt, M. & Eilers, S. (2020), "Studie zu Personalpolitik in der Corona-Krise," Personal, Haufe.

Schmidt, H. (2015). Chinas Roboter und Googles Software sind eine gefährliche Konstellation für Deutschland. https://netzoekimom.de/2015/09/22/

Schmidt, H. (2016), 60 Prozent der Großunternehmen treiben digitale Transformation nicht ernsthaft voran. https://nezoerkonom.de/2016/03/02/

Schwab, K. (2016), "The fourth industrial revolution: What it means, how to respond." Submitted to World Economic Forum, 2016.

Simon, W. (2016), Arbeitswelt 4.0: Einblicke und Ausblicke, Neuenkirchen.

Spiegel Online (2015). IAB-Studie: Digitalisierung bedroht 60,000 Jobs in der Industrie, http://www.spiegel.de/wirtschat/unternehmen/.

Seale, J. (1980). Minds, Brains, and Programs. <Behavioral and Brain Science> 3(3): 417-424.

Simons, T., Pelled, L.H. and Smith, K.A. (1999). Making Use of Difference: Diversity, Debate, and Decision Comprehensiveness in Top Management Teams. <Academy of Management Journal> 42(6):662-673

OECD(2012). Survey of Adult Skills (PIAAC) 원자료.

OECD(2013). OECD Pensions and Labour Market Statistics. URL:http://dx.doi.org/10.1787/88893

OECD Statistics(https://stats.oecd.org/Index.aspx?DataSetCode=POP_PROJ, 접속일: 2019. 6. 10).

OECD (2015), Employment of ICT Specialists Across the Economy. https://www.oecd.org/internet/ieconomy/

UNESCO(2019). Artificial intelligence in education: challenges and opportunities for sustainable development 원자료

Vhs DVV International(2018). Anual Report 원자료 https://www.dvv-international.de/en/

Wang, F.-Y., J. J. Zhang, X. Zheng, X.Wang, Y. Yuan, X. Dai, J. Zhang &L. Yang(2016) Where does AlphaGo go: from church-turing thesis to AlphaGo thesis and beyond. IEEE/CAA Journal of Automatica Sinica, 3, 113-120.

World Economic Forum (WEF) (2016),, The Future of Jobs: Employment, Skills and Workforce Strategy for the Fourth Industrial revolution.

World Economic Forum(WEF)(2015), New Vision for Education, Unlocking the Potential of Technology,

Zuboff, S. (1988). <In the Age of the Smart Machine>, New York: Basic Books.

대전환의 시대, 국가인재경영
디지털 전환과 포스트 코로나 시대 인재경영

발행일 2021년 6월1일 초판 1쇄
지은이 윤동열, 민경찬, 곽원준, 전승환, 장상수
김성국, 이근주, 이근면, 안종태, 김택동
발행인 송자영
발행처 초아출판사

주소 서울시 성북구 정릉로 36길 41
전화 070-8739-0036
팩스 0504-178-5627
E-mail choapublish@hanmail.net

ISBN 979-11-88425-15-0
정가 14,000원